ŒUVRES
COMPLÈTES
DE
J. J. ROUSSEAU

AVEC LES NOTES DE TOUS LES COMMENTATEURS;

NOUVELLE ÉDITION
ORNÉE DE QUARANTE-DEUX VIGNETTES,
GRAVÉES PAR NOS PLUS HABILES ARTISTES,

D'APRÈS LES DESSINS DE DEVÉRIA.

DIALOGUES.

TOME II.

A PARIS,
CHEZ DALIBON, LIBRAIRE
DE S. A. R. MONSEIGNEUR LE DUC DE NEMOURS,
RUE SAINT-ANDRÉ-DES-ARCS, N° 41.

M DCCC XXVI.

ŒUVRES

COMPLÈTES

DE

J. J. ROUSSEAU.

TOME XIX.

PARIS. — IMPRIMERIE DE G. DOYEN,
RUE SAINT-JACQUES N. 38.

ROUSSEAU
JUGE
DE JEAN-JACQUES.
DIALOGUES.

Barbarus hic ego sum, quia non intelligor illis.
Ovid., Trist., v. eleg. 10, v. 37.

ROUSSEAU JUGE DE JEAN-JACQUES.

TROISIÈME DIALOGUE.

De l'esprit de ses livres. Conclusion.

ROUSSEAU.

Vous avez fait un long séjour à la campagne.

LE FRANÇOIS.

Le temps ne m'y duroit pas; je le passois avec votre ami.

ROUSSEAU.

Oh! s'il se pouvoit qu'un jour il devînt le vôtre!

LE FRANÇOIS.

Vous jugerez de cette possibilité par l'effet de votre conseil. Je les ai lus enfin, ces livres, si justement détestés.

ROUSSEAU.

Monsieur!...

LE FRANÇOIS.

Je les ai lus, non pas assez encore pour les bien entendre, mais assez pour y avoir trouvé, nombré, recueilli, des crimes irrémissibles, qui n'ont pu manquer de faire de leur auteur le plus odieux de tous les monstres, et l'horreur du genre humain.

ROUSSEAU.

Que dites-vous? Est-ce bien vous qui parlez, et faites-vous à votre tour des énigmes? De grâce, expliquez-vous promptement.

LE FRANÇOIS.

La liste que je vous présente vous servira de réponse et d'explication. En la lisant, nul homme raisonnable ne sera surpris de la destinée de l'auteur.

ROUSSEAU.

Voyons donc cette étrange liste.

LE FRANÇOIS.

La voilà. J'aurois pu la rendre aisément dix fois plus ample, surtout si j'y avois fait entrer les nombreux articles qui regardent le métier d'auteur et le corps des gens de lettres; mais ils sont si connus, qu'il suffit d'en donner un ou deux pour exemple. Dans ceux de toute espèce auxquels je me suis borné, et que j'ai notés sans ordre comme ils se sont présentés, je n'ai fait qu'extraire et transcrire fidèlement les passages. Vous jugerez vous-même des effets qu'ils ont dû produire, et des qualifications que dut espérer leur auteur sitôt qu'on pût l'en charger impunément.

EXTRAITS.

LES GENS DE LETTRES.

1. « Qui est-ce qui nie que les savants sachent
« mille choses vraies que les ignorants ne sauront
« jamais? Les savants sont-ils pour cela plus près
« de la vérité? Tout au contraire, ils s'en éloignent
« en avançant, parce que la vanité de juger fai-
« sant encore plus de progrès que les lumières,
« chaque vérité qu'ils apprennent ne vient qu'avec
« cent jugements faux. Il est de la dernière évi-
« dence que les compagnies savantes de l'Europe
« ne sont que des écoles publiques de mensonge;
« et très-sûrement il y a plus d'erreurs dans l'Aca-
« démie des sciences que dans tout un peuple de
« Hurons. » (*Émile*, liv. III.).

2. « Tel fait aujourd'hui l'esprit fort et le phi-
« losophe, qui, par la même raison, n'eût été
« qu'un fanatique du temps de la ligue. » (*Préface
du Discours sur les sciences.*)

3. « Les hommes ne doivent point être instruits
« à demi. S'ils doivent rester dans l'erreur, que ne
« les laissiez-vous dans l'ignorance? A quoi bon

« tant d'écoles et d'universités pour ne leur ap-
« prendre rien de ce qui leur importe à savoir?
« Quel est donc l'objet de vos colléges, de vos
« académies, de toutes vos fondations savantes?
« Est-ce de donner le change au peuple, d'altérer
« sa raison d'avance et de l'empêcher d'aller au
« vrai? Professeurs de mensonge, c'est pour l'éga-
« rer que vous feignez de l'instruire, et, comme
« ces brigands qui mettent des fanaux sur les
« écueils, vous l'éclairez pour le perdre. » (*Lettre
à M. de Beaumont.*)

4. « On lisoit ces mots gravés sur un marbre
« aux Thermopyles : *Passant, va dire à Sparte
« que nous sommes morts ici pour obéir à ses
« saintes lois.* On voit bien que ce n'est pas l'Aca-
« démie des inscriptions qui a composé celle-là. »
(*Émile*, liv. IV.)

LES MÉDECINS.

5. « Un corps débile affoiblit l'ame. De là l'em-
« pire de la médecine, art plus pernicieux aux
« hommes que tous les maux qu'il prétend guérir.
« Je ne sais pour moi de quelle maladie nous gué-
« rissent les médecins; mais je sais qu'ils nous en
« donnent de bien funestes; la lâcheté, la pusilla-
« nimité, la terreur de la mort : s'ils guérissent le
« corps, ils tuent le courage. Que nous importe
« qu'ils fassent marcher des cadavres? ce sont des

« hommes qu'il nous faut, et l'on n'en voit point
« sortir de leurs mains.

« La médecine est à la mode parmi nous ; elle
« doit l'être. C'est l'amusement des gens oisifs et
« désœuvrés, qui, ne sachant que faire de leur
« temps, le passent à se conserver. S'ils avoient eu
« le malheur de naître immortels, ils seroient les
« plus misérables des êtres. Une vie qu'ils n'au-
« roient jamais peur de perdre ne seroit pour eux
« d'aucun prix. Il faut à ces gens-là des médecins
« qui les menacent pour les flatter, et qui leur
« donnent chaque jour le seul plaisir dont ils soient
« susceptibles, celui de n'être pas morts.

« Je n'ai nul dessein de m'étendre ici sur la va-
« nité de la médecine ; mon objet n'est que de la
« considérer par le côté moral. Je ne puis pourtant
« m'empêcher d'observer que les hommes font sur
« son usage les mêmes sophismes que sur la re-
« cherche de la vérité : ils supposent toujours
« qu'en traitant un malade on le guérit, et qu'en
« cherchant une vérité on la trouve. Ils ne voient
« pas qu'il faut balancer l'avantage d'une guérison
« que le médecin opère par la mort de cent ma-
« lades qu'il a tués, et l'utilité d'une vérité décou-
« verte par le tort que font les erreurs qui passent
« en même temps. La science qui instruit, et la
« médecine qui guérit, sont fort bonnes sans doute ;
« mais la science qui trompe, et la médecine qui
« tue, sont mauvaises. Apprenez-nous donc à les

« distinguer. Voilà le nœud de la question. Si nous
« savions ignorer la vérité, nous ne serions jamais
« les dupes du mensonge; si nous savions ne vou-
« loir pas guérir malgré la nature, nous ne mour-
« rions pas par la main du médecin. Ces deux absti-
« nences seroient sages; on gagneroit évidemment
« à s'y soumettre. Je ne dispute donc pas que la
« médecine ne soit utile à quelques hommes; mais
« je dis qu'elle est funeste au genre humain.

« On me dira, comme on fait sans cesse, que
« les fautes sont du médecin, mais que la médecine
« en elle-même est infaillible. A la bonne heure ;
« mais qu'elle vienne donc sans le médecin, car
« tant qu'ils viendront ensemble, il y aura cent
« fois plus à craindre des erreurs de l'artiste qu'à
« espérer du secours de l'art. » (*Émile*, liv. I.)

6. « Vis selon la nature, sois patient, et chasse
« les médecins. Tu n'éviteras pas la mort, mais tu
« ne la sentiras qu'une fois, au lieu qu'ils la por-
« tent chaque jour dans ton imagination troublée,
« et que leur art mensonger, au lieu de prolonger
« tes jours, t'en ôte la jouissance. Je demanderai
« toujours quel vrai bien cet art a fait aux hommes.
« Quelques-uns de ceux qu'il guérit mourroient, il
« est vrai; mais des millions qu'il tue resteroient
« en vie. Homme sensé, ne mets point à cette lo-
« terie, où trop de chances sont contre toi. Souf-
« fre, meurs ou guéris; mais surtout vis jusqu'à ta
« dernière heure. » (*Émile*, liv. II.)

7. « Inoculerons-nous notre élève ? Oui et non,
« selon l'occasion, les temps, les lieux, les circon-
« stances. Si on lui donne la petite-vérole, on aura
« l'avantage de prévoir et connoître son mal d'a-
« vance; c'est quelque chose : mais s'il la prend
« naturellement, nous l'aurons préservé du mé-
« decin; c'est encore plus. » (*Émile*, liv. II.)

8. « S'agit-il de chercher une nourrice, on la
« fait choisir par l'accoucheur. Qu'arrive-t-il de
« là? Que la meilleure est toujours celle qui l'a le
« mieux payé. Je n'irai donc point consulter un
« accoucheur pour celle d'Émile; j'aurai soin de
« la choisir moi-même. Je ne raisonnerai pas là-
« dessus si disertement qu'un chirurgien, mais à
« coup sûr je serai de meilleure foi, et mon zèle
« me trompera moins que son avarice. » (*Émile*,
liv. I.)

LES ROIS, LES GRANDS, LES RICHES.

9. « Nous étions faits pour être hommes, les
« lois et la société nous ont replongés dans l'en-
« fance. Les riches, les grands, les rois, sont tous
« des enfants, qui, voyant qu'on s'empresse à sou-
« lager leur misère, tirent de cela même une va-
« nité puérile, et sont tout fiers de soins qu'on ne
« leur rendroit pas s'ils étoient hommes faits. »
(*Émile*, liv. II.)

10. « C'est ainsi qu'il dut venir un temps où les

« yeux du peuple furent fascinés à tel point, que
« ses conducteurs n'avoient qu'à dire au plus petit
« des hommes : Sois grand, toi et toute ta race ;
« aussitôt il paroissoit grand à tout le monde ainsi
« qu'à ses propres yeux, et ses descendants s'éle-
« voient encore à mesure qu'ils s'éloignoient de
« lui; plus la cause étoit reculée et incertaine, plus
« l'effet l'augmentoit; plus on pouvoit compter de
« fainéants dans une famille, et plus elle devenoit
« illustre. » (*Discours sur l'Inégalité.*)

11. « Les peuples une fois accoutumés à des
« maîtres ne sont plus en état de s'en passer. S'ils
« tentent de secouer le joug, ils s'éloignent d'au-
« tant plus de la liberté, que, prenant pour elle
« une licence effrénée qui lui est opposée, leurs
« révolutions les livrent presque toujours à des sé-
« ducteurs qui ne font qu'aggraver leurs chaînes. »
(*Épître dédic. du Discours sur l'Inégalité.*)

12. « *Ce petit garçon que vous voyez là*, di-
« soit Thémistocle à ses amis, *est l'arbitre de la*
« *Grèce; car il gouverne sa mère, sa mère me*
« *gouverne, je gouverne les Athéniens, et les*
« *Athéniens gouvernent les Grecs.* Oh! quels
« petits conducteurs on trouveroit souvent aux
« plus grands empires, si du prince on descendoit
« par degrés jusqu'à la première main qui donne
« le branle en secret! » (*Émile*, liv. 11.)

13. « Je me suppose riche. Il me faut donc des
« plaisirs exclusifs, des plaisirs destructifs; voici

« de tout autres affaires. Il me faut des terres, des
« bois, des gardes, des redevances, des honneurs
« seigneuriaux, surtout de l'encens et de l'eau bé-
« nite.

« Fort bien ; mais cette terre aura des voisins
« jaloux de leurs droits, et désireux d'usurper
« ceux des autres ; nos gardes se chamailleront,
« et peut-être les maîtres : voilà des altercations,
« des querelles, des haines, des procès, tout au
« moins ; cela n'est déjà pas fort agréable. Mes vas-
« saux ne verront point avec plaisir labourer leurs
« blés par mes lièvres, et leurs fèves par mes san-
« gliers : chacun n'osant tuer l'ennemi qui détruit
« son travail voudra du moins le chasser de son
« champ : après avoir passé le jour à cultiver leurs
« terres, il faudra qu'ils passent la nuit à les gar-
« der; ils auront des mâtins, des tambours, des
« cornets, des sonnettes. Avec tout ce tintamarre
« ils troubleront mon sommeil. Je songerai mal-
« gré moi à la misère de ces pauvres gens, et ne
« pourrai m'empêcher de me la reprocher. Si
« j'avois l'honneur d'être prince, tout cela ne me
« toucheroit guère ; mais moi, nouveau parvenu,
« nouveau riche, j'aurai le cœur encore un peu
« roturier.

« Ce n'est pas tout : l'abondance du gibier ten-
« tera les chasseurs ; j'aurai bientôt des bracon-
« niers à punir ; il me faudra des prisons, des geô-
« liers, des archers, des galères. Tout cela me

« paroît assez cruel. Les femmes de ces malheu-
« reux viendront assiéger ma porte et m'impor-
« tuner de leurs cris, ou bien il faudra qu'on les
« chasse, qu'on les maltraite. Les pauvres gens
« qui n'auront point braconné, et dont mon gibier
« aura fourragé la récolte, viendront se plaindre
« de leur côté. Les uns seront punis pour avoir tué
« le gibier, les autres ruinés pour l'avoir épargné :
« quelle triste alternative ! Je ne verrai de tous
« côtés qu'objets de misère, je n'entendrai que
« gémissements : cela doit troubler beaucoup, ce
« me semble, le plaisir de massacrer à son aise
« des foules de perdrix et de lièvres presque sous
« ses pieds.

« Voulez-vous dégager les plaisirs de leurs
« peines ; ôtez-en l'exclusion...... Le plaisir n'est
« donc pas moindre, et l'inconvénient est ôté
« quand on n'a ni terre à garder, ni braconnier à
« punir, ni misérable à tourmenter. Voilà donc une
« solide raison de préférence. Quoi qu'on fasse, on
« ne tourmente point sans fin les hommes qu'on
« n'en reçoive aussi quelque malaise, et les longues
« malédictions du peuple rendent tôt ou tard le
« gibier amer. » (*Émile*, liv. iv.)

14. « Tous les avantages de la société ne sont-
« ils pas pour les puissants et les riches ? tous les
« emplois lucratifs ne sont-ils pas remplis par eux
« seuls ? toutes les grâces, toutes les exemptions
« ne leur sont-elles pas réservées, et l'autorité pu-

« blique n'est-elle pas tout en leur faveur? Qu'un
« homme de considération vole ses créanciers ou
« fasse d'autres friponneries, n'est-il pas toujours
« sûr de l'impunité? les coups de bâton qu'il dis-
« tribue, les violences qu'il commet, les meurtres
« même et les assassinats dont il se rend coupable,
« ne sont-ce pas des affaires qu'on assoupit, et
« dont au bout de six mois il n'est plus question?
« Que ce même homme soit volé, toute la police
« est aussitôt en mouvement; et malheur aux in-
« nocents qu'il soupçonne! passe-t-il dans un lieu
« dangereux, voilà les escortes en campagne; l'es-
« sieu de sa chaise vient-il à rompre, tout vole à
« son secours; fait-on du bruit à sa porte, il dit un
« mot, et tout se tait; la foule l'incommode-t-elle,
« il fait un signe, et tout se range; un charretier
« se trouve-t-il sur son passage, ses gens sont
« prêts à l'assommer; et cinquante honnêtes pié-
« tons, allant à leurs affaires, seroient plutôt
« écrasés qu'un faquin oisif retardé dans son équi-
« page. Tous ces égards ne lui coûtent pas un sou;
« ils sont le droit de l'homme riche, et non le prix
« de la richesse. Que le tableau du pauvre est
« différent! plus l'humanité lui doit, plus la société
« lui refuse. Toutes les portes lui sont fermées
« même quand il a le droit de les faire ouvrir; et
« si quelquefois il obtient justice, c'est avec plus
« de peine qu'un autre n'obtiendroit grâce. S'il y
« a des corvées à faire, une milice à tirer, c'est à

« lui qu'on donne la préférence. Il porte toujours,
« outre sa charge, celle dont son voisin plus riche
« a le crédit de se faire exempter. Au moindre
« accident qui lui arrive, chacun s'éloigne de lui.
« Si sa pauvre charrette verse, loin d'être aidé par
« personne, je le tiens heureux s'il évite en pas-
« sant les avanies des gens lestes d'un jeune duc.
« En un mot, toute assistance gratuite le fuit au
« besoin, précisément parce qu'il n'a pas de quoi
« la payer; mais je le tiens pour un homme perdu
« s'il a le malheur d'avoir l'ame honnête, une fille
« aimable, et un puissant voisin. » (*De l'Économie politique.*)

LES FEMMES.

15. « Femmes de Paris et de Londres, pardon-
« nez-le-moi, mais si une seule de vous a l'ame
« vraiment honnête, je n'entends rien à nos insti-
« tutions. » (*Émile*, liv. v.)

16. « Il jouit de l'estime publique et la mérite.
« Avec cela, fût-il le dernier des hommes, encore
« ne faudroit-il pas balancer; car il vaut mieux
« déroger à la noblesse qu'à la vertu; et la femme
« d'un charbonnier est plus respectable que la
« maîtresse d'un prince. » (*Nouvelle Héloïse*,
part. v, lettre xiii.)

LES ANGLAIS.

17. « Les choses ont changé depuis que j'écri-
« vois ceci (en 1756), mais mon principe sera
« toujours vrai. Il est par exemple très-aisé de
« prévoir que dans vingt ans d'ici [1] l'Angleterre
« avec toute sa gloire sera ruinée, et de plus aura
« perdu le reste de sa liberté. Tout le monde assure
« que l'agriculture fleurit dans cette île, et moi je
« parie qu'elle y dépérit. Londres s'agrandit tous
« les jours; donc le royaume se dépeuple. Les
« Anglois veulent être conquérants, donc ils ne
« tarderont pas d'être esclaves. » (*Projet de paix
perpétuelle.* Note.)

18. « Je sais que les Anglois vantent beau-
« coup leur humanité et le bon naturel de leur
« nation, qu'ils appellent *good natured people*.
« Mais ils ont beau crier cela tant qu'ils peuvent,
« personne ne le répète après eux. » (*Émile*,
liv. II. Note.)

Vous auriez trop à faire s'il falloit achever, et
vous voyez que cela n'est pas nécessaire. Je savois
que tous les états étoient maltraités dans les écrits
de Jean-Jacques; mais les voyant tous s'intéresser
néanmoins si tendrement pour lui, j'étois fort
éloigné de comprendre à quel point son crime

---

[1] * Il est bon de remarquer que ceci fut écrit et publié en 1760, l'époque de la plus grande prospérité de l'Angleterre, durant le ministère de M. Pitt, depuis lord Chatam.

envers chacun d'eux étoit irrémissible. Je l'ai compris durant ma lecture; et seulement en lisant ces articles vous devez sentir, comme moi, qu'un homme isolé et sans appui qui, dans le siècle où nous sommes, ose ainsi parler de la médecine et des médecins, ne peut manquer d'être un empoisonneur; que celui qui traite ainsi la philosophie moderne ne peut être qu'un abominable impie; que celui qui paroît peu estimer les femmes galantes et les maîtresses des princes ne peut être qu'un monstre de débauche; que celui qui ne croit pas à l'infaillibilité des livres à la mode doit voir brûler les siens par la main du bourreau; que celui qui, rebelle aux nouveaux oracles, ose continuer de croire en Dieu, doit être brûlé lui-même à l'inquisition philosophique, comme un hypocrite et un scélérat; que celui qui ose réclamer les droits roturiers de la nature, pour ces canailles de paysans, contre de si respectables droits de chasse, doit être traité des princes comme les bêtes fauves, qu'ils ne protègent que pour les tuer à leur aise et à leur mode. A l'égard de l'Angleterre, les deux derniers passages expliquent trop bien l'ardeur des bons amis de Jean-Jacques à l'y envoyer, et celle de David Hume à l'y conduire, pour qu'on puisse douter de la bénignité des protecteurs, et de l'ingratitude du protégé dans toute cette affaire. Tous ces crimes irrémissibles, encore aggravés par les circonstances des temps et des lieux, prouvent qu'il n'y a rien d'étonnant dans le sort du coupable, et qu'il ne se soit bien attiré. Molière, je le sais, plaisantoit les médecins; mais outre qu'il ne faisoit que plaisanter, il ne les dédaignoit point. Il avoit de bons appuis; il étoit aimé de Louis XIV, et des médecins, qui n'avoient pas encore succédé aux directeurs dans le gouvernement des femmes, n'étoient pas alors versés, comme aujourd'hui, dans l'art des secrètes intrigues. Tout a bien changé pour eux; et depuis vingt ans ils ont trop d'influence dans les affaires privées et publiques pour qu'il fût prudent, même à des gens en crédit, d'oser parler d'eux librement: jugez comme un Jean-Jacques y dut être bien venu! Mais sans nous embarquer ici dans d'inutiles et dangereux détails, lisez seulement le dernier article de cette liste, il surpasse seul tous les autres.

19. « Mais s'il est difficile qu'un grand état soit
« bien gouverné, il l'est beaucoup plus qu'il soit
« bien gouverné par un seul homme; et chacun
« sait ce qu'il arrive quand le roi se donne des
« substituts.

« Un défaut essentiel et inévitable, qui mettra
« toujours le gouvernement monarchique au-des-
« sous du républicain, est que dans celui-ci la voix
« publique n'élève presque jamais aux premières
« places que des hommes éclairés et capables, qui
« les remplissent avec honneur, au lieu que ceux

« qui parviennent dans les monarchies, ne sont le
« plus souvent que de petits brouillons, de petits
« fripons, de petits intrigants, à qui les petits ta-
« lents qui font parvenir dans les cours aux grandes
« places ne servent qu'à montrer au public leur
« ineptie aussitôt qu'ils y sont parvenus. Le peuple
« se trompe bien moins sur ce choix que le prince;
« et un homme d'un vrai mérite est presque aussi
« rare dans le ministère qu'un sot à la tête d'un
« gouvernement républicain. Aussi, quand, par
« quelque heureux hasard, un de ces hommes nés
« pour gouverner prend le timon des affaires dans
« une monarchie presque abîmée par ces tas de
« jolis régisseurs, on est tout surpris des ressources
« qu'il trouve, et cela fait époque dans un pays. »
(*Contrat social*, liv. III, chap. VI.)

Je n'ajouterai rien sur ce dernier article : sa seule lecture vous a tout dit. Tenez, monsieur, il n'y a dans tout ceci qu'une chose qui m'étonne; c'est qu'un étranger isolé, sans parents, sans appui, ne tenant à rien sur la terre, et voulant dire toutes ces choses-là, ait cru les pouvoir dire impunément.

ROUSSEAU.

Voilà ce qu'il n'a point cru, je vous assure. Il a dû s'attendre aux cruelles vengeances de tous ceux qu'offense la vérité, et il s'y est attendu. Il savoit que les grands, les visirs, les robins, les financiers, les médecins, les prêtres, les philosophes, et tous les gens de parti qui font de la société un vrai brigandage, ne lui pardonneroient jamais de les avoir vus et montrés tels qu'ils sont. Il a dû s'attendre à la haine, aux persécutions de toute espèce, non au déshonneur, à l'opprobre, à la diffamation. Il a dû s'attendre à vivre accablé de misères et d'infortunes, mais non d'infamie et de mépris. Il est, je le répète, des genres de malheurs auxquels il n'est pas même permis à un honnête homme d'être préparé, et ce sont ceux-là précisément qu'on a choisis pour l'en accabler. Comme ils l'ont pris au dépourvu, du premier choc il s'est laissé abattre, et ne s'est pas relevé sans peine : il lui a fallu du temps pour reprendre son courage et sa tranquillité. Pour les conserver toujours, il eût eu besoin d'une prévoyance qui n'étoit pas dans l'ordre des choses, non plus que le sort qu'on lui préparoit. Non, monsieur, ne croyez point que la destinée dans laquelle il est enseveli soit le fruit naturel de son zèle à dire sans crainte tout ce qu'il crut être vrai, bon, salutaire, utile; elle a d'autres causes plus secrètes, plus fortuites, plus ridicules, qui ne tiennent en aucune sorte à ses écrits. C'est un plan médité de longue main, et même avant sa célébrité; c'est l'œuvre d'un génie infernal, mais profond, à l'école duquel le persécuteur de Job auroit pu beaucoup apprendre dans l'art de rendre un mortel malheureux. Si cet homme ne fût point né, Jean-Jacques, malgré l'audace de ses censures, eût vécu dans l'infortune et dans la gloire; et les maux dont on n'eût pas manqué de l'accabler, loin de l'avilir, l'auroient illustré davantage. Non, jamais un projet aussi exécrable n'eût été inventé par ceux même qui se sont livrés avec le plus d'ardeur à son exécution : c'est une justice que Jean-Jacques aime encore à rendre à la nation qui s'empresse à le couvrir d'opprobre. Le complot s'est formé dans le sein de cette nation, mais il n'est pas venu d'elle. Les François en sont les ardents exécuteurs : c'est trop, sans doute, mais du moins ils n'en sont pas les auteurs. Il a fallu pour l'être une noirceur méditée et réfléchie dont ils ne sont pas capables; au lieu qu'il ne faut pour en être les ministres qu'une animosité qui n'est qu'un effet fortuit de certaines circonstances et de leur penchant à s'engouer tant en mal qu'en bien.

LE FRANÇOIS.

Quoi qu'il en soit de la cause et des auteurs du complot, l'effet n'en est plus étonnant pour quiconque a lu les écrits de Jean-Jacques. Les dures vérités qu'il a dites, quoique générales, sont de ces traits dont la blessure ne se ferme jamais dans des cœurs qui s'en sentent atteints. De tous ceux qui se font avec tant d'ostentation ses patrons et ses protecteurs, il n'y en a pas un sur qui quelqu'un de ces traits n'ait porté jusqu'au vif. De quelle trempe sont donc ces divines ames dont les poignantes atteintes n'ont fait qu'exciter la bienveillance et l'amour, et, par le plus frappant de tous les prodiges, d'un scélérat qu'elles devoient abhorrer ont fait l'objet de leur plus tendre sollicitude ?

Si c'est là de la vertu, elle est bizarre, mais elle est magnanime, et ne peut appartenir qu'à des ames fort au-dessus des petites passions vulgaires ; mais comment accorder des motifs si sublimes avec les indignes moyens employés par ceux qui s'en disent animés ? Vous le savez, quelque prévenu, quelque irrité que je fusse contre Jean-Jacques, quelque mauvaise opinion que j'eusse de son caractère et de ses mœurs, je n'ai jamais pu goûter le système de nos messieurs, ni me résoudre à pratiquer leurs maximes. J'ai toujours trouvé autant de bassesse que de fausseté dans cette maligne ostentation de bienfaisance, qui n'avoit pour but que d'en avilir l'objet. Il est vrai que, ne concevant aucun défaut à tant de preuves si claires, je ne doutois pas un moment que Jean-Jacques ne fût un détestable hypocrite et un monstre qui n'eût jamais dû naître ; et, cela bien accordé, j'avoue qu'avec tant de facilité qu'ils disoient avoir à le confondre, j'admirois leur patience et leur douceur à se laisser provoquer par ses clameurs sans jamais s'en émouvoir, et sans autre effet que de l'enlacer de plus en plus dans leurs rets pour toute réponse. Pouvant le convaincre si aisément, je voyois une héroïque modération à ne rien faire, et même, en blâmant la méthode qu'ils vouloient suivre, je ne pouvois qu'admirer leur flegme stoïque à s'y tenir.

Vous ébranlâtes, dans vos premiers entretiens, la confiance que j'avois dans des preuves si fortes, quoique administrées avec tant de mystère. En y repensant depuis, je fus plus frappé de l'extrême soin qu'on prenoit de les cacher à l'accusé que je ne l'avois été de leur force ; et je commençois à trouver sophistiques et foibles les motifs qu'on alléguoit de cette conduite. Ces doutes étoient augmentés par mes réflexions sur cette affectation d'intérêt et de bienveillance pour un pareil scélérat. La vertu ne peut faire haïr que le vice, mais il est impossible qu'elle fasse aimer le vicieux ; et, pour s'obstiner à le laisser en liberté malgré les crimes qu'on le voit continuer de commettre, il faut certainement avoir quelque motif plus fort que la commisération naturelle et l'humanité, qui demanderoient même une conduite contraire. Vous m'aviez dit cela, je le sentois ; et le zèle très-singulier de nos messieurs pour l'impunité du coupable, ainsi que pour sa diffamation, me présentoit des foules de contradictions et d'inconséquences qui commençoient à troubler ma première sécurité.

J'étois dans ces dispositions quand, sur les exhortations que vous m'aviez faites, commençant à parcourir les livres de Jean-Jacques, je tombai successivement sur les passages que j'ai transcrits, et dont je n'avois auparavant nulle idée; car, en me parlant de ses durs sarcasmes, nos messieurs m'avoient fait un secret de ceux qui les regardoient; et, à la manière dont ils s'intéressoient à l'auteur, je n'aurois jamais pensé qu'ils eussent des griefs particuliers contre lui. Cette découverte, et le mystère qu'ils m'avoient fait, achevèrent de m'éclairer sur leurs vrais motifs; toute ma confiance en eux s'évanouit, et je ne doutai plus que ce que sur leur parole j'avois pris pour bienfaisance et générosité ne fût l'ouvrage d'une animosité cruelle, masquée avec art par un extérieur de bonté.

Une autre réflexion renforçoit les précédentes. De si sublimes vertus ne vont point seules. Elles ne sont que des branches de la vertu; je cherchois le tronc, et ne le trouvois point. Comment nos messieurs, d'ailleurs si vains, si haineux, si rancuniers, s'avisoient-ils une seule fois en leur vie d'être humains, généreux, débonnaires, autrement qu'en paroles, et cela précisément pour le mortel, selon eux, le moins digne de cette commisération qu'ils lui prodiguoient malgré lui? Cette vertu si nouvelle et si déplacée eût dû m'être suspecte, quand elle eût agi tout à découvert sans déguisement, sans ténèbres: qu'en devois-je penser en la voyant s'enfoncer avec tant de soin dans des routes obscures et tortueuses, et surprendre en trahison celui qui en étoit l'objet, pour le charger malgré lui de leurs ignominieux bienfaits?

Plus, ajoutant ainsi mes propres observations aux réflexions que vous m'aviez fait faire, je méditois sur ce même sujet, plus je m'étonnois de l'aveuglement où j'avois été jusqu'alors sur le compte de nos messieurs; et ma confiance en eux s'évanouit au point de ne plus douter de leur fausseté. Mais la duplicité de leur manœuvre et l'adresse avec laquelle ils cachoient leurs vrais motifs n'ébranlèrent pas à mes yeux la certitude de leurs preuves. Je jugeai qu'ils exerçoient dans des vues injustes un acte de justice, et tout ce que je concluois de l'art avec lequel ils enlaçoient leur victime étoit qu'un méchant étoit en proie à d'autres méchants.

Ce qui m'avoit confirmé dans cette opinion étoit celle où je vous avois vu vous-même que Jean-Jacques n'étoit point l'auteur des écrits qui portent son nom. La seule chose qui pût me faire bien penser de lui étoit ces mêmes écrits dont vous m'aviez fait un si bel éloge, et dont j'avois ouï quelquefois parler avantageusement par d'autres. Mais dès qu'il n'en étoit pas l'auteur il ne me restoit aucune idée favorable qui pût balancer les horribles impressions que j'avois reçues sur son compte, et il n'étoit pas étonnant qu'un homme aussi abominable en toute chose fût assez impudent et assez vil pour s'attribuer les ouvrages d'autrui.

Telles furent à peu près les réflexions que je fis

sur notre premier entretien, et sur la lecture éparse et rapide qui me désabusa sur le compte de nos messieurs. Je n'avois commencé cette lecture que par une espèce de complaisance pour l'intérêt que vous paroissiez y prendre. L'opinion où je continuois d'être que ces livres étoient d'un autre auteur ne me laissoit guère pour leur lecture qu'un intérêt de curiosité.

Je n'allai pas loin sans y joindre un autre motif qui répondoit mieux à vos vues. Je ne tardai pas à sentir en lisant ces livres qu'on m'avoit trompé sur leur contenu, et que ce qu'on m'avoit donné pour de fastueuses déclamations, ornées de beau langage, mais décousues et pleines de contradictions, étoient des choses profondément pensées et formant un système lié qui pouvoit n'être pas vrai, mais qui n'offroit rien de contradictoire. Pour juger du vrai but de ces livres, je ne m'attachai pas à éplucher çà et là quelques phrases éparses et séparées ; mais, me consultant moi-même et durant ces lectures et en les achevant, j'examinois, comme vous l'aviez désiré, dans quelles dispositions d'ame elles me mettoient et me laissoient, jugeant, comme vous, que c'étoit le meilleur moyen de pénétrer celle où étoit l'auteur en les écrivant, et l'effet qu'il s'étoit proposé de produire. Je n'ai pas besoin de vous dire qu'au lieu des mauvaises intentions qu'on lui avoit prêtées, je n'y trouvai qu'une doctrine aussi saine que simple, qui, sans épicuréisme et sans cafardage, ne tendoit qu'au bonheur du genre humain. Je sentis qu'un homme bien plein de ces sentiments devoit donner peu d'importance à la fortune et aux affaires de cette vie : j'aurois craint moi-même, en m'y livrant trop, de tomber bien plutôt dans l'incurie et le quiétisme que de devenir factieux, turbulent et brouillon, comme on prétendoit qu'étoit l'auteur et qu'il vouloit rendre ses disciples.

S'il ne se fût agi que de cet auteur, j'aurois dès-lors été désabusé sur le compte de Jean-Jacques; mais cette lecture, en me pénétrant pour l'un de l'estime la plus sincère, me laissoit pour l'autre dans la même situation qu'auparavant, puisqu'en paroissant voir en eux deux hommes différents vous m'aviez inspiré autant de vénération pour l'un que je me sentois d'aversion pour l'autre. La seule chose qui résultât pour moi de cette lecture, comparée à ce que nos messieurs m'en avoient dit, étoit que, persuadés que ces livres étoient de Jean-Jacques, et les interprétant dans un tout autre esprit que celui dans lequel ils étoient écrits, ils m'en avoient imposé sur leur contenu. Ma lecture ne fit donc qu'achever ce qu'avoit commencé notre entretien, savoir, de m'ôter toute l'estime et la confiance qui m'avoient fait livrer aux impressions de la ligue, mais sans changer de sentiment sur l'homme qu'elle avoit diffamé. Les livres qu'on m'avoit dit être si dangereux n'étoient rien moins : ils inspiroient des sentiments tout contraires à ceux qu'on prêtoit à leur auteur; mais si Jean-Jacques ne l'étoit pas, de quoi servoient-ils à sa justification? Le soin que vous m'aviez fait prendre étoit inutile pour me faire changer d'opinion sur son compte; et, restant dans celle que vous m'aviez donnée que ces livres étoient l'ouvrage d'un homme d'un tout autre caractère, je ne pouvois assez m'étonner que jusque-là vous eussiez été le premier et le seul à sentir qu'un cerveau nourri de pareilles idées étoit inalliable avec un cœur plein de noirceurs.

J'attendois avec empressement l'histoire de vos observations pour savoir à quoi m'en tenir sur le compte de notre homme; car, déjà flottant sur le jugement que, fondé sur tant de preuves, j'en portois auparavant, inquiet depuis notre entretien, je l'étois devenu davantage encore depuis que mes lectures m'avoient convaincu de la mauvaise foi de nos messieurs. Ne pouvant plus les estimer, falloit-il donc n'estimer personne et ne trouver partout que des méchants? Je sentois peu à peu germer en moi le désir que Jean-Jacques n'en fût pas un. Se sentir seul plein de bons sentiments, et ne trouver personne qui les partage, est un état trop cruel. On est alors tenté de se croire la dupe de son propre cœur, et de prendre la vertu pour une chimère.

Le récit de ce que vous aviez vu me frappa. J'y

trouvai si peu de rapport avec les relations des autres, que, forcé d'opter pour l'exclusion, je penchois à la donner tout-à-fait à ceux pour qui j'avois déjà perdu toute estime. La force même de leurs preuves me retenoit moins. Les ayant trouvés trompeurs en tant de choses, je commençai de croire qu'ils pouvoient bien l'être en tout, et à me familiariser avec l'idée qui m'avoit paru jusqu'alors si ridicule de Jean-Jacques innocent et persécuté. Il falloit, il est vrai, supposer dans un pareil tissu d'impostures un art et des prestiges qui me sembloient inconcevables. Mais je trouvois encore plus d'absurdités entassées dans l'obstination de mon premier sentiment.

Avant néanmoins de me décider tout-à-fait, je résolus de relire ses écrits avec plus de suite et d'attention que je n'avois fait jusqu'alors. J'y avois trouvé des idées et des maximes très-paradoxales, d'autres que je n'avois pu bien entendre. J'y croyois avoir senti des inégalités, même des contradictions. Je n'en avois pas saisi l'ensemble assez pour juger solidement d'un système aussi nouveau pour moi. Ces livres-là ne sont pas, comme ceux d'aujourd'hui, des agrégations de pensées détachées, sur chacune desquelles l'esprit du lecteur puisse se reposer. Ce sont les méditations d'un solitaire; elles demandent une attention suivie, qui n'est pas trop du goût de notre nation. Quand on s'obstine à vouloir bien en suivre le fil, il y faut revenir avec effort et plus d'une fois. Je l'avois trouvé passionné pour la vertu, pour la liberté, pour l'ordre, mais d'une véhémence qui souvent l'entraînoit au-delà du but. En tout je sentois en lui un homme très-ardent, très-extraordinaire, mais dont le caractère et les principes ne m'étoient pas encore assez développés. Je crus qu'en méditant très-attentivement ses ouvrages, et comparant soigneusement l'auteur avec l'homme que vous m'aviez peint, je parviendrois à éclairer ces deux objets l'un par l'autre, et à m'assurer si tout étoit bien d'accord et appartenoit incontestablement au même individu. Cette question décidée me parut devoir me tirer tout-à-fait de mon irrésolution sur son compte, et prenant un plus vif intérêt à ces recherches que je n'avois fait jusqu'alors, je me fis un devoir, à votre exemple, de parvenir, en joignant mes réflexions aux lumières que je tenois de vous, à me délivrer enfin du doute où vous m'aviez jeté, et à juger l'accusé par moi-même après avoir jugé ses accusateurs. Pour faire cette recherche avec plus de suite et de recueillement, j'allai passer quelques mois à la campagne, et j'y portai les écrits de Jean-Jacques autant que j'en pus faire le discernement parmi les recueils frauduleux publiés sous son nom. J'avois senti dès ma première lecture que ces écrits marchoient dans un certain ordre qu'il falloit trouver pour suivre la chaîne de leur contenu. J'avois cru voir que cet ordre étoit rétrograde à celui de leur publication, et que l'auteur, remontant de principes en principes, n'avoit atteint les premiers que dans ses derniers écrits. Il falloit donc, pour marcher par synthèse, commencer par ceux-ci, et c'est ce que je fis en m'attachant d'abord à l'*Émile*, par lequel il a fini, les deux autres écrits qu'il a publiés depuis ne faisant plus partie de son système, et n'étant destinés qu'à la défense personnelle de sa patrie et de son honneur.

ROUSSEAU.

Vous ne lui attribuez donc plus ces autres livres qu'on publie journellement sous son nom, et dont on a soin de farcir les recueils de ses écrits pour qu'on ne puisse plus discerner les véritables?

LE FRANÇOIS.

J'ai pu m'y tromper tant que j'en jugeai sur la parole d'autrui; mais, après l'avoir lu lui-même, j'ai su bientôt à quoi m'en tenir. Après avoir suivi les manœuvres de nos messieurs, je suis surpris, à la facilité qu'ils ont de lui attribuer des livres, qu'ils ne lui en attribuent pas davantage; car dans la disposition où ils ont mis le public à son égard, il ne s'imprimera plus rien de si plat ou de si punissable qu'on ne s'empresse à croire être de lui, sitôt qu'ils voudront l'affirmer.

Pour moi, quand même j'ignorerois que depuis douze ans il a quitté la plume, un coup d'œil sur les écrits qu'ils lui prêtent me suffiroit pour sentir qu'ils ne sauroient être de l'auteur des autres : non que je me croie un juge infaillible en matière de style ; je sais que fort peu de gens le sont, et j'ignore jusqu'à quel point un auteur adroit peut imiter le style d'un autre, comme Boileau a imité Voiture et Balzac. Mais c'est sur les choses mêmes que je crois ne pouvoir être trompé. J'ai trouvé les écrits de Jean-Jacques pleins d'affections d'ame qui ont pénétré la mienne. J'y ai trouvé des manières de sentir et de voir qui le distinguent aisément de tous les écrivains de son temps, et de la plupart de ceux qui l'ont précédé : c'est, comme vous le disiez, un habitant d'une autre sphère, où rien ne ressemble à celle-ci. Son système peut être faux ; mais en le développant il s'est peint lui-même au vrai, d'une façon si caractéristique et si sûre, qu'il m'est impossible de m'y tromper. Je ne suis pas à la seconde page de ses sots ou malins imitateurs, que je sens la singerie [1], et combien, croyant dire comme lui, ils sont loin de sentir et penser comme lui ; en copiant même, ils le dénaturent par la manière de l'encadrer. Il est bien aisé

---

[1] Voyez, par exemple, la *Philosophie de la Nature* [*], qu'on a brûlée au Châtelet ; livre exécrable, et couteau à deux tranchants, fait tout exprès pour me l'attribuer, du moins en province et chez l'étranger, pour agir en conséquence, et propager, à mes dépens, la doctrine de ces messieurs sous le masque de la mienne. Je n'ai point vu ce livre, et, j'espère, ne le verrai jamais ; mais j'ai lu tout

[*] Ouvrage de Delisle de Sales, traduit en plusieurs langues, et dont la septième édition (Paris, 1804) est en dix volumes in-8°.

de contrefaire le tour de ses phrases; ce qui est difficile à tout autre est de saisir ses idées, et d'exprimer ses sentiments. Rien n'est si contraire à l'esprit philosophique de ce siècle, dans lequel ses faux imitateurs retombent toujours.

Dans cette seconde lecture, mieux ordonnée et plus réfléchie que la première, suivant de mon mieux le fil de ses méditations, j'y vis partout le développement de son grand principe, que la nature a fait l'homme heureux et bon, mais que la société le déprave et le rend misérable. L'*Émile*, en particulier, ce livre tant lu, si peu entendu et si mal apprécié, n'est qu'un traité de la bonté originelle de l'homme, destiné à montrer comment le vice et l'erreur, étrangers à sa constitution, s'y introduisent du dehors, et l'altèrent insensiblement. Dans ses premiers écrits, il s'attache davantage à détruire ce prestige d'illusion qui nous donne une admiration stupide pour les instruments de nos lumières, et à corriger cette estimation trompeuse qui nous fait honorer des talents pernicieux et mépriser des vertus utiles. Partout il nous fait voir l'espèce humaine meilleure, plus sage et plus heureuse dans sa constitution primi-

cela dans le réquisitoire trop clairement pour pouvoir m'y tromper, et je suis certain qu'il ne peut y avoir aucune vraie ressemblance entre ce livre et les miens, parce qu'il n'y en a aucune entre les ames qui les ont dictés. Notez que, depuis qu'on a su que j'avois vu ce réquisitoire, on a pris de nouvelles mesures pour qu'il ne me parvînt rien de pareil à l'avenir.

tive; aveugle, misérable et méchante, à mesure qu'elle s'en éloigne. Son but est de redresser l'erreur de nos jugements, pour retarder le progrès de nos vices, et de nous montrer que là où nous cherchons la gloire et l'éclat, nous ne trouvons en effet qu'erreurs et misères.

Mais la nature humaine ne rétrograde pas, et jamais on ne remonte vers les temps d'innocence et d'égalité quand une fois on s'en est éloigné; c'est encore un des principes sur lesquels il a le plus insisté. Ainsi son objet ne pouvoit être de ramener les peuples nombreux ni les grands états à leur première simplicité, mais seulement d'arrêter, s'il étoit possible, le progrès de ceux dont la petitesse et la situation les ont préservés d'une marche aussi rapide vers la perfection de la société et vers la détérioration de l'espèce. Ces distinctions méritoient d'être faites et ne l'ont point été. On s'est obstiné à l'accuser de vouloir détruire les sciences, les arts, les théâtres, les académies, et replonger l'univers dans sa première barbarie; et il a toujours insisté, au contraire, sur la conservation des institutions existantes, soutenant que leur destruction ne feroit qu'ôter les palliatifs en laissant les vices, et substituer le brigandage à la corruption. Il avoit travaillé pour sa patrie et pour les petits états constitués comme elle. Si sa doctrine pouvoit être aux autres de quelque utilité, c'étoit en changeant les objets de leur estime, et retardant peut-être ainsi leur décadence qu'ils accélèrent par leurs fausses appréciations. Mais malgré ces distinctions si souvent et si fortement répétées, la mauvaise foi des gens de lettres, et la sottise de l'amour-propre, qui persuade à chacun que c'est toujours de lui qu'on s'occupe, lors même qu'on n'y pense pas, ont fait que les grandes nations ont pris pour elles ce qui n'avoit pour objet que les petites républiques; et l'on s'est obstiné à voir un promoteur de bouleversements et de troubles dans l'homme du monde qui porte un plus vrai respect aux lois et aux constitutions nationales, qui a le plus d'aversion pour les révolutions et pour les ligueurs de toute espèce, qui la lui rendent bien.

En saisissant peu à peu ce système par toutes ses branches dans une lecture plus réfléchie, je m'arrêtai pourtant moins d'abord à l'examen direct de cette doctrine, qu'à son rapport avec le caractère de celui dont elle portoit le nom; et, sur le portrait que vous m'aviez fait de lui, ce rapport me parut si frappant, que je ne pus refuser mon assentiment à son évidence. D'où le peintre et l'apologiste de la nature, aujourd'hui si défigurée et si calomniée, peut-il avoir tiré son modèle, si ce n'est de son propre cœur? il l'a décrite comme il se sentoit lui-même. Les préjugés dont il n'étoit pas subjugué, les passions factices dont il n'étoit pas la proie, n'offusquoient point à ses yeux, comme à ceux des autres, ces premiers traits si généralement oubliés ou méconnus. Ces traits, si nouveaux pour nous et si vrais, une fois tracés, trouvoient bien encore au fond des cœurs l'attestation de leur justesse, mais jamais ils ne s'y seroient remontrés d'eux-mêmes, si l'historien de la nature n'eût commencé par ôter la rouille qui les cachoit. Une vie retirée et solitaire, un goût vif de rêverie et de contemplation, l'habitude de rentrer en soi, et d'y rechercher dans le calme des passions ces premiers traits disparus chez la multitude, pouvoient seuls les lui faire retrouver. En un mot, il falloit qu'un homme se fût peint lui-même pour nous montrer ainsi l'homme primitif, et si l'auteur n'eût été tout aussi singulier que ses livres, jamais il ne les eût écrits. Mais où est-il cet homme de la nature qui vit vraiment de la vie humaine, qui, comptant pour rien l'opinion d'autrui, se conduit uniquement d'après ses penchants et sa raison, sans égard à ce que le public approuve ou blâme? On le chercheroit en vain parmi nous. Tous, avec un beau vernis de paroles, tâchent en vain de donner le change sur leur vrai but; aucun ne s'y trompe, et pas un n'est la dupe des autres, quoique tous parlent comme lui. Tous cherchent leur bonheur dans l'apparence, nul ne se soucie de la réalité. Tous mettent leur être dans le paroître; tous, esclaves et dupes de l'amour-propre, ne vivent point pour vivre, mais pour faire croire qu'ils ont vécu. Si vous ne m'eussiez dépeint votre Jean-Jacques, j'aurois cru que l'homme naturel n'existoit plus; mais le rapport frappant de celui que vous m'avez peint avec l'auteur dont j'ai lu les livres ne me laisseroit pas douter que l'un ne fût l'autre, quand je n'aurois nulle autre raison de le croire. Ce rapport marqué me décide; et, sans m'embarrasser du Jean-Jacques de nos messieurs, plus monstrueux encore par son éloignement de la nature que le vôtre n'est singulier pour en être resté si près, j'adopte pleinement les idées que vous m'en avez données; et si votre Jean-Jacques n'est pas tout-à-fait devenu le mien, il a l'honneur de plus d'avoir arraché mon estime sans que mon penchant ait rien fait pour lui. Je ne l'aimerai peut-être jamais, parce que cela ne dépend pas de moi : mais je l'honore parce que je veux être juste, que je le crois innocent, et que je le vois opprimé. Le tort que je lui ai fait en pensant si mal de lui étoit l'effet d'une erreur presque invincible dont je n'ai nul reproche à faire à ma volonté. Quand l'aversion que j'eus pour lui dureroit dans toute sa force, je n'en serois pas moins disposé à l'estimer et à le plaindre. Sa destinée est un exemple peut-être unique de toutes les humiliations possibles, et d'une patience presque invincible à les supporter. Enfin le souvenir de l'illusion dont je sors sur son compte me laisse un grand préservatif contre une orgueilleuse confiance en mes lumières, et contre la suffisance du faux savoir.

ROUSSEAU.

C'est vraiment mettre à profit l'expérience, et rendre utile l'erreur même, que d'apprendre ainsi de celle où l'on a pu tomber à compter moins sur les oracles de nos jugements, et à ne négliger jamais, quand on veut disposer arbitrairement de l'honneur et du sort d'un homme, aucun des moyens prescrits par la justice et par la raison pour constater la vérité. Si, malgré toutes ces précautions, nous nous trompons encore, c'est un effet de la misère humaine, et nous n'aurons pas du moins à nous reprocher d'avoir failli par notre faute. Mais rien pouvoit-il excuser ceux qui, rejetant obstinément et sans raison les formes les plus inviolables, et tout fiers de partager avec des grands et des princes une œuvre d'iniquité, condamnent sans crainte un accusé, et disposent en maîtres de sa destinée et de sa réputation, uniquement parce qu'ils aiment à le trouver coupable, et qu'il leur plaît de voir la justice et l'évidence où la fraude et l'imposture sauteroient à des yeux non prévenus!

Je n'aurai point un pareil reproche à me faire à l'égard de Jean-Jacques; et si je m'abuse en le jugeant innocent, ce n'est du moins qu'après avoir pris toutes les mesures qui étoient en ma puissance pour me garantir de l'erreur. Vous n'en pouvez pas tout-à-fait dire autant encore, puisque vous ne l'avez ni vu, ni étudié par vous-même, et qu'au milieu de tant de prestiges, d'illusions, de préjugés, de mensonges et de faux témoignages, ce soit, selon moi, le seul moyen sûr de le connoître. Ce moyen en amène un autre non moins indispensable, et qui devroit être le premier s'il étoit permis de suivre ici l'ordre naturel; c'est la discussion contradictoire des faits par les parties elles-mêmes, en sorte que les accusateurs et l'accusé soient mis en confrontation, et qu'on l'entende dans ses réponses. L'effroi que cette forme si sacrée paroît faire aux premiers, et leur obstination à s'y refuser, font contre eux, je l'avoue, un préjugé très-fort, très-raisonnable, et qui suffiroit seul pour leur condamnation, si la foule et la force de leurs preuves, si frappantes, si éblouissantes, n'arrêtoient en quelque sorte l'effet de ce refus. On ne conçoit pas ce que l'accusé peut répondre; mais enfin, jusqu'à ce qu'il ait donné ou refusé ses réponses, nul n'a droit de prononcer pour lui qu'il n'a rien à répondre, ni, se supposant parfaitement instruit de ce qu'il peut ou ne peut pas dire, de le tenir ou pour convaincu tant qu'il ne l'a pas été, ou pour tout-à-fait justifié tant qu'il n'a pas confondu ses accusateurs.

Voilà, monsieur, ce qui manque encore à la certitude de nos jugements sur cette affaire. Hommes et sujets à l'erreur, nous pouvons nous tromper en jugeant innocent un coupable, comme en jugeant coupable un innocent. La première erreur semble, il est vrai, plus excusable; mais peut-on l'être dans une erreur qui peut nuire, et dont on s'est pu garantir? Non; tant qu'il reste un moyen possible d'éclaircir la vérité, et qu'on le néglige, l'erreur n'est point involontaire, et doit être imputée à celui qui veut y rester. Si donc vous prenez assez d'intérêt aux livres que vous avez lus pour vouloir vous décider sur l'auteur, et si vous haïssez assez l'injustice pour vouloir réparer celle que, d'une façon si cruelle, vous avez pu commettre à son égard, je vous propose premièrement de voir l'homme. Venez, je vous introduirai chez lui sans peine. Il est déjà prévenu; je lui ai dit tout ce que j'ai pu dire à votre égard sans blesser mes engagements. Il sait d'avance que si jamais vous vous présentez à sa porte, ce sera pour le connoître, et non pas pour le tromper. Après avoir refusé de le voir tant que vous l'avez jugé comme a fait tout le monde, votre première visite sera pour lui la consolante preuve que vous ne désespérez plus de lui devoir votre estime, et d'avoir des torts à réparer envers lui.

Sitôt que, cessant de le voir par les yeux de vos messieurs, vous le verrez par les vôtres, je ne doute point que vos jugements ne confirment les miens, et que, retrouvant en lui l'auteur de ses livres, vous ne restiez persuadé, comme moi, qu'il est l'homme de la nature, et point du tout le monstre qu'on vous a peint sous son nom. Mais enfin, pouvant nous abuser l'un et l'autre dans des jugements destitués de preuves positives et régulières, il nous restera toujours une juste crainte fondée sur la possibilité d'être dans l'erreur, et sur la difficulté d'expliquer d'une manière satisfaisante les faits allégués contre lui. Un pas seul alors nous reste à faire pour constater la vérité, pour lui rendre hommage et la manifester à tous les yeux : c'est de nous réunir pour forcer enfin vos messieurs à s'expliquer hautement en sa présence, et à confondre un coupable aussi impudent, ou du moins à nous dégager du secret qu'ils ont exigé de nous, en nous permettant de le confondre nous-mêmes. Une instance aussi légitime sera le premier pas...

LE FRANÇOIS.

Arrêtez... Je frémis seulement à vous entendre. Je vous ai fait, sans détour, l'aveu que j'ai cru devoir à la justice et à la vérité. Je veux être juste, mais sans témérité. Je ne veux point me perdre inutilement, sans sauver l'innocent auquel je me sacrifie; et c'est ce que je ferois en suivant votre conseil : c'est ce que vous feriez vous-même en voulant le pratiquer. Apprenez ce que je puis et veux faire, et n'attendez de moi rien au-delà.

Vous prétendez que je dois aller voir Jean-Jacques pour vérifier par mes yeux ce que vous m'en avez dit, et ce que j'infère moi-même de la lecture de ses écrits : cette confirmation m'est superflue, et, sans y recourir, je sais d'avance à quoi m'en tenir sur ce point. Il est singulier que je sois maintenant plus décidé que vous sur les sentimens que vous avez eu tant de peine à me faire adopter; mais cela est pourtant fondé en raison. Vous insistez encore sur la force des preuves alléguées contre lui par nos messieurs. Cette force est désormais nulle pour moi, qui en ai démêlé tout l'artifice depuis que j'y ai regardé de plus près. J'ai là-dessus tant de faits que vous ignorez; j'ai lu si clairement dans les cœurs, avec la plus vive inquiétude sur ce que peut dire l'accusé, le désir le plus ardent de lui ôter tout moyen de se défendre; j'ai vu tant de concert, de soin, d'activité, de chaleur dans les mesures prises pour cet effet, que des preuves administrées de cette manière par des gens si passionnés perdent toute autorité dans mon esprit vis-à-vis de vos observations. Le public est trompé, je le vois, je le sais; mais il se plaît à l'être, et n'aimeroit pas à se voir désabuser. J'ai moi-même été dans ce cas et ne m'en suis pas tiré sans peine. Nos messieurs avoient ma confiance, parce qu'ils flattoient le penchant qu'ils m'avoient donné, mais jamais ils n'ont eu pleinement mon estime; et, quand je vous vantois leurs vertus, je n'ai pu me résoudre à les imiter. Je n'ai voulu jamais approcher de leur proie pour la cajoler, la tromper, la circonvenir, à leur exemple; et la même répugnance que je voyois dans votre cœur étoit dans le mien quand je cherchois à la combattre. J'approuvois leurs manœuvres sans vouloir les adopter. Leur fausseté, qu'ils appeloient bienveillance, ne pouvoit me séduire, parce qu'au lieu de cette bienveillance dont ils se vantoient, je ne sentois pour celui qui en étoit l'objet qu'antipathie, répugnance, aversion. J'étois bien aise de les voir nourrir pour lui une sorte d'affection méprisante et dérisoire, qui avoit tous les effets de la plus mortelle haine : mais je ne pouvois ainsi me donner le change à moi-même, et ils me l'avoient rendu si odieux, que je le haïssois de tout mon cœur, sans feinte et tout à découvert. J'aurois craint d'approcher de lui comme d'un monstre effroyable, et j'aimerois mieux n'avoir pas le plaisir de lui nuire, pour n'avoir pas l'horreur de le voir.

En me ramenant par degrés à la raison, vous m'avez inspiré autant d'estime pour sa patience et sa douceur que de compassion pour ses infortunes. Ses livres ont achevé l'ouvrage que vous aviez commencé. J'ai senti, en les lisant, quelle passion donnoit tant d'énergie à son ame et de véhémence à sa diction. Ce n'est pas une explosion passagère, c'est un sentiment dominant et permanent qui peut se soutenir ainsi durant dix ans, et produire douze volumes toujours pleins du même zèle, toujours arrachés par la même persuasion. Oui, je le sens, et le soutiens comme vous, dès qu'il est l'auteur des écrits qui portent son nom, il ne peut avoir que le cœur d'un homme de bien.

Cette lecture attentive et réfléchie a pleinement achevé dans mon esprit la révolution que vous aviez commencée. C'est en faisant cette lecture avec le soin qu'elle exige que j'ai senti toute la malignité, toute la détestable adresse de ses amers commentateurs. Dans tout ce que je lisois de l'original, je sentois la sincérité, la droiture d'une ame haute et fière, mais franche et sans fiel, qui se montre sans précaution, sans crainte, qui censure à découvert, qui loue sans réticence, et qui n'a point de sentiment à cacher. Au contraire, tout ce que je lisois dans les réponses montroit une brutalité féroce, ou une politesse insidieuse, traîtresse, et couvroit du miel des éloges le fiel de la satire et le poison de la calomnie. Qu'on lise avec soin la Lettre honnête, mais franche, à M. d'Alembert sur les spectacles, et qu'on la compare avec la réponse de celui-ci, cette réponse si soigneusement mesurée, si pleine de circonspection affectée, de compliments aigre-doux, si propre à faire penser le mal, en feignant de ne le pas dire; qu'on cherche ensuite sur ces lectures à découvrir lequel des deux auteurs est le méchant : croyez-vous qu'il se trouve dans l'univers un mortel assez impudent pour dire que c'est Jean-Jacques?

Cette différence s'annonce dès l'abord par leurs épigraphes. Celle de votre ami, tirée de l'*Énéide*, est une prière au ciel de garantir les bons d'une erreur si funeste, et de la laisser aux ennemis. Voici celle de M. d'Alembert, tirée de La Fontaine :

Quittez-moi votre serpe, instrument de dommage.

L'un ne songe qu'à prévenir un mal; l'autre, dès l'abord, oublie la question pour ne songer qu'à nuire à son adversaire; et, dans l'examen de l'utilité des théâtres, adresse très à propos à Jean-Jacques ce même vers que, dans La Fontaine, le serpent adresse à l'homme [1].

Ah! subtil et rusé d'Alembert! si vous n'avez pas une serpe, instrument très-utile, quoi qu'en dise le serpent, vous avez en revanche un stylet bien affilé, qui n'est guère, surtout dans vos mains, un outil de bienfaisance.

Vous voyez que je suis plus avancé que vous dans votre propre recherche, puisqu'il vous reste à cet égard des scrupules que je n'ai plus. Non, monsieur, je n'ai pas même besoin de voir Jean-Jacques pour savoir à quoi m'en tenir sur son compte. J'ai vu de trop près les manœuvres dont il est la victime pour laisser dans mon esprit la

---

[1] * Il faudroit que le *Scythe* adresse au *Philosophe*. C'est évidemment une inadvertance. Voyez liv. XII, fable 20.

moindre autorité à tout ce qui peut en résulter. Ce qu'il étoit aux yeux du public lors de la publication de son premier ouvrage, il le redevient aux miens, parce que le prestige de tout ce qu'on a fait dès-lors pour le défigurer est détruit, et que je ne vois plus dans toutes les preuves qui vous frappent encore que fraude, mensonge, illusion.

Vous demandiez s'il existoit un complot. Oui, sans doute, il en existe un, et tel qu'il n'y en eut et n'y en aura jamais de semblable. Cela n'étoit-il pas clair dès l'année du décret, par la brusque et incroyable sortie de tous les imprimés, de tous les journaux, de toutes les gazettes, de toutes les brochures, contre cet infortuné? Ce décret fut le tocsin de toutes ces fureurs. Pouvez-vous croire que les auteurs de tout cela, quelque jaloux, quelque méchants, quelque vils qu'ils puissent être, se fussent ainsi déchaînés de concert en loups enragés contre un homme alors et dès-lors en proie aux plus cruelles adversités? Pouvez-vous croire qu'on eût insolemment farci les recueils de ses propres écrits de tous ces noirs libelles, si ceux qui les écrivoient et ceux qui les employoient n'eussent été inspirés par cette ligue qui depuis long-temps graduoit sa marche en silence, et prit alors en public son premier essor? La lecture des écrits de Jean-Jacques m'a fait faire en même temps celle de ces venimeuses productions qu'on a pris grand soin d'y mêler. Si j'avois fait plus tôt ces lectures, j'aurois compris dès-lors tout le reste. Cela n'est pas difficile à qui peut les parcourir de sang-froid. Les ligueurs eux-mêmes l'ont senti, et bientôt ils ont pris une autre méthode qui leur a beaucoup mieux réussi ; c'est de n'attaquer Jean-Jacques en public qu'à mots couverts, et le plus souvent sans nommer ni lui ni ses livres ; mais de faire en sorte que l'application de ce qu'on en diroit fût si claire, que chacun la fît sur-le-champ. Depuis dix ans que l'on suit cette méthode, elle a produit plus d'effet que des outrages trop grossiers, qui, par cela seul, peuvent déplaire au public ou lui devenir suspects. C'est dans les entretiens particuliers, dans les cercles, dans les petits comités secrets, dans tous ces petits tribunaux littéraires dont les femmes sont les présidents, que s'affilent les poignards dont on le crible sous le manteau.

On ne conçoit pas comment la diffamation d'un particulier sans emploi, sans projet, sans parti, sans crédit, a pu faire une affaire aussi importante et aussi universelle. On conçoit beaucoup moins comment une pareille entreprise a pu paroître assez belle pour que tous les rangs, sans exception, se soient empressés d'y concourir *per fas et nefas*, comme à l'œuvre la plus glorieuse. Si les auteurs de cette étonnant complot, si les chefs qui en ont pris la direction avoient mis à quelque honorable entreprise la moitié des soins, des peines, du travail, du temps, de la dépense qu'ils ont prodigués à l'exécution de ce beau projet, ils auroient pu se couronner d'une gloire immortelle à beaucoup moins de frais [1] qu'il ne leur en a coûté pour accomplir cette œuvre de ténèbres dont il ne peut résulter pour eux ni bien ni honneur, mais seulement le plaisir d'assouvir en secret la plus lâche de toutes les passions, et dont encore la patience et la douceur de leur victime ne les laissera jamais jouir pleinement.

Il est impossible que vous ayez une juste idée de la position de votre Jean-Jacques, ni de la manière dont il est enlacé. Tout est si bien concerté à son égard, qu'un ange descendroit du ciel pour le défendre sans pouvoir y parvenir. Le complot dont il est le sujet n'est pas de ces impostures jetées au hasard qui font un effet rapide, mais passager, et qu'un instant découvre et détruit. C'est, comme il l'a senti lui-même, un projet médité de longue main, dont l'exécution lente et graduée ne s'opère qu'avec autant de précaution que de méthode, effaçant à mesure qu'elle avance et les traces des routes qu'elle a suivies et les vestiges de la vérité qu'elle a fait disparoître. Pouvez-vous croire qu'évitant avec tant de soin toute espèce d'explication, les auteurs et les chefs de ce complot négligent de détruire et dénaturer tout ce

---

[1] On me reprochera, j'en suis très-sûr, de me donner une importance prodigieuse. Ah! si je n'en avois pas plus aux yeux d'autrui qu'aux miens, que mon sort seroit moins à plaindre!

qui pourroit un jour servir à les confondre? et, depuis plus de quinze ans qu'il est en pleine exécution, n'ont-ils pas eu tout le temps qu'il leur falloit pour y réussir? Plus ils avancent dans l'avenir, plus il leur est facile d'oblitérer le passé, ou de lui donner la tournure qui leur convient. Le moment doit venir où, tous les témoignages étant à leur disposition, ils pourroient sans risque lever le voile impénétrable qu'ils ont mis sur les yeux de leur victime. Qui sait si ce moment n'est pas déjà venu? si par les mesures qu'ils ont eu tout le temps de prendre, ils ne pourroient pas dès à présent s'exposer à des confrontations qui confondroient l'innocence et feroient triompher l'imposture? Peut-être ne les évitent-ils encore que pour ne pas changer de maximes, et, si vous voulez, par un reste de crainte attachée au mensonge de n'avoir jamais tout prévu. Je vous le répète, ils ont travaillé sans relâche à disposer toutes choses pour n'avoir rien à craindre d'une discussion régulière, si jamais ils étoient forcés d'y acquiescer; et il me paroît qu'ils ont eu tout le temps et tous les moyens de mettre le succès de leur entreprise à l'abri de tout évènement imprévu. Eh! quelles seroient désormais les ressources de Jean-Jacques et de ses défenseurs, s'il s'en osoit présenter? Où trouveroit-il des juges qui ne fussent pas du complot, des témoins qui ne fussent pas subornés, des conseils fidèles qui ne l'égarassent pas? Seul contre toute une génération liguée, d'où réclameroit-il la vérité que le mensonge ne répondît à sa place? Quelle protection, quel appui trouveroit-il pour résister à cette conspiration générale? Existe-t-il, peut-il même exister, parmi les gens en place, un seul homme assez intègre pour se condamner lui-même, assez courageux pour oser défendre un opprimé dévoué depuis si long-temps à la haine publique, assez généreux pour s'animer d'un pareil zèle, sans autre intérêt que celui de l'équité? Soyez sûr que, quelque crédit, quelque autorité que pût avoir celui qui oseroit élever la voix en sa faveur, et réclamer pour lui les premières lois de la justice, il se perdroit sans sauver son client, et que toute la ligue, réunie contre ce protecteur téméraire, commençant par l'écarter de manière ou d'autre, finiroit par tenir, comme auparavant, sa victime à sa merci. Rien ne peut plus la soustraire à sa destinée; et tout ce que peut faire un homme sage qui s'intéresse à son sort est de rechercher en silence les vestiges de la vérité pour diriger son propre jugement, mais jamais pour le faire adopter par la multitude, incapable de renoncer par raison au parti que la passion lui a fait prendre.

Pour moi, je veux vous faire ici ma confession sans détour. Je crois Jean-Jacques innocent et vertueux; et cette croyance est telle au fond de mon ame, qu'elle n'a pas besoin d'autre confirmation. Bien persuadé de son innocence, je n'aurai jamais l'indignité de parler là-dessus contre ma pensée, ni de joindre contre lui ma voix à la voix publique, comme j'ai fait jusqu'ici dans une autre opinion. Mais ne vous attendez pas non plus que j'aille étourdiment me porter à découvert pour son défenseur, et forcer ses délateurs à quitter leur masque pour l'accuser hautement en face. Je ferois en cela une démarche aussi imprudente qu'inutile, à laquelle je ne veux point m'exposer. J'ai un état, des amis à conserver, une famille à soutenir, des patrons à ménager. Je ne veux point faire ici le don Quichotte, et lutter contre les puissances, pour faire un moment parler de moi, et me perdre pour le reste de ma vie. Si je puis réparer mes torts envers l'infortuné Jean-Jacques, et lui être utile sans m'exposer, à la bonne heure; je le ferai de tout mon cœur. Mais si vous attendez de moi quelque démarche d'éclat qui me compromette, et m'expose au blâme des miens, détrompez-vous, je n'irai jamais jusque-là. Vous ne pouvez vous-même aller plus loin que vous n'avez fait, sans manquer à votre parole, et me mettre avec vous dans un embarras dont nous ne sortirions ni l'un ni l'autre aussi aisément que vous l'avez présumé.

ROUSSEAU.

Rassurez-vous, je vous prie; je veux bien plutôt me conformer moi-même à vos résolutions, que d'exiger de vous rien qui vous déplaise. Dans la démarche que j'aurois désiré de faire, j'avois plus pour objet notre entière et commune satisfaction, que de ramener ni le public ni vos messieurs aux sentiments de la justice et au chemin de la vérité. Quoique intérieurement aussi persuadé que vous de l'innocence de Jean-Jacques, je n'en suis pas régulièrement convaincu, puisque, n'ayant pu l'instruire des choses qu'on lui impute, je n'ai pu ni le confondre par son silence, ni l'absoudre par ses réponses. A cet égard, je me tiens au jugement immédiat que j'ai porté sur l'homme, sans prononcer sur les faits qui combattent ce jugement, puisqu'ils manquent du caractère qui peut seul les constater ou les détruire à mes yeux. Je n'ai pas assez de confiance en mes propres lumières pour croire qu'elles ne peuvent me tromper; et je resterois peut-être encore ici dans le doute, si le plus légitime et le plus fort des préjugés ne venoit à l'appui de mes propres remarques, et ne me montroit le mensonge du côté qui se refuse à l'épreuve de la vérité. Loin de craindre une discussion contradictoire, Jean-Jacques n'a cessé de la rechercher, de provoquer à grands cris ses accusateurs, et de dire hautement ce qu'il avoit à dire. Eux, au contraire, ont toujours esquivé, fait le plongeon, parlé toujours entre eux à voix basse, lui cachant avec le plus grand soin leurs accusations, leurs témoins, leurs preuves, surtout leurs

personnes, et fuyant avec le plus évident effroi toute espèce de confrontation. Donc ils ont de fortes raisons pour la craindre, celles qu'ils allèguent pour cela étant ineptes au point d'être même outrageantes pour ceux qu'ils en veulent payer, et qui, je ne sais comment, ne laissent pas de s'en contenter : mais pour moi je ne m'en contenterai jamais, et dès-là toutes leurs preuves clandestines sont sans autorité sur moi. Vous voilà dans le même cas où je suis, mais avec un moindre degré de certitude sur l'innocence de l'accusé, puisque, ne l'ayant point examiné par vos propres yeux, vous ne jugez de lui que par ses écrits et sur mon témoignage. Donc vos scrupules devroient être plus grands que les miens, si les manœuvres de ses persécuteurs, que vous avez mieux suivies, ne faisoient pour vous une espèce de compensation. Dans cette position, j'ai pensé que ce que nous avions de mieux à faire pour nous assurer de la vérité étoit de la mettre à sa dernière et plus sûre épreuve, celle précisément qu'éludent si soigneusement vos messieurs. Il me sembloit que, sans trop nous compromettre, nous aurions pu leur dire : « Nous ne saurions approuver qu'aux
« dépens de la justice et de la sûreté publique
« vous fassiez à un scélérat une grâce tacite qu'il
« n'accepte point, et qu'il dit n'être qu'une hor-
« rible barbarie que vous couvrez d'un beau nom.
« Quand cette grâce en seroit réellement une,

« étant faite par force, elle change de nature ; au
« lieu d'être un bienfait, elle devient un cruel
« outrage ; et rien n'est plus injuste et plus tyran-
« nique que de forcer un homme à nous être obligé
« malgré lui. C'est sans doute un des crimes de
« Jean-Jacques de n'avoir, au lieu de la recon-
« noissance qu'il vous doit, qu'un dédain plus que
« méprisant pour vous et pour vos manœuvres.
« Cette impudence de sa part mérite en particulier
« une punition sortable ; et cette punition que vous
« lui devez et à vous-mêmes est de le confondre,
« afin que, forcé de reconnoître enfin votre indul-
« gence, il ne jette plus des nuages sur les motifs
« qui vous font agir. Que la confusion d'un hypo-
« crite aussi arrogant soit, si vous voulez, sa seule
« peine ; mais qu'il la sente pour l'édification, pour
« la sûreté publique, et pour l'honneur de la gé-
« nération présente qu'il paroît dédaigner si fort.
« Alors seulement on pourra, sans risque, le laisser
« errer parmi nous avec honte, quand il sera bien
« authentiquement convaincu et démasqué. Jus-
« qu'à quand souffrirez-vous cet odieux scandale,
« qu'avec la sécurité de l'innocence le crime ose
« insolemment provoquer la vertu, qui gauchit
« devant lui et se cache dans l'obscurité ? C'est lui
« qu'il faut réduire à cet indigne silence que vous
« gardez, lui présent : sans quoi l'avenir ne voudra
« jamais croire que celui qui se montre seul et
« sans crainte est le coupable, et que celui qui,

« bien escorté, n'ose l'attendre est l'innocent. »

En leur parlant ainsi, nous les aurions forcés à s'expliquer ouvertement, ou à convenir tacitement de leur imposture ; et, par la discussion contradictoire des faits, nous aurions pu porter un jugement certain sur les accusateurs et sur l'accusé, et prononcer définitivement entre eux et lui. Vous dites que les juges et les témoins, entrant tous dans la ligue, auroient rendu la prévarication très-facile à exécuter, très-difficile à découvrir, et cela doit être : mais il n'est pas impossible aussi que l'accusé n'eût trouvé quelque réponse imprévue et péremptoire qui eût démonté toutes leurs batteries, et manifesté le complot. Tout est contre lui, je le sais, le pouvoir, la ruse, l'argent, l'intrigue, le temps, les préjugés, son ineptie, ses distractions, son défaut de mémoire, son embarras de s'énoncer, tout enfin, hors l'innocence et la vérité, qui seules lui ont donné l'assurance de rechercher, de demander, de provoquer avec ardeur ces explications qu'il auroit tant de raisons de craindre si sa conscience déposoit contre lui. Mais ses désirs attiédis ne sont plus animés ni par l'espoir d'un succès qu'il ne peut plus attendre que d'un miracle, ni par l'idée d'une réparation qui pût flatter son cœur. Mettez-vous un moment à sa place, et sentez ce qu'il doit penser de la génération présente et de sa conduite à son égard. Après le plaisir qu'elle a pris à le diffamer en le cajolant, quel cas pourroit-il faire du retour de son estime? et de quel prix pourroient être à ses yeux les caresses sincères des mêmes gens qui lui en prodiguèrent de si fausses, avec des cœurs pleins d'aversion pour lui? Leur duplicité, leur trahison, leur perfidie, ont-elles pu lui laisser pour eux le moindre sentiment favorable? et ne seroit-il pas plus indigné que flatté de s'en voir fêté sincèrement avec les mêmes démonstrations qu'ils employèrent si long-temps en dérision à faire de lui le jouet de la canaille?

Non, monsieur, quand ses contemporains, aussi repentants et vrais qu'ils ont été jusqu'ici faux et cruels à son égard, reviendroient enfin de leur erreur, ou plutôt de leur haine, et que, réparant leur longue injustice, ils tâcheroient, à force d'honneurs, de lui faire oublier leurs outrages, pourroit-il oublier la bassesse et l'indignité de leur conduite? pourroit-il cesser de se dire que, quand même il eût été le scélérat qu'ils se plaisent à voir en lui, leur manière de procéder avec ce prétendu scélérat, moins inique, n'en seroit que plus abjecte, et que s'avilir autour d'un monstre à tant de manèges insidieux étoit se mettre soi-même au-dessous de lui? Non, il n'est plus au pouvoir de ses contemporains de lui ôter le dédain qu'ils ont tant pris de peine à lui inspirer. Devenu même insensible à leurs insultes, comment pourroit-il être touché de leurs éloges? Comment pourroit-il agréer le retour tardif et forcé de leur estime, ne pouvant plus lui-même en avoir pour eux? Non, ce retour de la part d'un public si méprisable ne pourroit plus lui donner aucun plaisir, ni lui rendre aucun honneur. Il en seroit plus importuné sans en être plus satisfait. Ainsi l'explication juridique et décisive qu'il n'a pu jamais obtenir, et qu'il a cessé de désirer, étoit plus pour nous que pour lui. Elle ne pourroit plus, même avec la plus éclatante justification, jeter aucune véritable douceur dans sa vieillesse. Il est désormais trop étranger ici-bas pour prendre à ce qui s'y fait aucun intérêt qui lui soit personnel. N'ayant plus de suffisante raison pour agir, il reste tranquille, en attendant avec la mort la fin de ses peines, et ne voit plus qu'avec indifférence le sort du peu de jours qui lui restent à passer sur la terre.

Quelque consolation néanmoins est encore à sa portée ; je consacre ma vie à la lui donner, et je vous exhorte d'y concourir. Nous ne sommes entrés ni l'un ni l'autre dans les secrets de la ligue dont il est l'objet ; nous n'avons point partagé la fausseté de ceux qui la composent ; nous n'avons point cherché à le surprendre par des caresses perfides. Tant que vous l'avez haï, vous l'avez fui, et moi je ne l'ai recherché que dans l'espoir de le trouver digne de mon amitié ; et l'épreuve nécessaire pour porter un jugement éclairé sur son compte, ayant été long-temps autant recherchée par lui qu'écartée par vos messieurs, forme un préjugé qui supplée, autant qu'il se peut, à cette épreuve, et confirme ce que j'ai pensé de lui après un examen aussi long qu'impartial. Il m'a dit cent fois qu'il se seroit consolé de l'injustice publique, s'il eût trouvé un seul cœur d'homme qui s'ouvrît au sien; qui sentît ses peines, et qui les plaignît; l'estime franche et pleine d'un seul l'eût dédommagé du mépris de tous les autres. Je puis lui donner ce dédommagement, et je le lui voue. Si vous vous joignez à moi pour cette bonne œuvre, nous pouvons lui rendre dans ses vieux jours la douceur d'une société véritable qu'il a perdue depuis si long-temps, et qu'il n'espéroit plus retrouver ici bas. Laissons le public dans l'erreur où il se complaît, et dont il est digne, et montrons seulement à celui qui en est la victime que nous ne la partageons pas. Il ne s'y trompe déjà plus à mon égard, il ne s'y trompera point au vôtre; et, si vous venez à lui avec les sentiments qui lui sont dus, vous le trouverez prêt à vous les rendre. Les nôtres lui seront d'autant plus sensibles qu'il ne les attendoit plus de personne; et, avec le cœur que je lui connois, il n'avoit pas besoin d'une si longue privation pour lui en faire sentir le prix. Que ses persécuteurs continuent de triompher, il verra leur prospérité sans peine; le désir de la vengeance ne le tourmenta jamais. Au milieu de tous leurs succès, il les plaint encore, et les croit bien plus malheureux que lui. En effet, quand la triste jouissance des maux qu'ils lui ont faits pourroit remplir leurs cœurs d'un contentement véritable, peut-elle jamais le garantir de la crainte d'être un jour découverts et démasqués ? Tant de soins qu'ils se donnent, tant de mesures qu'ils prennent sans relâche depuis tant d'années, ne marquent-elles pas la frayeur de n'en avoir jamais pris assez ? Ils ont beau renfermer la vérité dans de triples murs de mensonges et d'impostures qu'ils renforcent continuellement, ils tremblent toujours qu'elle ne s'échappe par quelque fissure. L'immense édifice de ténèbres qu'ils ont élevé autour de lui ne suffit pas pour les rassurer. Tant qu'il vit, un accident imprévu peut lui dévoiler leur mystère, et les exposer à se voir confondus. Sa mort même, loin de les tranquilliser, doit augmenter leurs alarmes. Qui sait s'il n'a point trouvé quelque confident discret qui, lorsque l'animosité du public cessera d'être attisée par la présence du condamné, saisira pour se faire écouter le moment où les yeux commenceront à s'ouvrir ? Qui sait si quelque dépositaire fidèle ne produira pas en temps et lieu de telles preuves de son innocence que le public, forcé de s'y rendre, sente et déplore sa longue erreur ? Qui sait si, dans le nombre infini de leurs complices, il ne s'en trouvera pas quelqu'un que le repentir, que le remords fasse parler ? On a beau prévoir ou arranger toutes les combinaisons imaginables, on craint toujours qu'il n'en reste quelqu'une qu'on n'a pas prévue, et qui fasse découvrir la vérité quand on y pensera le moins. La prévoyance a beau travailler, la crainte est encore plus active; et les auteurs d'un pareil projet ont, sans y penser, sacrifié à leur haine le repos du reste de leurs jours.

Si leurs accusations étoient véritables, et que Jean-Jacques fût tel qu'ils l'ont peint, l'ayant une fois démasqué pour l'acquit de leur conscience, et déposé leur secret chez ceux qui doivent veiller à l'ordre public, ils se reposeroient sur eux du reste, cesseroient de s'occuper du coupable, et ne penseroient plus à lui. Mais l'œil inquiet et vigilant qu'ils ont sans cesse attaché sur lui, les émissaires dont ils l'entourent, les mesures qu'ils ne cessent de prendre pour lui fermer toute voie à toute explication, pour qu'il ne puisse leur échapper en aucune sorte, décèlent avec leurs alarmes la cause qui les entretient et les perpétue : elles ne peuvent plus cesser, quoi qu'ils fassent; vivant ou mort, il les inquiétera toujours; et s'il aimoit la vengeance, il en auroit une bien assurée dans la frayeur dont, malgré tant de précautions entassées, ils ne cesseront plus d'être agités.

Voilà le contre-poids de leurs succès et de toutes leurs prospérités. Ils ont employé toutes les ressources de leur art pour faire de lui le plus malheureux des êtres; à force d'ajouter moyens sur moyens, ils les ont tous épuisés, et, loin de parvenir à leurs fins, ils ont produit l'effet contraire. Ils ont fait trouver à Jean-Jacques des ressources en lui-même qu'il ne connoîtroit pas sans eux. Après lui avoir fait le pis qu'ils pouvoient lui faire, ils l'ont mis en état de n'avoir plus rien à craindre, ni d'eux, ni de personne, et de voir avec la plus profonde indifférence tous les événements humains. Il n'y a point d'atteinte sensible à son ame, qu'ils ne lui aient portée; mais en lui faisant tout le mal qu'ils lui pouvoient faire, ils l'ont forcé de se réfugier dans des asiles où il n'est plus en leur pouvoir de pénétrer. Il peut maintenant les défier et se moquer de leur impuissance. Hors d'état de le rendre plus malheureux, ils le deviennent chaque jour davantage, en voyant que tant d'efforts n'ont abouti qu'à empirer leur situation et adoucir la sienne. Leur rage, devenue impuissante, n'a fait que s'irriter en voulant s'assouvir.

Au reste, il ne doute point que, malgré tant d'efforts, le temps ne lève enfin le voile de l'imposture, et ne découvre son innocence. La certitude qu'un jour on sentira le prix de sa patience contribue à la soutenir; et, en lui tout ôtant, ses persécuteurs n'ont pu lui ôter la confiance et l'espoir. « Si ma mémoire devoit, dit-il, s'éteindre
« avec moi, je me consolerois d'avoir été si mal
« connu des hommes, dont je serois bientôt oublié;
« mais puisque mon existence doit être connue

« après moi par mes livres, et bien plus par mes
« malheurs, je ne me trouve point, je l'avoue,
« assez de résignation pour penser sans impa-
« tience, moi qui me sens meilleur et plus juste
« qu'aucun homme qui me soit connu, qu'on ne
« se souviendra de moi que comme d'un monstre,
« et que mes écrits, où le cœur qui les dicta est
« empreint à chaque page, passeront pour les dé-
« clamations d'un tartufe qui ne cherchoit qu'à
« tromper le public. Qu'auront donc servi mon
« courage et mon zèle, si leurs monuments, loin
« d'être utiles aux bons [1], ne font qu'aigrir et fo-
« menter l'animosité des méchants; si tout ce que
« l'amour de la vertu m'a fait dire sans crainte et
« sans intérêt ne fait à l'avenir, comme aujour-
« d'hui, qu'exciter contre moi la prévention et la
« haine, et ne produit jamais aucun bien ; si, au
« lieu des bénédictions qui m'étoient dues, mon
« nom, que tout devoit rendre honorable, n'est
« prononcé dans l'avenir qu'avec imprécation !
« Non, je ne supporterois jamais une si cruelle
« idée ; elle absorberoit tout ce qui m'est resté de
« courage et de constance. Je consentirois sans
« peine à ne point exister dans la mémoire des

---

[1] Jamais les discours d'un homme qu'on croit parler contre sa pensée ne toucheront ceux qui ont cette opinion. Tous ceux qui, pensant mal de moi, disent avoir profité dans la vertu par la lecture de mes livres, mentent, et même très-sottement. Ce sont ceux-là qui sont vraiment des tartufes.

« hommes, mais je ne puis consentir, je l'avoue,
« à y rester diffamé. Non, le ciel ne le permettra
« point, et, dans quelque état que m'ait réduit la
« destinée, je ne désespérerai jamais de la Provi-
« dence, sachant bien qu'elle choisit son heure et
« non pas la nôtre, et qu'elle aime à frapper son
« coup au moment qu'on ne l'attend plus. Ce n'est
« pas que je donne encore aucune importance, et
« surtout par rapport à moi, au peu de jours qui
« me restent à vivre, quand même j'y pourrois
« voir renaître pour moi toutes les douceurs dont
« on a pris peine à tarir le cours. J'ai trop connu
« la misère des prospérités humaines, pour être
« sensible, à mon âge, à leur tardif et vain retour;
« et quelque peu croyable qu'il soit, il leur seroit
« encore plus aisé de revenir qu'à moi d'en re-
« prendre le goût. Je n'espère plus, et je désire
« très-peu de voir de mon vivant la révolution qui
« doit désabuser le public sur mon compte. Que
« mes persécuteurs jouissent en paix, s'ils peu-
« vent, toute leur vie, du bonheur qu'ils se sont
« fait des misères de la mienne. Je ne désire de les
« voir ni confondus ni punis; et pourvu qu'enfin
« la vérité soit connue, je ne demande point que
« ce soit à leurs dépens : mais je ne puis regarder
« comme une chose indifférente aux hommes le
« rétablissement de ma mémoire, et le retour de
« l'estime publique qui m'étoit due. Ce seroit un
« trop grand malheur pour le genre humain que

« la manière dont on a procédé à mon égard servît
« de modèle et d'exemple, que l'honneur des par-
« ticuliers dépendît de tout imposteur adroit, et
« que la société, foulant aux pieds les plus saintes
« lois de la justice, ne fût plus qu'un ténébreux
« brigandage de trahisons secrètes et d'impostures
« adoptées sans confrontation, sans contradiction,
« sans vérification, et sans aucune défense laissée
« aux accusés. Bientôt les hommes, à la merci les
« uns des autres, n'auroient de force et d'action
« que pour s'entre-déchirer entre eux, sans en
« avoir aucune pour la résistance ; les bons, livrés
« tout-à-fait aux méchants, deviendroient d'abord
« leur proie, enfin leurs disciples ; l'innocence
« n'auroit plus d'asile, et la terre, devenue un
« enfer, ne seroit couverte que de démons oc-
« cupés à se tourmenter les uns les autres. Non,
« le ciel ne laissera point un exemple aussi funeste
« ouvrir au crime une route nouvelle, inconnue
« jusqu'à ce jour ; il découvrira la noirceur d'une
« trame aussi cruelle. Un jour viendra, j'en ai la
« juste confiance, que les honnêtes gens béniront
« ma mémoire et pleureront sur mon sort. Je suis
« sûr de la chose, quoique j'en ignore le temps.
« Voilà le fondement de ma patience et de mes
« consolations. L'ordre sera rétabli tôt ou tard,
« même sur la terre, je n'en doute pas. Mes op-
« presseurs peuvent reculer le moment de ma jus-
« tification, mais ils ne sauroient empêcher qu'il

« ne vienne. Cela me suffit pour être tranquille
« au milieu de leurs œuvres : qu'ils continuent à
« disposer de moi durant ma vie, mais qu'ils se
« pressent ; je vais bientôt leur échapper. »

Tels sont sur ce point les sentiments de Jean-Jacques, et tels sont aussi les miens. Par un décret dont il ne m'appartient pas de sonder la profondeur, il doit passer le reste de ses jours dans le mépris et l'humiliation : mais j'ai le plus vif pressentiment qu'après sa mort et celle de ses persécuteurs, leurs trames seront découvertes, et sa mémoire justifiée. Ce sentiment me paroît si bien fondé, que, pour peu qu'on y réfléchisse, je ne vois pas qu'on en puisse douter. C'est un axiome généralement admis que tôt ou tard la vérité se découvre; et tant d'exemples l'ont confirmé, que l'expérience ne permet plus qu'on en doute. Ici du moins il n'est pas concevable qu'une trame aussi compliquée reste cachée aux âges futurs; il n'est pas même à présumer qu'elle le soit long-temps dans le nôtre. Trop de signes la décèlent pour qu'elle échappe au premier qui voudra bien y regarder, et cette volonté viendra sûrement à plusieurs sitôt que Jean-Jacques aura cessé de vivre. De tant de gens employés à fasciner les yeux du public, il n'est pas possible qu'un grand nombre n'aperçoivent la mauvaise foi de ceux qui les dirigent, et qu'ils ne sentent que si cet homme étoit réellement tel qu'ils le font, il seroit superflu d'en imposer au public sur son compte, et d'employer tant d'impostures pour le charger de choses qu'il ne fait pas, et déguiser celles qu'il fait. Si l'intérêt, l'animosité, la crainte, les font concourir aujourd'hui sans peine à ses manœuvres, un temps peut venir où leur passion calmée, et leur intérêt changé, leur feront voir sous un jour bien différent les œuvres sourdes dont ils sont aujourd'hui témoins et complices. Est-il croyable alors qu'aucun de ces coopérateurs subalternes ne parlera confidemment à personne de ce qu'il a vu, de ce qu'on lui a fait faire, et de l'effet de tout cela pour abuser le public? que, trouvant d'honnêtes gens empressés à la recherche de la vérité défigurée, ils ne seront point tentés de se rendre encore nécessaires en la découvrant, comme ils le sont maintenant pour la cacher, de se donner quelque importance en montrant qu'ils furent admis dans la confidence des grands, et qu'ils savent des anecdotes ignorées du public? Et pourquoi ne croirois-je pas que le regret d'avoir contribué à noircir un innocent en rendra quelques-uns indiscrets ou véridiques, surtout à l'heure où, prêts à sortir de cette vie, ils seront sollicités par leur conscience à ne pas emporter leur coulpe avec eux? Enfin, pourquoi les réflexions que vous et moi faisons aujourd'hui ne viendroient-elles pas alors dans l'esprit de plusieurs personnes, quand elles examineront de sang-froid la conduite qu'on a tenue, et la facilité qu'on eut par elle de peindre cet homme comme on a voulu? On sentira qu'il est beaucoup plus incroyable qu'un pareil homme ait existé réellement, qu'il ne l'est que la crédulité publique, enhardissant les imposteurs, les ait portés à le peindre ainsi successivement, et en enchérissant toujours, sans s'apercevoir qu'ils passoient même la mesure du possible. Cette marche, très-naturelle à la passion, est un piége qui la décèle, et dont elle se garantit rarement. Celui qui voudroit tenir un registre exact de ce que, selon vos messieurs, il a fait, dit, écrit, imprimé, depuis qu'ils se sont emparés de sa personne, joint à tout ce qu'il a fait réellement, trouveroit qu'en cent ans il n'auroit pu suffire à tant de choses. Tous les livres qu'on lui attribue, tous les propos qu'on lui fait tenir, sont aussi concordants et aussi naturels que les faits qu'on lui impute, et tout cela toujours si bien prouvé, qu'en admettant un seul de ces faits on n'a plus droit d'en rejeter aucun autre.

Cependant, avec un peu de calcul et de bon sens, on verra que tant de choses sont incompatibles, que jamais il n'a pu faire tout cela, ni se trouver en tant de lieux différents en si peu de temps; qu'il y a par conséquent plus de fictions que de vérités dans toutes ces anecdotes entassées, et qu'enfin les mêmes preuves qui n'empêchent pas les unes d'être des mensonges ne sauroient établir que les autres sont des vérités. La force même et le nombre de toutes ces preuves suffiront pour faire soupçonner le complot; et dès-lors toutes celles qui n'auront pas subi l'épreuve légale, perdront leur force, tous les témoins qui n'auront pas été confrontés à l'accusé perdront leur autorité, et il ne restera contre lui de charges solides que celles qui lui auront été connues, et dont il n'aura pu se justifier; c'est-à-dire qu'aux fautes près qu'il a déclarées le premier, et dont vos messieurs ont tiré un si grand parti, on n'aura rien du tout à lui reprocher.

C'est dans cette persuasion qu'il me paraît raisonnable qu'il se console des outrages de ses contemporains et de leur injustice. Quoi qu'ils puissent faire, ses livres, transmis à la postérité, montreront que leur auteur ne fut point tel qu'on s'efforce de le peindre; et sa vie réglée, simple, uniforme, et la même depuis tant d'années, ne s'accordera jamais avec le caractère affreux qu'on veut lui donner. Il en sera de ce ténébreux complot, formé dans un si profond secret, développé avec de si grandes précautions, et suivi avec tant de zèle, comme de tous les ouvrages des passions des hommes, qui sont passagers et périssables comme eux. Un temps viendra qu'on aura pour le siècle où vécut Jean-Jacques la même horreur que ce siècle marque pour lui, et que ce complot, immortalisant son auteur, comme Érostrate, passera pour un chef-d'œuvre de génie, et plus encore de méchanceté.

5.

TROISIÈME DIALOGUE.

LE FRANÇOIS.

Je joins de bon cœur mes vœux aux vôtres pour l'accomplissement de cette prédiction, mais j'avoue que je n'y ai pas autant de confiance ; et à voir le tour qu'a pris cette affaire, je jugerois que des multitudes de caractères et d'évènements décrits dans l'histoire n'ont peut-être d'autre fondement que l'invention de ceux qui se sont avisés de les affirmer. Que le temps fasse triompher la vérité, c'est ce qui doit arriver très-souvent ; mais que cela arrive toujours, comment le sait-on, et sur quelle preuve peut-on l'assurer ? Des vérités long-temps cachées se découvrent enfin par quelques circonstances fortuites : cent mille autres peut-être resteront à jamais offusquées par le mensonge, sans que nous ayons aucun moyen de les reconnoître et de les manifester ; car, tant qu'elles restent cachées, elles sont pour nous comme n'existant pas. Otez le hasard qui en fait découvrir quelqu'une, elle continueroit d'être cachée, et qui sait combien il en reste pour qui ce hasard ne viendra jamais ? Ne disons donc pas que le temps fait toujours triompher la vérité, car c'est ce qu'il nous est impossible de savoir ; et il est bien plus croyable qu'effaçant pas à pas toutes ses traces, il fait plus souvent triompher le mensonge, surtout quand les hommes ont intérêt à le soutenir. Les conjectures sur lesquelles vous croyez que le mystère de ce complot sera dévoilé me paroissent, à moi qui l'ai vu de plus près beaucoup moins plausibles qu'à vous. La ligue est trop forte, trop nombreuse, trop bien liée pour pouvoir se dissoudre aisément ; et, tant qu'elle durera comme elle est, il est trop périlleux de s'en détacher, pour que personne s'y hasarde sans autre intérêt que celui de la justice. De tant de fils divers qui composent cette trame, chacun de ceux qui la conduisent ne voit que celui qu'il doit gouverner, et tout au plus ceux qui l'avoisinent. Le concours général du tout n'est aperçu que des directeurs, qui travaillent sans relâche à démêler ce qui s'embrouille, à ôter les tiraillements, les contradictions, et à faire jouer le tout d'une manière uniforme. La multitude des choses incompatibles entre elles qu'on fait dire et faire à Jean-Jacques, n'est, pour ainsi dire, que le magasin des matériaux dans lequel les entrepreneurs, faisant un triage, choisiront à loisir les choses assortissantes qui peuvent s'accorder, et, rejetant celles qui tranchent, répugnent, et se contredisent, parviendront bientôt à les faire oublier, après qu'elles auront produit leur effet. *Inventez toujours*, disent-ils aux ligueurs subalternes, *nous nous chargeons de choisir et d'arranger après*. Leur projet est, comme je vous l'ai dit, de faire une refonte générale de toutes les anecdotes recueillies ou fabriquées par leurs satellites, et de les arranger en un corps d'histoire disposée avec tant d'art, et travaillée avec tant de soin, que tout ce qui est absurde et contradictoire, loin de paroître un tissu de fables grossières, paroîtra l'effet de l'inconséquence de l'homme, qui, avec des passions diverses et monstrueuses, vouloit le blanc et le noir, et passoit sa vie à faire et défaire, faute de pouvoir accomplir ses mauvais desseins.

Cet ouvrage, qu'on prépare de longue main, pour le publier d'abord après sa mort, doit, par les pièces et les preuves dont il sera muni, fixer si bien le jugement du public sur sa mémoire, que personne ne s'avise même de former là-dessus le moindre doute. On y affectera pour lui le même intérêt, la même affection dont l'apparence bien ménagée a eu tant d'effet de son vivant; et, pour marquer plus d'impartialité, pour lui donner comme à regret un caractère affreux, on y joindra les éloges les plus outrés de sa plume et de ses talents, mais tournés de façon à le rendre odieux encore par-là ; comme si dire et prouver également le pour et le contre, tout persuader et ne rien croire, eût été le jeu favori de son esprit. En un mot, l'écrivain de cette vie, admirablement choisi pour cela, saura, comme l'*Aletès* du Tasse,

> Menteur adroit, savant dans l'art de nuire,
> Sous la forme d'éloge habiller la satire.

Ses livres, dites-vous, transmis à la postérité, déposeront en faveur de leur auteur. Ce sera, je l'avoue, un argument bien fort pour ceux qui penseront comme vous et moi sur ces livres. Mais savez-vous à quel point on peut les défigurer? et tout ce qui a déjà été fait pour cela avec le plus grand succès ne prouve-t-il pas qu'on peut tout faire sans que le public le croie ou le trouve mauvais? Cet argument tiré de ses livres a toujours inquiété nos messieurs. Ne pouvant les anéantir, et leurs plus malignes interprétations ne suffisant pas encore pour les décrier à leur gré, ils en ont entrepris la falsification; et cette entreprise, qui sembloit d'abord presque impossible, est devenue, par la connivence du public, de la plus facile exécution. L'auteur n'a fait qu'une seule édition de chaque pièce. Ces impressions éparses ont disparu depuis long-temps, et le peu d'exemplaires qui peuvent rester cachés dans quelques cabinets n'ont excité la curiosité de personne pour les comparer avec les recueils dont on affecte d'inonder le public. Tous ces recueils, grossis de critiques outrageantes, de libelles venimeux, et faits avec l'unique projet de défigurer les productions de l'auteur, d'en altérer les maximes, et d'en changer peu à peu l'esprit, ont été, dans cette vue, arrangés et falsifiés avec beaucoup d'art, d'abord seulement par des retranchements, qui, supprimant les éclaircissements nécessaires, altéroient le sens de ce qu'on laissoit, puis par d'apparentes négligences qu'on pouvoit faire passer pour des fautes d'impression, mais qui produisoient des contre-sens terribles, et qui, fidèlement transcrites à chaque impression nouvelle, ont enfin substitué, par tradition, ces fausses leçons aux véritables. Pour mieux réussir dans ce projet, on a imaginé de faire de belles éditions, qui, par leur perfection typographique, fissent tomber les précédentes et restassent dans les bibliothèques : et, pour leur donner un plus grand crédit, on a tâché d'y intéresser l'auteur même par l'appât du gain, et on lui a fait pour cela, par le libraire chargé de ces manœuvres, des propositions assez magnifiques pour devoir naturellement le tenter. Le projet étoit d'établir ainsi la confiance du public, de ne faire passer sous les yeux de l'auteur que des épreuves correctes, et de tirer à son insu les feuilles destinées pour le public, et où le texte eût été accommodé selon les vues de nos messieurs. Rien n'eût été si facile, par la manière dont il est enlacé, que de lui cacher ce petit manège, et de le faire ainsi servir lui-même à autoriser la fraude dont il devoit être la victime, et qu'il eût ignorée, croyant transmettre à la postérité une édition fidèle de ses écrits. Mais, soit dégoût, soit paresse, soit qu'il ait eu quelque vent du projet, non content de s'être refusé à la proposition, il a désavoué dans une protestation signée tout ce qui s'imprimeroit désormais sous son nom. L'on a donc pris le parti de se passer de lui, et d'aller en avant comme s'il participoit à l'entreprise. L'édition se fait par souscription, et s'imprime, dit-on, à Bruxelles, en beau papier, beau caractère, belles estampes. On n'épargnera rien pour la prôner dans toute l'Europe, et pour en vanter surtout l'exactitude et la fidélité, dont on ne doutera pas plus que de la ressemblance du portrait publié par l'ami Hume. Comme elle contiendra beaucoup de nouvelles pièces refondues ou fabriquées par nos messieurs, on aura grand soin de les munir de titres plus que suffisants auprès d'un public qui ne demande pas mieux que de tout croire, et qui ne s'avisera pas si tard de faire le difficile sur leur authenticité.

ROUSSEAU.

Mais, comment? cette déclaration de Jean-Jacques, dont vous venez de parler, ne lui servira donc de rien pour se garantir de toutes ces fraudes? et, quoi qu'il puisse dire, vos messieurs feront passer sans obstacle tout ce qu'il leur plaira d'imprimer sous son nom?

LE FRANÇOIS.

Bien plus; ils ont su tourner contre lui jusqu'à son désaveu. En le faisant imprimer eux-mêmes, ils en ont tiré pour eux un nouvel avantage, en publiant que, voyant ses mauvais principes mis à découvert et consignés dans ses écrits, il tâchoit de se disculper en rendant leur fidélité suspecte. Passant habilement sous silence les falsifications réelles, ils ont fait entendre qu'il accusoit d'être falsifiés des passages que tout le monde sait bien ne l'être pas ; et, fixant toute l'attention du public sur ces passages, ils l'ont ainsi détourné de vérifier leurs infidélités. Supposez qu'un homme vous dise : Jean-Jacques dit qu'on lui a volé des poires, et il ment ; car il a son compte de pommes : donc on ne lui a point volé de poires. Ils ont exactement raisonné comme cet homme-là, et c'est sur ce raisonnement qu'ils ont persiflé sa déclaration. Ils étoient si sûrs de son peu d'effet, qu'en même temps qu'ils la faisoient imprimer ils imprimoient aussi cette prétendue traduction du Tasse tout exprès pour la lui attribuer, et qu'ils lui ont en effet attribuée, sans la moindre objection de la part du public ; comme si cette manière d'écrire aride et sautillante, sans liaison, sans harmonie et sans grâce, étoit en effet la sienne. De sorte que, selon eux, tout en protestant contre tout ce qui paroîtroit désormais sous son nom, ou qui lui seroit attribué, il publieroit néanmoins ce barbouillage, non seulement sans s'en cacher, mais ayant grand'peur de n'en être pas cru l'auteur, comme il paroît par la préface singeresse qu'ils ont mise à la tête du livre.

Vous croyez qu'une balourdise aussi grossière, une aussi extravagante contradiction devoit ouvrir les yeux à tout le monde et révolter contre l'impudence de nos messieurs, poussée ici jusqu'à la bêtise ? Point du tout : en réglant leurs manœuvres sur la disposition où ils ont mis le public, sur la crédulité qu'ils lui ont donnée, ils sont bien plus sûrs de réussir que s'ils agissoient avec plus de finesse. Dès qu'il s'agit de Jean-Jacques, il n'est besoin de mettre ni bon sens ni vraisemblance dans les choses qu'on en débite; plus elles sont absurdes et ridicules, plus on s'empresse à n'en pas douter. Si d'Alembert ou Diderot s'avisoient d'affirmer aujourd'hui qu'il a deux têtes, en le voyant passer demain dans la rue, tout le monde lui verroit deux têtes très-distinctement, et chacun seroit très-surpris de n'avoir pas aperçu plus tôt cette monstruosité.

Nos messieurs sentent si bien cet avantage et savent si bien s'en prévaloir, qu'il entre dans leurs plus efficaces ruses d'employer des manœuvres pleines d'audace et d'impudence au point d'en être incroyables, afin que, s'il les apprend et s'en plaint, personne n'y veuille ajouter foi. Quand, par exemple, un honnête imprimeur, Simon, dira publiquement à tout le monde que Jean-Jacques vient souvent chez lui voir et corriger les épreuves de ces éditions frauduleuses qu'ils font de ses écrits, qui est-ce qui croira que Jean-Jacques ne connoît pas l'imprimeur Simon, et n'avoit pas même ouï parler de ces éditions quand ce discours lui revint? Quand encore on verra son nom pompeusement étalé dans les listes des souscripteurs de livres de prix, qui est-ce qui, dès à présent et dans l'avenir, ira s'imaginer que toutes ces souscriptions prétendues sont là mises à son insu, ou malgré lui, seulement pour lui donner un air d'opulence et de prétention qui démente le ton qu'il a pris. Et cependant......

ROUSSEAU.

Je sais ce qu'il en est, car il m'a protesté n'avoir fait en sa vie qu'une seule souscription, savoir celle pour la statue de M. de Voltaire.

LE FRANÇOIS.

Hé bien, monsieur, cette seule souscription qu'il a faite est la seule dont on ne sait rien; car le discret d'Alembert, qui l'a reçue, n'en a pas fait beaucoup de bruit. Je comprends bien que cette souscription est moins une générosité qu'une vengeance; mais c'est une vengeance à la Jean-Jacques que Voltaire ne lui rendra pas.

Vous devez sentir, par ces exemples, que, de quelque façon qu'il s'y prenne, et dans aucun temps, il ne peut raisonnablement espérer que la vérité perce à son égard à travers les filets tendus autour de lui, et dans lesquels, en s'y débattant, il ne fait que s'enlacer davantage. Tout ce qui lui arrive est trop hors de l'ordre commun des choses pour pouvoir jamais être cru; et ses protestations mêmes ne feront qu'attirer sur lui les reproches d'impudence et de mensonge que méritent ses ennemis.

Donnez à Jean-Jacques un conseil, le meilleur peut-être qui lui reste à suivre, environné comme il est d'embûches et de piéges où chaque pas ne peut manquer de l'attirer : c'est de rester, s'il se peut, immobile, de ne point agir du tout [1], de n'acquiescer à rien de ce qu'on lui propose, sous quelque prétexte que ce soit, et de résister même à ses propres mouvements tant qu'il peut s'abstenir de les suivre. Sous quelque face avantageuse qu'une chose à faire ou à dire se présente à son esprit, il doit compter que dès qu'on lui laisse le pouvoir de l'exécuter, c'est qu'on est sûr d'en tourner l'effet contre lui, et de la lui rendre funeste. Par exemple, pour tenir le public en garde contre les falsifications de ses livres, et contre tous les écrits pseudonymes qu'on fait courir journellement sous son nom, qu'y avoit-il de meilleur en apparence et dont on pût moins abuser pour lui nuire, que la déclaration dont nous venons de parler? Et cependant vous seriez étonné du parti qu'on a tiré de cette déclaration pour un effet tout contraire, et il a dû sentir cela de lui-même par le soin qu'on a pris de la faire imprimer à son insu : car il n'a sûrement pas pu croire qu'on ait

---

[1] Il ne m'est pas permis de suivre ce conseil en ce qui regarde la juste défense de mon honneur. Je dois, jusqu'à la fin, faire tout ce qui dépend de moi, sinon pour ouvrir les yeux à cette aveugle génération, du moins pour en éclairer une plus équitable. Tous les moyens pour cela me sont ôtés, je le sais : mais, sans aucun espoir de succès, tous les efforts possibles, quoique inutiles, n'en sont pas moins dans mon devoir; et je ne cesserai de les faire jusqu'à mon dernier soupir. *Fay ce que doy, arrive que pourra.*

pris ce soin pour lui faire plaisir. L'écrit sur le gouvernement de Pologne [1], qu'il n'a fait que sur les plus touchantes instances, avec le plus parfait désintéressement, et par les seuls motifs de la plus pure vertu, sembloit ne pouvoir qu'honorer son auteur et le rendre respectable, quand même cet écrit n'eût été qu'un tissu d'erreurs. Si vous saviez par qui, pour qui, pourquoi cet écrit étoit sollicité, l'usage qu'on s'est empressé d'en faire, et le tour qu'on a su lui donner, vous sentiriez parfaitement combien il eût été à désirer pour l'auteur

[1] Cet écrit est tombé dans les mains de M. d'Alembert peut-être aussitôt qu'il est sorti des miennes, et Dieu sait quel usage il en a su faire. M. le comte Wielhorski m'apprit, en venant me dire adieu à son départ de Paris, qu'on avoit mis des horreurs de lui dans la gazette de Hollande. A l'air dont il me dit cela, j'ai jugé, en y repensant, qu'il me croyoit l'auteur de l'article, et je ne doute pas qu'il n'y ait du d'Alembert dans cette affaire, aussi bien que dans celle d'un certain comte Zanowisch, Dalmate, et d'un prêtre aventurier, Polonois, qui a fait mille efforts pour pénétrer chez moi. Les manœuvres de ce M. d'Alembert ne me surprennent plus : j'y suis tout accoutumé. Je ne puis assurément approuver la conduite du comte Wielhorski à mon égard. Mais, cet article à part, que je n'entreprends pas d'expliquer, j'ai toujours regardé et je regarde encore ce seigneur polonois comme un honnête homme et un bon patriote ; et, si j'avois la fantaisie et les moyens de faire insérer des articles dans les gazettes, j'aurois assurément des choses plus pressées à dire et plus importantes pour moi que des satires du comte Wielhorski. Le succès de toutes ces menées est un effet nécessaire du système de conduite que l'on suit à mon égard. Qu'est-ce qui pourroit empêcher de réussir tout ce qu'on entreprend contre moi, dont je ne sais rien, à quoi je ne peux rien, et que tout le monde favorise ?

que, résistant à toute cajolerie, il se refusât à l'appât de cette bonne œuvre, qui, de la part de ceux qui la sollicitoient avec tant d'instance, n'avoit pour but que de la rendre pernicieuse pour lui. En un mot, s'il connoît sa situation, il doit comprendre, pour peu qu'il y réfléchisse, que toute proposition qu'on lui fait, et quelque couleur qu'on y donne, a toujours un but qu'on lui cache, et qui l'empêcheroit d'y consentir si ce but lui étoit connu. Il doit sentir surtout que le motif de faire du bien ne peut être qu'un piége pour lui de la part de ceux qui le lui proposent, et pour eux un moyen réel de faire du mal à lui ou par lui, pour le lui imputer dans la suite; qu'après l'avoir mis hors d'état de rien faire d'utile aux autres ni à lui-même on ne peut plus lui présenter un pareil motif que pour le tromper; qu'enfin, n'étant plus, dans sa position, en puissance de faire aucun bien, tout ce qu'il peut désormais faire de mieux est de s'abstenir tout-à-fait d'agir, de peur de mal faire, sans le voir ni le vouloir, comme cela lui arrivera infailliblement chaque fois qu'il cédera aux instances des gens qui l'environnent, et qui ont toujours leur leçon toute faite sur les choses qu'ils doivent lui proposer. Surtout qu'il ne se laisse point émouvoir par le reproche de se refuser à quelque bonne œuvre, sûr, au contraire, que si c'étoit réellement une bonne œuvre, loin de l'exhorter à y concourir, tout se réuniroit pour l'en empêcher, de peur qu'il n'en eût le mérite, et qu'il n'en résultât quelque effet en sa faveur.

Par les mesures extraordinaires qu'on prend pour altérer et défigurer ses écrits, et pour lui en attribuer auxquels il n'a jamais songé, vous devez juger que l'objet de la ligue ne se borne pas à la génération présente, pour qui ces soins ne sont plus nécessaires: et puisque ayant sous les yeux ses livres, tels à peu près qu'il les a composés, on n'en a pas tiré l'objection qui nous paroît si forte à l'un et à l'autre contre l'affreux caractère qu'on prête à l'auteur, puisqu'au contraire on les a su mettre au rang de ses crimes, que la profession de foi du vicaire est devenue un écrit impie, l'*Héloïse* un roman obscène, le *Contrat social* un livre séditieux; puisqu'on vient de mettre à Paris *Pygmalion*, malgré lui, sur la scène, tout exprès pour exciter ce risible scandale qui n'a fait rire personne, et dont nul n'a senti la comique absurdité; puisque enfin ces écrits tels qu'ils existent n'ont pas garanti leur auteur de la diffamation de son vivant, l'en garantiront-ils mieux après sa mort, quand on les aura mis dans l'état projeté pour rendre sa mémoire odieuse, et quand les auteurs du complot auront eu tout le temps d'effacer toutes les traces de son innocence et de leur imposture? Ayant pris toutes leurs mesures en gens prévoyants et pourvoyants qui songent à tout, auroient-ils oublié la supposition que vous faites du repentir de quelque complice, du moins à l'heure de la mort, et les déclarations incommodes qui pourroient en résulter s'ils n'y mettoient ordre?

Non, monsieur; comptez que toutes leurs mesures sont si bien prises, qu'il leur reste peu de choses à craindre de ce côté-là.

Parmi les singularités qui distinguent le siècle où nous vivons de tous les autres, est l'esprit méthodique et conséquent qui depuis vingt ans dirige les opinions publiques. Jusqu'ici ces opinions erroient sans suite et sans règles au gré des passions des hommes, et ces passions, s'entre-choquant sans cesse, faisoient flotter le public de l'une à l'autre sans aucune direction constante. Il n'en est plus de même aujourd'hui. Les préjugés eux-mêmes ont leur marche et leurs règles; et ces règles, auxquelles le public est asservi sans qu'il s'en doute, s'établissent uniquement sur les vues de ceux qui le dirigent. Depuis que la secte philosophique s'est réunie en un corps sous des chefs, ces chefs, par l'art de l'intrigue auquel ils se sont appliqués, devenus les arbitres de l'opinion publique, le sont par elle de la réputation, même de la destinée des particuliers, et par eux de celle de l'état. Leur essai fut fait sur Jean-Jacques, et la grandeur du succès, qui dut les étonner eux-mêmes, leur fit sentir jusqu'où leur crédit pouvoit s'étendre. Alors ils songèrent à s'associer des hommes puissants, pour devenir avec eux les arbitres de la société; ceux surtout qui, disposés comme eux aux secrètes intrigues et aux mines souterraines, ne pouvoient manquer de rencontrer et d'éventer souvent les leurs. Ils leur firent sentir que, travaillant de concert, ils pouvoient étendre tellement leurs rameaux sous les pas des hommes, que nul ne trouvât plus d'assiette solide et ne pût marcher que sur des terrains contre-minés. Ils se donnèrent des chefs principaux qui, de leur côté, dirigeant sourdement toutes les forces publiques sur les plans convenus entre eux, rendent infaillible l'exécution de tous leurs projets. Ces chefs de la ligue philosophique la méprisent, et n'en sont pas estimés; mais l'intérêt commun les tient étroitement unis les uns aux autres, parce que la haine ardente et cachée est la grande passion de tous, et que, par une rencontre assez naturelle, cette haine commune est tombée sur les mêmes objets. Voilà comment le siècle où nous vivons est devenu le siècle de la haine et des secrets complots; siècle où tout agit de concert sans affection pour personne; où nul ne tient à son parti par attachement, mais par aversion pour le parti contraire; où, pourvu qu'on fasse le mal d'autrui, nul ne se soucie de son propre bien.

ROUSSEAU.

C'étoit pourtant chez tous ces gens si haineux que vous trouviez pour Jean-Jacques une affection si tendre.

LE FRANÇOIS.

Ne me rappelez pas mes torts; ils étoient moins

réels qu'apparents. Quoique tous ces ligueurs m'eussent fasciné l'esprit par un certain jargon papillotté, toutes ces ridicules vertus, si pompeusement étalées, étoient presque aussi choquantes à mes yeux qu'aux vôtres. J'y sentois une forfanterie que je ne savois pas démêler ; et mon jugement, subjugué mais non satisfait, cherchoit les éclaircissements que vous m'avez donnés, sans savoir les trouver de lui-même.

Les complots ainsi arrangés, rien n'a été plus facile que de les mettre à exécution par des moyens assortis à cet effet. Les oracles des grands ont toujours un grand crédit sur le peuple. On n'a fait qu'y ajouter un air de mystère pour les faire mieux circuler. Les philosophes, pour conserver une certaine gravité, se sont donné, en se faisant chefs de parti, des multitudes de petits élèves qu'ils ont initiés aux secrets de la secte, et dont ils ont fait autant d'émissaires et d'opérateurs de sourdes iniquités ; et, répandant par eux les noirceurs qu'ils inventoient et qu'ils feignoient, eux, de vouloir cacher, ils étendoient ainsi leur cruelle influence dans tous les rangs, sans excepter les plus élevés. Pour s'attacher inviolablement leurs créatures, les chefs ont commencé par les employer à mal faire, comme Catilina fit boire à ses conjurés le sang d'un homme, sûrs que, par ce mal où ils les avoient fait tremper, ils les tenoient liés pour le reste de leur vie. Vous avez dit que la vertu

6.

n'unit les hommes que par des liens fragiles, au lieu que les chaînes du crime sont impossibles à rompre. L'expérience en est sensible dans l'histoire de Jean-Jacques. Tout ce qui tenoit à lui par l'estime et la bienveillance, que sa droiture et la douceur de son commerce devoient naturellement inspirer, s'est éparpillé sans retour à la première épreuve, ou n'est resté que pour le trahir. Mais les complices de nos messieurs n'oseront jamais ni les démasquer, quoi qu'il arrive, de peur d'être démasqués eux-mêmes, ni se détacher d'eux, de peur de leur vengeance, trop bien instruits de ce qu'ils savent faire pour l'exercer. Demeurant ainsi tous unis par la crainte plus que les bons ne le sont par l'amour, ils forment un corps indissoluble dont chaque membre ne peut plus être séparé.

Dans l'objet de disposer, par leurs disciples, de l'opinion publique et de la réputation des hommes, ils ont assorti leur doctrine à leurs vues : ils ont fait adopter à leurs sectateurs les principes les plus propres à se les tenir inviolablement attachés, quelque usage qu'ils en veulent faire ; et, pour empêcher que les directions d'une importune morale ne vinssent contrarier les leurs, ils l'ont sapée par la base, en détruisant toute religion, tout libre arbitre, par conséquent tout remords, d'abord avec quelque précaution, par la secrète prédication de leur doctrine, et ensuite tout ouvertement, lorsqu'ils n'ont plus eu de puissance réprimante à craindre. En paroissant prendre le contre-pied des jésuites, ils ont tendu néanmoins au même but par des routes détournées, en se faisant comme eux chefs de parti. Les jésuites se rendoient tout-puissants en exerçant l'autorité divine sur les consciences, et se faisant, au nom de Dieu, les arbitres du bien et du mal : les philosophes, ne pouvant usurper la même autorité, se sont appliqués à la détruire; et puis, en paroissant expliquer la nature[1] à leurs dociles sectateurs, et s'en faisant les suprêmes interprètes, ils se sont établis en son nom une autorité non moins absolue que celle de leurs ennemis, quoiqu'elle paroisse libre et ne régner sur les volontés que par la raison. Cette haine mutuelle étoit au fond une rivalité de puissance comme celle de Carthage et de Rome. Ces deux corps, tous deux impérieux, tous deux intolérants, étoient par conséquent incompatibles, puisque le système fondamental de l'un et de l'autre étoit de régner despotiquement. Chacun voulant régner seul, ils ne pouvoient partager l'empire et régner ensemble; ils s'excluoient mutuellement. Le nouveau, suivant plus adroitement les errements de l'autre, l'a supplanté en débau-

---

[1] Nos philosophes ne manquent pas d'étaler pompeusement ce mot de *nature* à la tête de tous leurs écrits. Mais ouvrez le livre, et vous verrez quel jargon métaphysique ils ont décoré de ce beau nom.

chant ses appuis, et, par eux, est venu à bout de le détruire : mais on le voit déjà marcher sur ses traces, avec autant d'audace et plus de succès, puisque l'autre a toujours éprouvé de la résistance, et que celui-ci n'en éprouve plus. Son intolérance, plus cachée et non moins cruelle, ne paroît pas exercer la même rigueur, parce qu'elle n'éprouve plus de rebelles ; mais s'il renaissoit quelques vrais défenseurs du théisme, de la tolérance et de la morale, on verroit bientôt s'élever contre eux les plus terribles persécutions ; bientôt une inquisition philosophique, plus cauteleuse et non moins sanguinaire que l'autre, feroit brûler sans miséricorde quiconque oseroit croire en Dieu. Je ne vous déguiserai point qu'au fond du cœur je suis resté croyant moi-même aussi bien que vous. Je pense là-dessus, ainsi que Jean-Jacques, que chacun est porté naturellement à croire ce qu'il désire, et que celui qui se sent digne du prix des ames justes ne peut s'empêcher de l'espérer. Mais sur ce point comme sur Jean-Jacques lui-même je ne veux point professer hautement et inutilement des sentiments qui me perdroient. Je veux tâcher d'allier la prudence avec la droiture, et ne faire ma véritable profession de foi que quand j'y serai forcé sous peine de mensonge.

Or cette doctrine de matérialisme et d'athéisme, prêchée et propagée avec toute l'ardeur des plus zélés missionnaires, n'a pas seulement pour objet de faire dominer les chefs sur leurs prosélytes, mais, dans les mystères secrets où ils les emploient, de n'en craindre aucune indiscrétion durant leur vie, ni aucune repentance à leur mort. Leurs trames, après le succès, meurent avec leurs complices, auxquels ils n'ont rien tant appris qu'à ne pas craindre dans l'autre vie ce *Poul-Serrho* des Persans, objecté par Jean-Jacques à ceux qui disent que la religion ne fait aucun bien. Le dogme de l'ordre moral rétabli dans l'autre vie a fait jadis réparer bien des torts dans celle-ci; et les imposteurs ont eu dans les derniers moments de leurs complices un danger à courir qui souvent leur servit de frein. Mais notre philosophie, en délivrant ses prédicateurs de cette crainte, et leurs disciples de cette obligation, a détruit pour jamais tout retour au repentir. A quoi bon des révélations non moins dangereuses qu'inutiles? Si l'on meurt, on ne risque rien, selon eux, à se taire; et l'on risque tout à parler si l'on en revient. Ne voyez-vous pas que depuis long-temps on n'entend plus parler de restitutions, de réparations, de réconciliations au lit de la mort; que tous les mourants, sans repentir, sans remords, emportent sans effroi dans leur conscience le bien d'autrui, le mensonge et la fraude dont ils la chargèrent pendant leur vie? Et que serviroit même à Jean-Jacques ce repentir supposé d'un mourant dont les tardives déclarations, étouffées par ceux qui les entourent, ne transpireroient jamais au dehors, et ne parviendroient à la connoissance de personne ? Ignorez-vous que tous les ligueurs, surveillants les uns des autres, forcent et sont forcés de rester fidèles au complot, et qu'entourés surtout à leur mort, aucun d'eux ne trouveroit pour recevoir sa confession, au moins à l'égard de Jean-Jacques, que de faux dépositaires qui ne s'en chargeroient que pour l'ensevelir dans un secret éternel ? Ainsi toutes les bouches sont ouvertes au mensonge, sans que parmi les vivants et les mourants il s'en trouve désormais aucune qui s'ouvre à la vérité. Dites-moi donc quelle ressource lui reste pour triompher, même à force de temps, de l'imposture, et se manifester au public, quand tous les intérêts concourent à la tenir cachée, et qu'aucun ne porte à la révéler.

ROUSSEAU.

Non, ce n'est pas à moi à vous dire cela, c'est à vous-même ; et ma réponse est écrite dans votre cœur. Eh ! dites-moi donc à votre tour quel intérêt, quel motif vous ramène de l'aversion, de l'animosité même qu'on vous inspira pour Jean-Jacques, à des sentiments si différents. Après l'avoir si cruellement haï quand vous l'avez cru méchant et coupable, pourquoi le plaignez-vous si sincèrement aujourd'hui que vous le jugez innocent? Croyez-vous donc être le seul homme au cœur duquel parle encore la justice indépendamment de tout autre intérêt? Non, monsieur ; il en est encore, et peut-être plus qu'on ne pense, qui sont plutôt abusés que séduits, qui font aujourd'hui par foiblesse et par imitation ce qu'ils voient faire à tout le monde, mais qui, rendus à eux-mêmes, agiroient tout différemment. Jean-Jacques lui-même pense plus favorablement que vous de plusieurs de ceux qui l'approchent ; il les voit, trompés par ses soi-disant patrons, suivre sans le savoir les impressions de la haine, croyant de bonne foi suivre celles de la pitié. Il y a dans la disposition publique un prestige entretenu par les chefs de la ligue. S'ils se relâchoient un moment de leur vigilance, les idées dévoyées par leurs artifices ne tarderoient pas à reprendre leur cours naturel, et la tourbe elle-même, ouvrant enfin les yeux, et voyant où l'on l'a conduite, s'étonneroit de son propre égarement. Cela, quoi que vous en disiez, arrivera tôt ou tard. La question, si cavalièrement décidée dans notre siècle, sera mieux discutée dans un autre, quand la haine dans laquelle on entretient le public cessera d'être fomentée ; et quand, dans des générations meilleures, celle-ci aura été mise à son prix, ses jugements formeront des préjugés contraires ; ce sera une honte d'en avoir été loué, et une gloire d'en avoir été haï. Dans cette génération même il faut distinguer encore et les auteurs du complot, et ses directeurs des deux sexes, et leurs confidents en très-petit nombre initiés peut-être dans le secret de l'imposture, d'avec le public, qui, trompé par eux, et le croyant réellement coupable, se prête sans scrupule à tout ce qu'ils inventent pour le rendre plus odieux de jour en jour. La conscience éteinte dans les premiers n'y laisse plus de prise au repentir ; mais l'égarement des autres est l'effet d'un prestige qui peut s'évanouir, et leur conscience rendue à elle-même peut leur faire sentir cette vérité si pure et si simple, que la méchanceté qu'on emploie à diffamer un homme prouve que ce n'est point pour sa méchanceté qu'il est diffamé. Sitôt que la passion et la prévention cesseront d'être entretenues, mille choses qu'on ne remarque pas aujourd'hui frapperont tous les yeux. Ces éditions frauduleuses de ses écrits, dont vos messieurs attendent un si grand effet, en produiront alors un tout contraire, et serviront à les déceler, en manifestant aux plus stupides les perfides intentions des éditeurs. Sa vie, écrite de son vivant par des traîtres, en se cachant très-soigneusement de lui, portera tous les caractères des plus noirs libelles ; enfin, tous les manèges dont il est l'objet paroîtront alors ce qu'ils sont ; c'est tout dire.

Que les nouveaux philosophes aient voulu prévenir les remords des mourants par une doctrine qui mît leur conscience à son aise, de quelque poids qu'ils aient pu la charger, c'est de quoi je ne doute pas plus que vous, remarquant surtout que la prédication passionnée de cette doctrine a commencé précisément avec l'exécution du complot, et paroît tenir à d'autres complots dont celui-ci ne fait que partie. Mais cet engouement d'athéisme est un fanatisme, éphémère ouvrage de la mode, et qui se détruira par elle; et l'on voit, par l'emportement avec lequel le peuple s'y livre, que ce n'est qu'une mutinerie contre sa conscience, dont il sent le murmure avec dépit. Cette commode philosophie des heureux et des riches, qui font leur paradis en ce monde, ne sauroit être long-temps celle de la multitude victime de leurs passions, et qui, faute de bonheur en cette vie, a besoin d'y trouver au moins l'espérance et les consolations que cette barbare doctrine leur ôte. Des hommes nourris dès l'enfance dans une intolérante impiété poussée jusqu'au fanatisme, dans un libertinage sans crainte et sans honte; une jeunesse sans discipline, des femmes sans mœurs[1], des peuples sans foi, des rois sans loi, sans supérieur

---

[1] Je viens d'apprendre que la génération présente se vante singulièrement de bonnes mœurs. J'aurois dû deviner cela. Je ne doute pas qu'elle ne se vante aussi de désintéressement, de droiture, de franchise et de loyauté. C'est être aussi loin des vertus qu'il est possible que d'en perdre l'idée au point de prendre pour elles les vices contraires. Au reste il est très naturel qu'à force de sourdes intrigues et de noirs complots, à force de se nourrir de bile et de fiel, on perde enfin le goût des vrais plaisirs. Celui de nuire, une fois goûté, rend insensible à tous les autres. C'est une des punitions des méchants.

qu'ils craignent, et délivrés de toute espèce de frein; tous les devoirs de la conscience anéantis, l'amour de la patrie et l'attachement au prince éteints dans tous les cœurs; enfin, nul autre lien social que la force : on peut prévoir aisément, ce me semble, ce qui doit bientôt résulter de tout cela. L'Europe, en proie à des maîtres instruits, par leurs instituteurs mêmes, à n'avoir d'autre guide que leur intérêt, ni d'autre dieu que leurs passions; tantôt sourdement affamée, tantôt ouvertement dévastée; partout inondée de soldats[1], de comédiens, de filles publiques, de livres corrupteurs et de vices destructeurs, voyant naître et périr dans son sein des races indignes de vivre, sentira tôt ou tard, dans ses calamités, le fruit des nouvelles instructions; et jugeant d'elles par leurs funestes effets, prendra dans la même horreur et les professeurs et les disciples, et toutes ces doctrines cruelles qui, laissant l'empire absolu de l'homme à ses sens, et bornant tout à la jouissance de cette courte vie, rendent le siècle où elles règnent aussi méprisable que malheureux.

Ces sentiments innés, que la nature a gravés dans tous les cœurs pour consoler l'homme dans ses misères et l'encourager à la vertu, peuvent

[1] Si j'ai le bonheur de trouver enfin un lecteur équitable, quoique François, j'espère qu'il pourra comprendre, au moins cette fois, qu'*Europe* et *France* ne sont pas pour moi des mots synonymes.

bien à force d'art, d'intrigues et de sophismes, être étouffés dans les individus; mais, prompts à renaître dans les générations suivantes, ils ramèneront toujours l'homme à ses dispositions primitives, comme la semence d'un arbre greffé redonne toujours le sauvageon. Ce sentiment intérieur, que nos philosophes admettent quand il leur est commode, et rejettent quand il leur est importun, perce à travers les écarts de la raison, et crie à tous les cœurs que la justice a une autre base que l'intérêt de cette vie, et que l'ordre moral, dont rien ici-bas ne nous donne l'idée, a son siége dans un système différent, qu'on cherche en vain sur la terre, mais où tout doit être un jour ramené[1]. La voix de la conscience ne peut pas plus être étouffée dans le cœur humain que celle de la raison dans l'entendement; et l'insensibilité morale est tout aussi peu naturelle que la folie.

Ne croyez donc pas que tous les complices d'une trame exécrable puissent vivre et mourir toujours en repos dans leur crime. Quand ceux qui les dirigent n'attiseront plus la passion qui les anima, quand cette passion se sera suffisamment assouvie, quand ils en auront fait périr l'objet dans les ennuis, la nature insensiblement repren-

---

[1] *De l'utilité de la religion* : titre d'un beau livre à faire, et bien nécessaire. Mais ce titre ne peut être dignement rempli ni par un homme d'église, ni par un auteur de profession. Il faudroit un homme tel qu'il n'en existe plus de nos jours, et qu'il n'en renaîtra de long-temps.

dra son empire : ceux qui commirent l'iniquité en sentiront l'insupportable poids, quand son souvenir ne sera plus accompagné d'aucune jouissance. Ceux qui en furent les témoins sans y tremper, mais sans la connoître, revenus de l'illusion qui les abuse, attesteront ce qu'ils ont vu, ce qu'ils ont entendu, ce qu'ils savent, et rendront hommage à la vérité. Tout a été mis en œuvre pour prévenir et empêcher ce retour : mais on a beau faire, l'ordre naturel se rétablit tôt ou tard, et le premier qui soupçonnera que Jean-Jacques pourroit bien n'avoir pas été coupable sera bien près de s'en convaincre, et d'en convaincre, s'il veut, ses contemporains, qui, le complot et ses auteurs n'existant plus, n'auront d'autre intérêt que celui d'être justes, et de connoître la vérité. C'est alors que tous ces monuments seront précieux, et que tel fait qui peut n'être aujourd'hui qu'un indice incertain conduira peut-être jusqu'à l'évidence.

Voilà, monsieur, à quoi tout ami de la justice et de la vérité peut, sans se compromettre, et doit consacrer tous les soins qui sont en son pouvoir. Transmettre à la postérité des éclaircissements sur ce point, c'est préparer et remplir peut-être l'œuvre de la Providence. Le ciel bénira, n'en doutez pas, une si juste entreprise. Il en résultera pour le public deux grandes leçons, et dont il avoit grand besoin : l'une, d'avoir, et surtout aux dépens d'autrui, une confiance moins téméraire dans l'orgueil du savoir humain ; l'autre, d'apprendre, par un exemple aussi mémorable, à respecter en tout et toujours le droit naturel, et à sentir que toute vertu qui se fonde sur une violation de ce droit est une vertu fausse, qui couvre infailliblement quelque iniquité. Je me dévoue donc à cette œuvre de justice en tout ce qui dépend de moi, et je vous exhorte à y concourir, puisque vous le pouvez faire sans risque, et que vous avez vu de plus près des multitudes de faits qui peuvent éclairer ceux qui voudront un jour examiner cette affaire. Nous pouvons, à loisir et sans bruit, faire nos recherches, les recueillir, y joindre nos réflexions ; et, reprenant autant qu'il se peut la trace de toutes ces manœuvres, dont nous découvrons déjà les vestiges, fournir à ceux qui viendront après nous un fil qui les guide dans ce labyrinthe. Si nous pouvions conférer avec Jean-Jacques sur tout cela, je ne doute point que nous ne tirassions de lui beaucoup de lumières qui resteront à jamais éteintes, et que nous ne fussions surpris nous-mêmes de la facilité avec laquelle quelques mots de sa part expliqueroient des énigmes qui, sans cela, demeureront peut-être impénétrables par l'adresse de ses ennemis. Souvent, dans mes entretiens avec lui, j'en ai reçu de son propre mouvement des éclaircissements inattendus sur des objets que j'avois vus bien différents, faute d'une circonstance que je n'avois pu deviner, et qui leur donnoit un tout autre aspect. Mais, gêné par mes engagements, et forcé de supprimer mes objections, je me suis souvent refusé malgré moi aux solutions qu'il sembloit m'offrir, pour ne pas paroître instruit de ce que j'étois contraint de lui taire.

Si nous nous unissons pour former avec lui une société sincère et sans fraude, une fois sûr de notre droiture et d'être estimé de nous, il nous ouvrira son cœur sans peine ; et, recevant dans les nôtres les épanchements auxquels il est naturellement si disposé, nous en pourrons tirer de quoi former de précieux mémoires dont d'autres générations sentiront la valeur, et qui, du moins, les mettront à portée de discuter contradictoirement des questions aujourd'hui décidées sur le seul rapport de ses ennemis. Le moment viendra, mon cœur me l'assure, où sa défense, aussi périlleuse aujourd'hui qu'inutile, honorera ceux qui s'en voudront charger, et les couvrira, sans aucun risque, d'une gloire aussi belle, aussi pure que la vertu généreuse en puisse obtenir ici-bas.

LE FRANÇOIS.

Cette proposition est tout-à-fait de mon goût, et j'y consens avec d'autant plus de plaisir, que c'est peut-être le seul moyen qui soit en mon pouvoir de réparer mes torts envers un innocent persécuté, sans risque de m'en faire à moi-même. Ce n'est pas que la société que vous me proposez soit

TROISIÈME DIALOGUE.

tout-à-fait sans péril. L'extrême attention qu'on a sur tous ceux qui lui parlent, même une seule fois, ne s'oubliera pas pour nous. Nos messieurs ont trop vu ma répugnance à suivre leurs errements, et à circonvenir comme eux un homme dont ils m'avoient fait de si affreux portraits, pour qu'ils ne soupçonnent pas tout au moins qu'ayant changé de langage à son égard, j'ai vraisemblablement aussi changé d'opinion. Depuis long-temps déjà, malgré vos précautions et les siennes, vous êtes inscrit comme suspect sur leurs registres, et je vous préviens que, de manière ou d'autre, vous ne tarderez pas à sentir qu'ils se sont occupés de vous : ils sont trop attentifs à tout ce qui approche de Jean-Jacques, pour que personne leur puisse échapper ; moi surtout qu'ils ont admis dans leur demi-confidence, je suis sûr de ne pouvoir approcher de celui qui en fut l'objet sans les inquiéter beaucoup. Mais je tâcherai de me conduire sans fausseté, de manière à leur donner le moins d'ombrage qu'il sera possible. S'ils ont quelque sujet de me craindre, ils en ont aussi de me ménager, et je me flatte qu'ils me connoissent trop d'honneur pour craindre des trahisons d'un homme qui n'a jamais voulu tremper dans les leurs.

Je ne refuse donc pas de le voir quelquefois avec prudence et précaution : il ne tiendra qu'à lui de connoître que je partage vos sentiments à son égard, et que si je ne puis lui révéler les mystères de ses ennemis, il verra du moins que, forcé de me taire, je ne cherche pas à le tromper. Je concourrai de bon cœur avec vous pour dérober à leur vigilance et transmettre à de meilleurs temps les faits qu'on travaille à faire disparoître, et qui fourniront un jour de puissants indices pour parvenir à la connoissance de la vérité. Je sais que ses papiers, déposés en divers temps, avec plus de confiance que de choix, en des mains qu'il crut fidèles, sont tous passés dans celles de ses persécuteurs, qui n'ont pas manqué d'anéantir ceux qui pouvoient ne leur pas convenir, et d'accommoder à leur gré les autres; ce qu'ils ont pu faire à discrétion, ne craignant ni examen ni vérification de la part de qui que ce fût, ni surtout de gens intéressés à découvrir et manifester leur fraude. Si, depuis lors, il lui reste quelques papiers encore, on les guette pour s'en emparer au plus tard à sa mort; et, par les mesures prises, il est bien difficile qu'il en échappe aucun aux mains commises pour tout saisir. Le seul moyen qu'il ait de les conserver est de les déposer secrètement, s'il est possible, en des mains vraiment fidèles et sûres. Je m'offre à partager avec vous les risques de ce dépôt, et je m'engage à n'épargner aucun soin pour qu'il paroisse un jour aux yeux du public tel que je l'aurai reçu, augmenté de toutes les observations que j'aurai pu recueillir, tendantes à dévoiler la vérité. Voilà tout ce que la prudence me permet de faire pour l'acquit de ma conscience, pour l'intérêt de la justice, et pour le service de la vérité.

ROUSSEAU.

Et c'est aussi tout ce qu'il désire lui-même. L'espoir que sa mémoire soit rétablie un jour dans l'honneur qu'elle mérite, et que ses livres deviennent utiles par l'estime due à leur auteur, est désormais le seul qui peut le flatter en ce monde. Ajoutons-y de plus la douceur de voir encore deux cœurs honnêtes et vrais s'ouvrir au sien. Tempérons ainsi l'horreur de cette solitude, où l'on le force de vivre au milieu du genre humain. Enfin, sans faire en sa faveur d'inutiles efforts, qui pourroient causer de grands désordres, et dont le succès même ne le toucheroit plus, ménageons-lui cette consolation, pour sa dernière heure, que des mains amies lui ferment les yeux.

FIN DU TROISIÈME ET DERNIER DIALOGUE.

HISTOIRE

DU

PRÉCÉDENT ÉCRIT.

Je ne parlerai point ici du sujet, ni de l'objet, ni de la forme de cet écrit : c'est ce que j'ai fait dans l'avant-propos qui le précède. Mais je dirai quelle étoit sa destination, quelle a été sa destinée, et pourquoi cette copie se trouve ici.

Je m'étois occupé, durant quatre ans, de ces dialogues, malgré le serrement de cœur qui ne me quittoit point en y travaillant; et je touchois à la fin de cette douloureuse tâche, sans savoir, sans imaginer comment en pouvoir faire usage, et sans me résoudre sur ce que je tenterois du moins pour cela. Vingt ans d'expérience m'avoient appris quelle droiture et quelle fidélité je pouvois attendre de ceux qui m'entouroient sous le nom d'amis. Frappé surtout de l'insigne duplicité de Duclos, que j'avois estimé au point de lui confier mes Confessions, et qui, du plus sacré dépôt de l'amitié, n'avoit fait qu'un instrument d'imposture et de trahison, que pouvois-je attendre des gens qu'on avoit mis autour de moi depuis ce temps-là, et dont toutes les manœuvres m'annonçoient si clairement les intentions? Leur confier mon manuscrit n'étoit autre chose que vouloir le remettre moi-même à mes persécuteurs; et la manière dont j'étois enlacé ne me laissoit plus le moyen d'aborder personne autre.

Dans cette situation, trompé dans tous mes choix, et ne trouvant plus que perfidie et fausseté parmi les hommes, mon ame, exaltée par le sentiment de son innocence et par celui de leur iniquité, s'éleva par un élan jusqu'au siège de tout ordre et de toute vérité, pour y chercher les ressources que je n'avois plus ici-bas. Ne pouvant plus me confier à aucun homme qui ne me trahît, je résolus de me confier uniquement à la Providence, et de remettre à elle seule l'entière disposition du dépôt que je désirois laisser en de sûres mains.

J'imaginai pour cela de faire une copie au net de cet écrit, et de la déposer dans une église sur un autel; et, pour rendre cette démarche aussi solennelle qu'il étoit possible, je choisis le grand autel de l'église de Notre-Dame, jugeant que partout ailleurs mon dépôt seroit plus aisément caché ou détourné par les curés et par les moines, et tomberoit infailliblement dans les mains de mes ennemis, au lieu qu'il pouvoit arriver que le bruit de de cette action fît parvenir mon manuscrit jusque sous les yeux du roi; ce qui étoit tout ce que j'avois à désirer de plus favorable, et qui ne pouvoit jamais arriver en m'y prenant de tout autre façon?

Tandis que je travaillois à transcrire au net mon écrit, je méditois sur les moyens d'exécuter mon projet, ce qui n'étoit pas fort facile, et surtout pour un homme aussi timide que moi. Je pensai qu'un samedi, jour auquel toutes les semaines on va chanter devant l'autel de Notre-Dame un motet, durant lequel le chœur reste vide, seroit le jour où j'aurois le plus de facilité d'y entrer, d'arriver jusqu'à l'autel, et d'y placer mon dépôt. Pour combiner plus sûrement ma démarche, j'allai plusieurs fois de loin en loin examiner l'état des choses, et la disposition du chœur et de ses avenues ; car ce que j'avois à redouter, c'étoit d'être retenu au passage, sûr que dès-lors mon projet étoit manqué. Enfin, mon manuscrit étant prêt, je l'enveloppai, et j'y mis la suscription suivante :

DÉPOT REMIS A LA PROVIDENCE.

« Protecteur des opprimés, Dieu de justice et de
« vérité, reçois ce dépôt que remet sur ton autel et
« confie à ta providence un étranger infortuné,
« seul, sans appui, sans défenseur sur la terre, ou-
« tragé, moqué, diffamé, trahi de toute une géné-
« ration, chargé depuis quinze ans à l'envi de
« traitements pires que la mort, et d'indignités
« inouïes jusqu'ici parmi les humains, sans avoir
« pu jamais en apprendre au moins la cause. Toute
« explication m'est refusée, toute communication

« m'est ôtée; je n'attends plus des hommes aigris
« par leur propre injustice qu'affronts, mensonges
« et trahisons. Providence éternelle, mon seul es-
« poir est en toi; daigne prendre mon dépôt sous
« ta garde, et le faire tomber en des mains jeunes
« et fidèles, qui le transmettent exempt de fraude
« à une meilleure génération; qu'elle apprenne, en
« déplorant mon sort, comment fut traité par celle-
« ci un homme sans fiel et sans fard, ennemi de
« l'injustice, mais patient à l'endurer; et qui n'a
« jamais fait, ni voulu, ni rendu de mal à personne.
« Nul n'a droit, je le sais, d'espérer un miracle,
« pas même l'innocence opprimée et méconnue.
« Puisque tout doit rentrer dans l'ordre un jour, il
« suffit d'attendre. Si donc mon travail est perdu,
« s'il doit être livré à mes ennemis, et par eux dé-
« truit ou défiguré, comme cela paroît inévitable;
« je n'en compterai pas moins sur ton œuvre, quoi-
« que j'en ignore l'heure et les moyens; et après
« avoir fait, comme je l'ai dû, mes efforts pour y
« concourir, j'attends avec confiance, je me re-
« pose sur ta justice, et me résigne à ta volonté. »

Au verso du titre, et avant la première page,
étoit écrit ce qui suit:

« Qui que vous soyez, que le ciel a fait l'arbitre
« de cet écrit, quelque usage que vous ayez résolu
« d'en faire, et quelque opinion que vous ayez de

« l'auteur, cet auteur infortuné vous conjure, par
« vos entrailles humaines et par les angoisses qu'il
« a souffertes en l'écrivant, de n'en disposer qu'a-
« près l'avoir lu tout entier. Songez que cette
« grâce, que vous demande un cœur brisé de
« douleur, est un devoir d'équité que le ciel vous
« impose. »

Tout cela fait, je pris sur moi mon paquet, et
je me rendis, le samedi 24 février 1776, sur les
deux heures, à Notre-Dame, dans l'intention d'y
présenter le même jour mon offrande.

Je voulus entrer par une des portes latérales,
par laquelle je comptois pénétrer dans le chœur.
Surpris de la trouver fermée, j'allois passer plus
bas par l'autre porte latérale qui donne dans la
nef. En entrant, mes yeux furent frappés d'une
grille que je n'avois jamais remarquée, et qui sé-
paroit de la nef la partie des bas-côtés qui entoure
le chœur. Les portes de cette grille étoient fermées, de sorte que cette partie des bas-côtés dont
je viens de parler étoit vide, et qu'il m'étoit impossible d'y pénétrer. Au moment que j'aperçus cette
grille, je fus saisi d'un vertige comme un homme
qui tombe en apoplexie, et ce vertige fut suivi
d'un bouleversement dans tout mon être, tel que
je ne me souviens pas d'en avoir éprouvé jamais
un pareil. L'église me parut avoir tellement changé
de face, que, doutant si j'étois bien dans Notre-

Dame, je cherchois avec effort à me reconnoître et à mieux discerner ce que je voyois. Depuis trente-six ans que je suis à Paris, j'étois venu fort souvent et en divers temps à Notre-Dame; j'avois toujours vu le passage autour du chœur ouvert et libre, et je n'y avois même jamais remarqué ni grille, ni porte, autant qu'il put m'en souvenir. D'autant plus frappé de cet obstacle imprévu, que je n'avois dit mon projet à personne, je crus, dans mon premier transport, voir concourir le ciel même à l'œuvre d'iniquité des hommes; et le murmure d'indignation qui m'échappa ne peut être conçu que par celui qui sauroit se mettre à ma place, ni excusé que par celui qui sait lire au fond des cœurs.

Je sortis rapidement de l'église, résolu de n'y rentrer de mes jours; et, me livrant à toute mon agitation, je courus tout le reste du jour, errant de toutes parts, sans savoir ni où j'étois, ni où j'allois, jusqu'à ce que, n'en pouvant plus, la lassitude et la nuit me forcèrent à rentrer chez moi, rendu de fatigue et presque hébété de douleur.

Revenu à peu près de ce premier saisissement, je commençai à réfléchir plus posément à ce qui m'étoit arrivé; et, par ce tour d'esprit qui m'est propre, aussi prompt à me consoler d'un malheur arrivé qu'à m'effrayer d'un malheur à craindre, je ne tardai pas d'envisager d'un autre œil le mauvais succès de ma tentative. J'avois dit dans ma suscription que je n'attendois pas un miracle, et il étoit clair néanmoins qu'il en auroit fallu un pour faire réussir mon projet : car l'idée que mon manuscrit parviendroit directement au roi, et que ce jeune prince prendroit lui-même la peine de lire ce long écrit, cette idée, dis-je, étoit si folle, que je m'étonnois moi-même d'avoir pu m'en bercer un moment. Avois-je pu douter que, quand même l'éclat de cette démarche auroit fait arriver mon dépôt jusqu'à la cour, ce n'eût été que pour y tomber non dans les mains du roi, mais dans celles de mes plus malins persécuteurs ou de leurs amis, et par conséquent pour être ou tout-à-fait supprimé, ou défiguré selon leurs vues, pour le rendre funeste à ma mémoire. Enfin le mauvais succès de mon projet, dont je m'étois si fort affecté, me parut, à force d'y réfléchir, un bienfait du ciel, qui m'avoit empêché d'accomplir un dessein si contraire à mes intérêts; je trouvai que c'étoit un grand avantage que mon manuscrit me fût resté pour en disposer plus sagement; et voici l'usage que je résolus d'en faire.

Je venois d'apprendre qu'un homme de lettres de ma plus ancienne connoissance, avec lequel j'avois eu quelque liaison, que je n'avois point cessé d'estimer, et qui passoit une grande partie de l'année à la campagne, étoit à Paris depuis peu de jours. Je regardai la nouvelle de son retour comme une direction de la Providence, qui m'indiquoit le vrai dépositaire de mon manuscrit. Cet homme étoit, il est vrai, philosophe, auteur, académicien, et d'une province dont les habitans n'ont pas une grande réputation de droiture : mais que faisoient tous ces préjugés contre un point aussi bien établi que sa probité l'étoit dans mon esprit? L'exception, d'autant plus honorable qu'elle étoit rare, ne faisoit qu'augmenter ma confiance en lui; et quel plus digne instrument le ciel pouvoit-il choisir pour son œuvre que la main d'un homme vertueux?

Je me détermine donc; je cherche sa demeure : enfin je la trouve, et non sans peine. Je lui porte mon manuscrit, et je le lui remets avec un transport de joie, avec un battement de cœur qui fut peut-être le plus digne hommage qu'un mortel ait pu rendre à la vertu. Sans savoir encore de quoi il s'agissoit, il me dit en le recevant qu'il ne feroit qu'un bon et honnête usage de mon dépôt. L'opinion que j'avois de lui me rendoit cette assurance très-superflue.

Quinze jours après je retourne chez lui, fortement persuadé que le moment étoit venu où le voile de ténèbres qu'on tient depuis vingt ans sur mes yeux alloit tomber, et que, de manière ou d'autre, j'aurois de mon dépositaire des éclaircissements qui me paroissoient devoir nécessairement suivre de la lecture de mon manuscrit. Rien de ce que j'avois prévu n'arriva. Il me parla de cet écrit comme il m'auroit parlé d'un ouvrage de littérature que je l'aurois prié d'examiner pour m'en dire son sentiment. Il me parla de transpositions à faire pour donner un meilleur ordre à mes matières ; mais il ne me dit rien de l'effet qu'avoit fait sur lui mon écrit, ni de ce qu'il pensoit de l'auteur. Il me proposa seulement de faire une édition correcte de mes œuvres, en me demandant pour cela mes directions. Cette même proposition, qui m'avoit été faite, et même avec opiniâtreté, par tous ceux qui m'ont entouré, me fit penser que leurs dispositions et les siennes étoient les mêmes. Voyant ensuite que sa proposition ne me plaisoit point, il offrit de me rendre mon dépôt. Sans accepter cette offre, je le priai seulement de le remettre à quelqu'un plus jeune que lui, qui pût survivre assez et à moi et à mes persécuteurs pour pouvoir le publier un jour sans crainte d'offenser personne. Il s'attacha singulièrement à cette dernière idée, et il m'a paru par la suscription qu'il a faite pour l'enveloppe du paquet, et qu'il m'a communiquée, qu'il portoit tous ses soins à faire en sorte, comme je l'en ai prié, que le manuscrit ne fût point imprimé ni connu avant la fin du siècle présent. Quant à l'autre partie de mon intention, qui étoit qu'après ce terme l'écrit fût fidèlement imprimé et publié, j'ignore ce qu'il a fait pour la remplir.

Depuis lors j'ai cessé d'aller chez lui. Il m'a fait

deux ou trois visites, que nous avons eu bien de la peine à remplir de quelques mots indifférents, moi n'ayant plus rien à lui dire, et lui ne voulant me rien dire du tout.

Sans porter un jugement décisif sur mon dépositaire, je sentis que j'avois manqué mon but, et que vraisemblablement j'avois perdu mes peines et mon dépôt : mais je ne perdis point encore courage. Je me dis que mon mauvais succès venoit de mon mauvais choix ; qu'il falloit être bien aveugle et bien prévenu pour me confier à un François, trop jaloux de l'honneur de sa nation pour en manifester l'iniquité ; à un homme âgé, trop prudent, trop circonspect, pour s'échauffer pour la justice et pour la défense d'un opprimé. Quand j'aurois cherché tout exprès le dépositaire le moins propre à remplir mes vues, je n'aurois pas pu mieux choisir. C'est donc ma faute si j'ai mal réussi ; mon succès ne dépend que d'un meilleur choix.

Bercé de cette nouvelle espérance, je me remis à transcrire et mettre au net avec une nouvelle ardeur. Tandis que je vaquois à ce travail, un jeune Anglois, que j'avois eu pour voisin à Wootton[1], passa par Paris, revenant d'Italie, et me vint voir.

---

[1] M. Brooke Boothby, qui, après avoir fait imprimer le premier Dialogue, déposa dans le *British Museum* le manuscrit que Rousseau lui avoit confié au mois d'avril 1776, *avec des conditions*, dit-il, *qu'il s'est fait un devoir de remplir*.

Je fis comme tous les malheureux, qui croient voir dans tout ce qui leur arrive une expresse direction du sort. Je me dis : Voilà le dépositaire que la Providence m'a choisi; c'est elle qui me l'envoie; elle n'a rebuté mon choix que pour m'amener au sien. Comment avois-je pu ne pas voir que c'étoit un jeune homme, un étranger qu'il me falloit, hors du tripot des auteurs, loin des intrigants de ce pays, sans intérêt de me nuire, et sans passion contre moi? Tout cela me parut si clair, que, croyant voir le doigt de Dieu dans cette occasion fortuite, je me pressai de la saisir. Malheureusement ma nouvelle copie n'étoit pas avancée; mais je me hâtai de lui remettre ce qui étoit fait, renvoyant à l'année prochaine à lui remettre le reste, si, comme je n'en doutois pas, l'amour de la vérité lui donnoit le zèle de revenir le chercher.

Depuis son départ, de nouvelles réflexions ont jeté dans mon esprit des doutes sur la sagesse de tous ces choix. Je ne pouvois ignorer que depuis long-temps nul ne m'approche qui ne soit expressément envoyé, et que me confier aux gens qui m'entourent c'est me livrer à mes ennemis. Pour trouver un confident fidèle, il auroit fallu l'aller chercher loin de moi, parmi ceux dont je ne pouvois approcher. Mon espérance étoit donc vaine, toutes mes mesures étoient fausses, tous mes soins étoient inutiles, et je devois être sûr que l'usage le moins criminel que feroient de mon dépôt ceux à qui je l'allois ainsi confiant seroit de l'anéantir.

Cette idée me suggéra une nouvelle tentative dont j'attendis plus d'effet ; ce fut d'écrire une espèce de billet circulaire adressé à la nation françoise, d'en faire plusieurs copies, et de les distribuer, aux promenades et dans les rues, aux inconnus dont la physionomie me plairoit le plus. Je ne manquai pas d'argumenter à ma manière ordinaire en faveur de cette nouvelle résolution. On ne me laisse de communication, me disois-je, qu'avec des gens apostés par mes persécuteurs. Me confier à quelqu'un qui m'approche n'est autre chose que me confier à eux. Du moins parmi les inconnus il s'en peut trouver qui soient de bonne foi : mais quiconque vient chez moi n'y vient qu'à mauvaise intention ; je dois être sûr de cela.

Je fis donc mon petit écrit en forme de billet, et j'eus la patience d'en tirer un grand nombre de copies. Mais, pour en faire la distribution, j'éprouvai un obstacle que je n'avois pas prévu, dans le refus de le recevoir par ceux à qui je le présentois. La suscription étoit : *A tout François aimant encore la justice et la vérité**. Je n'imaginois pas que, sur cette adresse, aucun l'osât refuser ; presque aucun ne l'accepta. Tous, après avoir lu l'adresse, me déclarèrent, avec une ingénuité qui me fit rire au milieu de ma douleur, qu'il ne s'adressoit pas à eux. Vous avez raison, leur disois-je

¹ *. Voyez cet écrit à la fin de ce volume.

en le reprenant, je vois bien que je m'étois trompé. Voilà la seule parole franche que depuis quinze ans j'aie obtenue d'aucune bouche françoise.

Éconduit aussi par ce côté, je ne me rebutai pas encore. J'envoyai des copies de ce billet en réponse à quelques lettres d'inconnus qui vouloient à toute force venir chez moi, et je crus faire merveille en mettant au prix d'une réponse décisive à ce même billet l'acquiescement à leur fantaisie. J'en remis deux ou trois autres aux personnes qui m'accostoient ou qui me venoient voir. Mais tout cela ne produisit que des réponses amphigouriques et normandes qui m'attestoient dans leurs auteurs une fausseté à toute épreuve.

Ce dernier mauvais succès, qui devoit mettre le comble à mon désespoir, ne m'affecta point comme les précédents. En m'apprenant que mon sort étoit sans ressource, il m'apprit à ne plus lutter contre la nécessité. Un passage de l'*Émile* que je me rappelai me fit rentrer en moi-même et m'y fit trouver ce que j'avois cherché vainement au dehors. Quel mal t'a fait ce complot ? que t'a-t-il ôté de toi ? quel membre t'a-t-il mutilé ? quel crime t'a-t-il fait commettre ? Tant que les hommes n'arracheront pas de ma poitrine le cœur qu'elle enferme, pour y substituer, moi vivant, celui d'un malhonnête homme, en quoi pourront-ils altérer, changer, détériorer mon être ? Ils auront beau faire un Jean-Jacques à leur mode,

Rousseau restera toujours le même en dépit d'eux.

N'ai-je donc connu la vanité de l'opinion que pour me remettre sous le joug aux dépens de la paix de mon ame et du repos de mon cœur? Si les hommes veulent me voir autre que je ne suis, que m'importe? L'essence de mon être est-elle dans leurs regards? S'ils abusent et trompent sur mon compte les générations suivantes, que m'importe encore? je n'y serai plus pour être victime de leur erreur. S'ils empoisonnent et tournent à mal tout ce que le désir de leur bonheur m'a fait dire et faire d'utile, c'est à leur dam et non pas au mien. Emportant avec moi le témoignage de ma conscience, je trouverai, en dépit d'eux, le dédommagement de toutes leurs indignités. S'ils étoient dans l'erreur de bonne foi, je pourrois en me plaignant les plaindre encore et gémir sur eux et sur moi; mais quelle erreur peut excuser un système aussi exécrable que celui qu'ils suivent à mon égard avec un zèle impossible à qualifier? Quelle erreur peut faire traiter publiquement en scélérat convaincu le même homme qu'on empêche avec tant de soin d'apprendre au moins de quoi on l'accuse? Dans le raffinement de leur barbarie, ils ont trouvé l'art de me faire souffrir une longue mort en me tenant enterré tout vif. S'ils trouvent ce traitement doux, il faut qu'ils aient des ames de fange; s'ils le trouvent aussi cruel qu'il l'est, les Phalaris, les Agathocle, ont été plus débonnaires qu'eux. J'ai donc eu tort d'espérer les ramener en leur montrant qu'ils se trompent : ce n'est pas de cela qu'il s'agit; et, quand ils se tromperoient sur mon compte, ils ne peuvent ignorer leur propre iniquité. Ils ne sont pas injustes et méchants envers moi par erreur, mais par volonté : ils le sont parce qu'ils veulent l'être; et ce n'est pas à leur raison qu'il faudroit parler, c'est à leurs cœurs dépravés par la haine. Toutes les preuves de leur injustice ne feront que l'augmenter; elle est un grief de plus qu'ils ne me pardonneront jamais.

Mais c'est encore plus à tort que je me suis affecté de leurs outrages au point d'en tomber dans l'abattement et presque dans le désespoir. Comme s'il étoit au pouvoir des hommes de changer la nature des choses, et de m'ôter les consolations dont rien ne peut dépouiller l'innocent! Et pourquoi donc est-il nécessaire à mon bonheur éternel qu'ils me connoissent et me rendent justice? Le ciel n'a-t-il donc nul autre moyen de rendre mon ame heureuse et de la dédommager des maux qu'ils m'ont fait souffrir injustement? Quand la mort m'aura tiré de leurs mains, saurai-je et m'inquiéterai-je de savoir ce qui se passe encore à mon égard sur la terre? A l'instant que la barrière de l'éternité s'ouvrira devant moi, tout ce qui est en-deçà disparoîtra pour jamais; et si je me souviens alors de l'existence du genre humain, il ne sera pour moi dès cet instant même que comme n'existant déjà plus.

J'ai donc pris enfin mon parti tout-à-fait; détaché de tout ce qui tient à la terre et des insensés jugements des hommes, je me résigne à être à jamais défiguré parmi eux, sans en moins compter sur le prix de mon innocence et de ma souffrance. Ma félicité doit être d'un autre ordre; ce n'est plus chez eux que je dois la chercher, et il n'est pas plus en leur pouvoir de l'empêcher que de la connoître. Destiné à être dans cette vie la proie de l'erreur et du mensonge, j'attends l'heure de ma délivrance et le triomphe de la vérité sans les plus chercher parmi les mortels. Détaché de toute affection terrestre, et délivré même de l'inquiétude de l'espérance ici-bas, je ne vois plus de prise par laquelle ils puissent encore troubler le repos de mon cœur. Je ne réprimerai jamais le premier mouvement d'indignation, d'emportement, de colère, et même je n'y tâche plus; mais le calme qui succède à cette agitation passagère est un état permanent dont rien ne peut plus me tirer.

L'espérance éteinte étouffe bien le désir, mais elle n'anéantit pas le devoir, et je veux jusqu'à la fin remplir le mien dans ma conduite avec les hommes. Je suis dispensé désormais de vains efforts pour leur faire connoître la vérité, qu'ils sont déterminés à rejeter toujours; mais je ne le suis pas de leur laisser les moyens d'y revenir autant qu'il dépend de moi, et c'est le dernier usage qui me reste à faire de cet écrit. En multiplier incessamment les copies, pour les déposer ainsi çà et là dans les mains des gens qui m'approchent seroit excéder inutilement mes forces, et je ne puis raisonnablement espérer que de toutes ces copies ainsi dispersées une seule parvienne entière à sa destination. Je vais donc me borner à une, dont j'offrirai la lecture à ceux de ma connoissance que je croirai les moins injustes, les moins prévenus, ou qui, quoique liés avec mes persécuteurs, me paroîtront avoir néanmoins encore du ressort dans l'ame et pouvoir être quelque chose par eux-mêmes. Tous, je n'en doute pas, resteront sourds à mes raisons, insensibles à ma destinée, aussi cachés et faux qu'auparavant; c'est un parti pris universellement et sans retour, surtout par ceux qui m'approchent. Je sais tout cela d'avance, et je ne m'en tiens pas moins à cette dernière résolution, parce qu'elle est le seul moyen qui reste en mon pouvoir de concourir à l'œuvre de la Providence, et d'y mettre la possibilité qui dépend de moi. Nul ne m'écoutera, l'expérience m'en avertit; mais il n'est pas impossible qu'il s'en trouve un qui m'écoute, et il est désormais impossible que les yeux des hommes s'ouvrent d'eux-mêmes à la vérité. C'en est assez pour m'imposer l'obligation de la tentative, sans en espérer aucun succès. Si je me

contente de laisser cet écrit après moi, cette proie
n'échappera pas aux mains de rapine qui n'attendent que ma dernière heure pour tout saisir et
brûler ou falsifier. Mais si parmi ceux qui m'auront
lu il se trouvoit un seul cœur d'homme, ou seulement un esprit vraiment sensé, mes persécuteurs
auroient perdu leur peine, et bientôt la vérité
perceroit aux yeux du public. La certitude, si ce
bonheur inespéré m'arrive, de ne pouvoir m'y
tromper un moment, m'encourage à ce nouvel
essai. Je sais d'avance quel ton tous prendront
après m'avoir lu. Ce ton sera le même qu'auparavant, ingénu, patelin, bénévole ; ils me plaindront
beaucoup de voir si noir ce qui est si blanc, car
ils ont tous la candeur des cygnes ; mais ils ne
comprendront rien à tout ce que j'ai dit là. Ceux-là, jugés à l'instant, ne me surprendront point
du tout, et me fâcheront très-peu. Mais si, contre
toute attente, il s'en trouve un que mes raisons
frappent et qui commence à soupçonner la vérité,
je ne resterai pas un moment en doute sur cet effet, et j'ai le signe assuré pour le distinguer des
autres quand même il ne voudroit pas s'ouvrir à
moi. C'est de celui-là que je ferai mon dépositaire,
sans même examiner si je dois compter sur sa
probité : car je n'ai besoin que de son jugement
pour l'intéresser à m'être fidèle. Il sentira qu'en
supprimant mon dépôt il n'en tire aucun avantage ; qu'en le livrant à mes ennemis il ne leur

livre que ce qu'ils ont déjà, qu'il ne peut par conséquent donner un grand prix à cette trahison, ni éviter, tôt ou tard, par elle le juste reproche d'avoir fait une vilaine action : au lieu qu'en gardant mon dépôt il reste toujours le maître de le supprimer quand il voudra, et peut un jour, si des révolutions assez naturelles changent les dispositions du public, se faire un honneur infini, et tirer de ce même dépôt un grand avantage dont il se prive en le sacrifiant. S'il sait prévoir et s'il peut attendre, il doit, en raisonnant bien, m'être fidèle. Je dis plus : quand même le public persisteroit dans les mêmes dispositions où il est à mon égard, encore un mouvement très-naturel le portera-t-il, tôt ou tard, à désirer de savoir au moins ce que Jean-Jacques auroit pu dire si on lui eût laissé la liberté de parler. Que mon dépositaire se montrant leur dise alors : Vous voulez donc savoir ce qu'il auroit dit? Eh bien! le voilà. Sans prendre mon parti, sans vouloir défendre ma cause ni ma mémoire, il peut, en se faisant mon simple rapporteur, et restant au surplus, s'il peut, dans l'opinion de tout le monde, jeter cependant un nouveau jour sur le caractère de l'homme jugé : car c'est toujours un trait de plus à son portrait de savoir comment un pareil homme osa parler de lui-même.

Si parmi mes lecteurs je trouve cet homme sensé disposé, pour son propre avantage, à m'être fidèle, je suis déterminé à lui remettre non seulement cet écrit, mais aussi tous les papiers qui restent entre mes mains, et desquels on peut tirer un jour de grandes lumières sur ma destinée, puisqu'ils contiennent des anecdotes, des explications et des faits que nul autre que moi ne peut donner, et qui sont les seules clefs de beaucoup d'énigmes qui sans cela resteront à jamais inexplicables.

Si cet homme ne se trouve point, il est possible au moins que la mémoire de cette lecture, restée dans l'esprit de ceux qui l'auront faite, réveille un jour en quelqu'un d'eux quelque sentiment de justice et de commisération, quand, long-temps après ma mort, le délire public commencera à s'affoiblir. Alors ce souvenir peut produire en son ame quelque heureux effet que la passion qui les anime arrête de mon vivant, et il n'en faut pas davantage pour commencer l'œuvre de la Providence. Je profiterai donc des occasions de faire connoître cet écrit, si je les trouve, sans en attendre aucun succès. Si je trouve un dépositaire que j'en puisse raisonnablement charger, je le ferai, regardant néanmoins mon dépôt comme perdu, et m'en consolant d'avance. Si je n'en trouve point, comme je m'y attends, je continuerai de garder ce que je lui aurois remis, jusqu'à ce qu'à ma mort, si ce n'est plus tôt, mes persécuteurs s'en saisissent. Ce destin de mes papiers, que je vois inévitable, ne m'alarme plus. Quoi que fassent les hommes, le ciel à son tour fera son œuvre. J'en ignore le temps, les moyens, l'espèce. Ce que je sais, c'est que l'arbitre suprême est puissant et juste, que mon ame est innocente, et que je n'ai pas mérité mon sort : cela me suffit. Céder désormais à ma destinée, ne plus m'obstiner à lutter contre elle, laisser mes persécuteurs disposer à leur gré de leur proie, rester leur jouet sans aucune résistance durant le reste de mes vieux et tristes jours, leur abandonner même l'honneur de mon nom et ma réputation dans l'avenir, s'il plaît au ciel qu'ils en disposent, sans plus m'affecter de rien, quoi qu'il arrive; c'est ma dernière résolution. Que les hommes fassent désormais tout ce qu'ils voudront; après avoir fait, moi, ce que j'ai dû, ils auront beau tourmenter ma vie, ils ne m'empêcheront pas de mourir en paix.

LES RÊVERIES
DU
PROMENEUR SOLITAIRE.

SOMMAIRE

DE LA

PREMIÈRE PROMENADE.

Rousseau se regarde comme isolé sur la terre. Il écrit ses Promenades pour servir de suite à ses Confessions. Il n'a pas, pour ses Rêveries, les mêmes inquiétudes qu'il a eues pour ses Dialogues et ses premières Confessions.

LES RÊVERIES

DU

PROMENEUR SOLITAIRE.

PREMIÈRE PROMENADE.

Me voici donc seul sur la terre, n'ayant plus de frère, de prochain, d'ami, de société que moi-même. Le plus sociable et le plus aimant des humains en a été proscrit par un accord unanime. Ils ont cherché, dans les raffinements de leur haine, quel tourment pouvoit être le plus cruel à mon ame sensible, et ils ont brisé violemment tous les liens qui m'attachoient à eux. J'aurois aimé les hommes en dépit d'eux-mêmes : ils n'ont pu, qu'en cessant de l'être, se dérober à mon affection. Les voilà donc étrangers, inconnus, nuls enfin pour moi, puisqu'ils l'ont voulu ! Mais moi, détaché d'eux et de tout, que suis-je moi-même ? Voilà ce qui me reste à chercher. Malheureusement cette recherche doit être précédée d'un coup d'œil sur ma position : c'est une idée par laquelle il faut nécessairement que je passe pour arriver d'eux à moi.

Depuis quinze ans et plus que je suis dans cette étrange position, elle me paroît encore un rêve. Je m'imagine toujours qu'une indigestion me tourmente, que je dors d'un mauvais sommeil, et que je vais me réveiller, bien soulagé de ma peine, en me retrouvant avec mes amis. Oui, sans doute, il faut que j'aie fait, sans que je m'en aperçusse, un saut de la veille au sommeil, ou plutôt de la vie à la mort. Tiré, je ne sais comment, de l'ordre des choses, je me suis vu précipité dans un chaos incompréhensible, où je n'aperçois rien du tout; et plus je pense à ma situation présente, et moins je puis comprendre où je suis.

Eh! comment aurois-je pu prévoir le destin qui m'attendoit? comment le puis-je concevoir encore aujourd'hui que j'y suis livré? Pouvois-je dans mon bon sens supposer qu'un jour moi, le même homme que j'étois, le même que je suis encore, je passerois, je serois tenu, sans le moindre doute, pour un monstre, un empoisonneur, un assassin; que je deviendrois l'horreur de la race humaine, le jouet de la canaille; que toute la salutation que me féroient les passants seroit de cracher sur moi; qu'une génération tout entière s'amuseroit d'un accord unanime à m'enterrer tout vivant? Quand cette étrange révolution se fit, pris au dépourvu, j'en fus d'abord bouleversé. Mes agitations, mon indignation, me plongèrent dans un délire qui n'a pas eu trop de dix ans pour se

PREMIÈRE PROMENADE.

calmer; et, dans cet intervalle, tombé d'erreur en erreur, de faute en faute, de sottise en sottise, j'ai fourni, par mes imprudences, aux directeurs de ma destinée, autant d'instruments qu'ils ont habilement mis en œuvre pour la fixer sans retour.

Je me suis débattu long-temps aussi violemment que vainement. Sans adresse, sans art, sans dissimulation, sans prudence, franc, ouvert, impatient, emporté, je n'ai fait, en me débattant, que m'enlacer davantage, et leur donner incessamment de nouvelles prises qu'ils n'ont eu garde de négliger. Sentant enfin tous mes efforts inutiles, et me tourmentant à pure perte, j'ai pris le seul parti qui me restoit à prendre, celui de me soumettre à ma destinée, sans plus regimber contre la nécessité. J'ai trouvé dans cette résignation le dédommagement de tous mes maux, par la tranquillité qu'elle me procure, et qui ne pouvoit s'allier avec le travail continuel d'une résistance aussi pénible qu'infructueuse.

Une autre chose a contribué à cette tranquillité. Dans tous les raffinements de leur haine, mes persécuteurs en ont omis un que leur animosité leur a fait oublier; c'étoit d'en graduer si bien les effets, qu'ils pussent entretenir et renouveler mes douleurs sans cesse, en me portant toujours quelque nouvelle atteinte. S'ils avoient eu l'adresse de me laisser quelque lueur d'espérance, ils me tiendroient encore par-là. Ils pourroient faire encore de moi leur jouet par quelque faux leurre, et me navrer ensuite d'un tourment toujours nouveau par mon attente déçue. Mais ils ont d'avance épuisé toutes leurs ressources; en ne me laissant rien, ils se sont tout ôté à eux-mêmes. La diffamation, la dépression, la dérision, l'opprobre dont ils m'ont couvert, ne sont pas plus susceptibles d'augmentation que d'adoucissement; nous sommes également hors d'état, eux de les aggraver, et moi de m'y soustraire. Ils se sont tellement pressés de porter à son comble la mesure de ma misère, que toute la puissance humaine, aidée de toutes les ruses de l'enfer, n'y sauroit plus rien ajouter. La douleur physique elle-même, au lieu d'augmenter mes peines, y feroit diversion. En m'arrachant des cris, peut-être elle m'épargneroit des gémissements, et les déchirements de mon corps suspendroient ceux de mon cœur.

Qu'ai-je encore à craindre d'eux, puisque tout est fait? Ne pouvant plus empirer mon état, ils ne sauroient plus m'inspirer d'alarmes. L'inquiétude et l'effroi sont des maux dont ils m'ont pour jamais délivré : c'est toujours un soulagement. Les maux réels ont sur moi peu de prise; je prends aisément mon parti sur ceux que j'éprouve, mais non pas sur ceux que je crains. Mon imagination effarouchée les combine, les retourne, les étend et les augmente. Leur attente me tourmente cent fois plus que leur présence, et la menace m'est plus terrible que le coup. Sitôt qu'ils arrivent, l'événement, leur ôtant tout ce qu'ils avoient d'imaginaire, les réduit à leur juste valeur. Je les trouve alors beaucoup moindres que je ne me les étois figurés ; et même, au milieu de ma souffrance, je ne laisse pas de me sentir soulagé. Dans cet état, affranchi de toute nouvelle crainte et délivré de l'inquiétude de l'espérance, la seule habitude suffira pour me rendre de jour en jour plus supportable une situation que rien ne peut empirer ; et, à mesure que le sentiment s'en émousse par la durée, ils n'ont plus de moyens pour le ranimer. Voilà le bien que m'ont fait mes persécuteurs, en épuisant sans mesure tous les traits de leur animosité. Ils se sont ôté sur moi tout empire, et je puis désormais me moquer d'eux.

Il n'y a pas deux mois encore qu'un plein calme est rétabli dans mon cœur. Depuis long-temps je ne craignois plus rien, mais j'espérois encore ; et cet espoir, tantôt bercé, tantôt frustré, étoit une prise par laquelle mille passions diverses ne cessoient de m'agiter. Un événement aussi triste qu'imprévu vient enfin d'effacer de mon cœur ce foible rayon d'espérance, et m'a fait voir ma destinée fixée à jamais sans retour ici-bas. Dès-lors je me suis résigné sans réserve, et j'ai retrouvé la paix.

Sitôt que j'ai commencé d'entrevoir la trame

dans toute son étendue, j'ai perdu pour jamais l'idée de ramener de mon vivant le public sur mon compte, et même ce retour, ne pouvant plus être réciproque, me seroit désormais bien inutile. Les hommes auroient beau revenir à moi, ils ne me retrouveroient plus. Avec le dédain qu'ils m'ont inspiré, leur commerce me seroit insipide et même à charge, et je suis cent fois plus heureux dans ma solitude que je ne pourrois l'être en vivant avec eux. Ils ont arraché de mon cœur toutes les douceurs de la société. Elles n'y pourroient plus germer derechef à mon âge; il est trop tard. Qu'ils me fassent désormais du bien ou du mal, tout m'est indifférent de leur part; et, quoi qu'ils fassent, mes contemporains ne seront jamais rien pour moi.

Mais je comptois encore sur l'avenir, et j'espérois qu'une génération meilleure, examinant mieux et les jugements portés par celle-ci sur mon compte, et sa conduite avec moi, démêleroit aisément l'artifice de ceux qui la dirigent, et me verroit enfin tel que je suis. C'est cet espoir qui m'a fait écrire mes Dialogues, et qui m'a suggéré mille folles tentatives pour les faire passer à la postérité. Cet espoir, quoique éloigné, tenoit mon âme dans la même agitation que quand je cherchois encore dans le siècle un cœur juste; et mes espérances, que j'avois beau jeter au loin, me rendoient également le jouet des hommes d'aujourd'hui. J'ai dit dans mes Dialogues sur quoi je fondois cette attente. Je me trompois. Je l'ai senti par bonheur assez à temps pour trouver encore, avant ma dernière heure, un intervalle de pleine quiétude et de repos absolu. Cet intervalle a commencé à l'époque dont je parle, et j'ai lieu de croire qu'il ne sera plus interrompu.

Il se passe bien peu de jours que de nouvelles réflexions ne me confirment combien j'étois dans l'erreur de compter sur le retour du public, même dans un autre âge, puisqu'il est conduit, dans ce qui me regarde, par des guides qui se renouvellent sans cesse dans les corps qui m'ont pris en aversion. Les particuliers meurent ; mais les corps collectifs ne meurent point. Les mêmes passions s'y perpétuent, et leur haine ardente, immortelle, comme le démon qui l'inspire, a toujours la même activité. Quand tous mes ennemis particuliers seront morts, les médecins, les oratoriens vivront encore ; et, quand je n'aurois pour persécuteurs que ces deux corps-là, je dois être sûr qu'ils ne laisseront pas plus de paix à ma mémoire, après ma mort, qu'ils n'en laissent à ma personne de mon vivant. Peut-être, par trait de temps, les médecins, que j'ai réellement offensés, pourroient-ils s'apaiser ; mais les oratoriens, que j'aimois, que j'estimois, en qui j'avois toute confiance, et que je n'offensai jamais ; les oratoriens, gens d'église et demi-moines, seront à jamais implacables ; leur

9.

propre iniquité fait mon crime, que leur amour-propre ne me pardonnera jamais; et le public, dont ils auront soin d'entretenir et ranimer l'animosité sans cesse, ne s'apaisera pas plus qu'eux.

Tout est fini pour moi sur la terre. On ne peut plus m'y faire ni bien ni mal. Il ne me reste plus rien à espérer ni à craindre en ce monde, et m'y voilà tranquille au fond de l'abîme, pauvre mortel infortuné, mais impassible comme Dieu même.

Tout ce qui m'est extérieur m'est étranger désormais. Je n'ai plus, en ce monde, ni prochain, ni semblables, ni frères. Je suis sur la terre comme dans une planète étrangère où je serois tombé de celle que j'habitois. Si je reconnois autour de moi quelque chose, ce ne sont que des objets affligeants et déchirants pour mon cœur, et je ne peux jeter les yeux sur ce qui me touche et m'entoure, sans y trouver toujours quelque sujet de dédain qui m'indigne, ou de douleur qui m'afflige. Écartons donc de mon esprit tous les pénibles objets dont je m'occuperois aussi douloureusement qu'inutilement. Seul pour le reste de ma vie, puisque je ne trouve qu'en moi la consolation, l'espérance et la paix, je ne dois ni ne veux plus m'occuper que de moi. C'est dans cet état que je reprends la suite de l'examen sévère et sincère que j'appelai jadis mes *Confessions*. Je consacre mes derniers jours à m'étudier moi-même et à préparer d'avance le compte que je ne tarderai pas à rendre de moi.

Livrons-nous tout entier à la douceur de converser avec mon ame, puisqu'elle est la seule que les hommes ne puissent m'ôter. Si, à force de réfléchir sur mes dispositions intérieures, je parviens à les mettre en meilleur ordre, et à corriger le mal qui peut y rester, mes méditations ne seront pas entièrement inutiles, et, quoique je ne sois plus bon à rien sur la terre, je n'aurai pas tout-à-fait perdu mes derniers jours. Les loisirs de mes promenades journalières ont souvent été remplis de contemplations charmantes dont j'ai regret d'avoir perdu le souvenir. Je fixerai par l'écriture celles qui pourront me venir encore ; chaque fois que je les relirai m'en rendra la jouissance. J'oublierai mes malheurs, mes persécuteurs, mes opprobres, en songeant au prix qu'avoit mérité mon cœur.

Ces feuilles ne seront proprement qu'un informe journal de mes rêveries. Il y sera beaucoup question de moi, parce qu'un solitaire qui réfléchit s'occupe nécessairement beaucoup de lui-même. Du reste, toutes les idées étrangères qui me passent par la tête en me promenant y trouveront également leur place. Je dirai ce que j'ai pensé tout comme il m'est venu, et avec aussi peu de liaison que les idées de la veille en ont d'ordinaire avec celles du lendemain. Mais il en résultera toujours une nouvelle connoissance de mon naturel et de mon humeur par celle des sentiments et des pensées dont mon esprit fait sa pâture journalière dans l'étrange état où je suis. Ces feuilles peuvent donc être regardées comme un appendice de mes *Confessions;* mais je ne leur en donne plus le titre, ne sentant plus rien à dire qui puisse le mériter. Mon cœur s'est purifié à la coupelle de l'adversité, et j'y trouve à peine, en le sondant avec soin, quelque reste de penchant répréhensible. Qu'aurois-je encore à confesser quand toutes les affections terrestres en sont arrachées? Je n'ai pas plus à me louer qu'à me blâmer; je suis nul désormais parmi les hommes, et c'est tout ce que je puis être, n'ayant plus avec eux de relation réelle, de véritable société. Ne pouvant plus faire aucun bien qui ne tourne à mal, ne pouvant plus agir sans nuire à autrui ou à moi-même, m'abstenir est devenu mon unique devoir, et je le remplis autant qu'il est en moi. Mais, dans ce désœuvrement du corps, mon ame est encore active, elle produit encore des sentiments, des pensées, et sa vie interne et morale semble encore s'être accrue par la mort de tout intérêt terrestre et temporel. Mon corps n'est plus pour moi qu'un embarras, qu'un obstacle, et je m'en dégage d'avance autant que je puis.

Une situation si singulière mérite assurément d'être examinée et décrite, et c'est à cet examen que je consacre mes derniers loisirs. Pour le faire avec succès, il y faudroit procéder avec ordre et méthode; mais je suis incapable de ce travail, et même il m'écarteroit de mon but, qui est de me rendre compte des modifications de mon ame et de leurs successions. Je ferai sur moi à quelque égard les opérations que font les physiciens sur l'air pour en connoître l'état journalier. J'appliquerai le baromètre à mon ame, et ses opérations bien dirigées et long-temps répétées, me pourroient fournir des résultats aussi sûrs que les leurs. Mais je n'étends pas jusque-là mon entreprise. Je me contenterai de tenir le registre des opérations, sans chercher à les réduire en système. Je fais la même entreprise que Montaigne, mais avec un but tout contraire au sien ; car il n'écrivoit ses Essais que pour les autres, et je n'écris mes rêveries que pour moi. Si dans mes plus vieux jours, aux approches du départ, je reste, comme je l'espère, dans la même position où je suis, leur lecture me rappellera la douceur que je goûte à les écrire, et, faisant renaître ainsi pour moi le temps passé, doublera pour ainsi dire mon existence. En dépit des hommes je saurai goûter encore le charme de la société, et je vivrai décrépit avec moi dans un autre âge comme je vivrois avec un moins vieux ami.

J'écrivois mes premières *Confessions* et mes *Dialogues* dans un souci continuel sur les moyens de les dérober aux mains rapaces de mes persécuteurs, pour les transmettre, s'il étoit possible, à d'autres générations. La même inquiétude ne me tourmente plus pour cet écrit; je sais qu'elle seroit inutile, et le désir d'être mieux connu des hommes s'étant éteint dans mon cœur n'y laisse qu'une indifférence profonde sur le sort et de mes vrais écrits et des monuments de mon innocence, qui déjà peut-être on été tous pour jamais anéantis. Qu'on épie ce que je fais, qu'on s'inquiète de ces feuilles, qu'on s'en empare, qu'on les supprime, qu'on les falsifie, tout cela m'est égal désormais. Je ne les cache ni ne les montre. Si on me les enlève de mon vivant, on ne m'enlevera ni le plaisir de les avoir écrites, ni le souvenir de leur contenu, ni les méditations solitaires dont elles sont le fruit, et dont la source ne peut s'éteindre qu'avec mon ame. Si dès mes premières calamités j'avois su ne point regimber contre ma destinée, et prendre le parti que je prends aujourd'hui, tous les efforts des hommes, toutes leurs épouvantables machines eussent été sur moi sans effet, et ils n'auroient pas plus troublé mon repos par toutes leurs trames qu'ils ne peuvent le troubler désormais par tous leurs succès : qu'ils jouissent à leur gré de mon opprobre; ils ne m'empêcheront pas de jouir de mon innocence, et d'achever mes jours en paix malgré eux.

FIN DE LA PREMIÈRE PROMENADE.

SECONDE PROMENADE.

SOMMAIRE

DE LA

SECONDE PROMENADE.

Rousseau s'aperçoit que ses forces l'abandonnent peu à peu. Il fait une chute à Méuil-Montant. Détails de cet accident funeste. Cris et effroi de sa femme à son arrivée chez lui. Il reçoit plusieurs visites d'une dame. Ses ennemis répandent le bruit de sa mort à la cour et à la ville. On veut ouvrir une souscription pour l'impression de ses manuscrits.

SECONDE PROMENADE.

Ayant donc formé le projet de décrire l'état habituel de mon ame dans la plus étrange position où se puisse jamais trouver un mortel, je n'ai vu nulle manière plus simple et plus sûre d'exécuter cette entreprise que de tenir un registre fidèle de mes promenades solitaires et des rêveries qui les remplissent, quand je laisse ma tête entièrement libre, et mes idées suivre leur pente sans résistance et sans gêne. Ces heures de solitude et de méditation sont les seules de la journée où je sois pleinement moi et à moi, sans diversion, sans obstacle, et où je puisse véritablement dire être ce que la nature a voulu.

J'ai bientôt senti que j'avois trop tardé d'exécuter ce projet. Mon imagination, déjà moins vive, ne s'enflamme plus comme autrefois à la contemplation de l'objet qui l'anime; je m'enivre moins du délire de la rêverie; il y a plus de réminiscence que de création dans ce qu'elle produit désormais; un tiède allanguissement énerve toutes mes facultés; l'esprit de vie s'éteint en moi par degrés; mon ame ne s'élance plus qu'avec peine hors de sa caduque enveloppe, et, sans l'espérance de l'état auquel j'aspire parce que je m'y sens avoir droit, je n'existerois plus que par des souvenirs : ainsi, pour me contempler moi-même avant mon déclin, il faut que je remonte au moins de quelques années au temps où, perdant tout espoir ici-bas, et ne trouvant plus d'aliment pour mon cœur sur la terre, je m'accoutumois peu à peu à le nourrir de sa propre substance, et à chercher toute sa pâture au-dedans de moi.

Cette ressource, dont je m'avisai trop tard, devint si féconde, qu'elle suffit bientôt pour me dédommager de tout. L'habitude de rentrer en moi-même me fit perdre enfin le sentiment et presque le souvenir de mes maux. J'appris ainsi par ma propre expérience que la source du vrai bonheur est en nous, et qu'il ne dépend pas des hommes de rendre vraiment misérable celui qui sait vouloir être heureux. Depuis quatre ou cinq ans je goûtois habituellement ces délices internes que trouvent dans la contemplation les ames aimantes et douces. Ces ravissements, ces extases, que j'éprouvois quelquefois en me promenant ainsi seul, étoient des jouissances que je devois à mes persécuteurs : sans eux je n'aurois jamais trouvé ni connu les trésors que je portois en moi-même. Au milieu de tant de richesses, comment en tenir un registre fidèle? En voulant me rappeler tant de douces rêveries, au lieu de les décrire j'y retombois. C'est un état que son souvenir ramène, et qu'on

SECONDE PROMENADE.

cesseroit bientôt de connoître en cessant tout-à-fait de le sentir.

J'éprouvai bien cet effet dans les promenades qui suivirent le projet d'écrire la suite de mes *Confessions*, surtout dans celle dont je vais parler, et dans laquelle un accident imprévu vint rompre le fil de mes idées, et leur donner pour quelque temps un autre cours.

Le jeudi 24 octobre 1776, je suivis après dîner les boulevarts jusqu'à la rue du Chemin-Vert; par laquelle je gagnois les hauteurs de Ménil-Montant; et de là, prenant les sentiers à travers les vignes et les prairies, je traversois jusqu'à Charonne le riant paysage qui sépare ces deux villages; puis je fis un détour pour revenir par les mêmes prairies, en prenant un autre chemin. Je m'amusois à les parcourir avec ce plaisir et cet intérêt que m'ont toujours donné des sites agréables, et m'arrêtant quelquefois à fixer des plantes dans la verdure. J'en aperçus deux que je voyois assez rarement autour de Paris, et que je trouvai très-abondantes dans ce canton-là. L'une est le *Picris hieracioïdes*, de la famille des composées, et l'autre le *Buplerum falcatum*, de celle des ombellifères. Cette découverte me réjouit et m'amusa très-long-temps, et finit par celle d'une plante encore plus rare, surtout dans un pays élevé, savoir le *Cerastium aquaticum*, que, malgré l'accident qui m'arriva le même jour, j'ai retrouvé dans un livre que j'avois sur moi, et placé dans mon herbier.

Enfin, après avoir parcouru en détail plusieurs autres plantes que je voyois encore en fleurs, et dont l'aspect et l'énumération qui m'étoit familière me donnoient néanmoins toujours du plaisir, je quittai peu à peu ces menues observations pour me livrer à l'impression non moins agréable, mais plus touchante, que faisoit sur moi l'ensemble de tout cela. Depuis quelques jours on avoit achevé la vendange; les promeneurs de la ville s'étoient déjà retirés, les paysans aussi quittoient les champs jusqu'aux travaux d'hiver. La campagne, encore verte et riante, mais défeuillée en partie, et déjà presque déserte, offroit partout l'image de la solitude et des approches de l'hiver. Il résultoit de son aspect un mélange d'impression douce et triste, trop analogue à mon âge et à mon sort pour que je ne m'en fisse pas l'application. Je me voyois au déclin d'une vie innocente et infortunée, l'ame encore pleine de sentiments vivaces, et l'esprit encore orné de quelques fleurs, mais déja flétries par la tristesse, et desséchées par les ennuis. Seul et délaissé, je sentois venir le froid des premières glaces, et mon imagination tarissante ne peuploit plus ma solitude d'êtres formés selon mon cœur. Je me disois en soupirant : Qu'ai-je fait ici-bas? J'étois fait pour vivre, et je meurs sans avoir vécu. Au moins ce n'a pas été ma faute, et je porterai à l'auteur de mon être, sinon l'offrande des bonnes œuvres qu'on ne m'a pas laissé faire, du moins un tribut de bonnes intentions frustrées, de sentiments sains, mais rendus sans effet, et d'une patience à l'épreuve des mépris des hommes. Je m'attendrissois sur ces réflexions; je récapitulois les mouvements de mon ame dès ma jeunesse, et pendant mon âge mûr, et depuis qu'on m'a séquestré de la société des hommes, et durant la longue retraite dans laquelle je dois achever mes jours. Je revenois avec complaisance sur toutes les affections de mon cœur, sur ses attachements si tendres, mais si aveugles, sur les idées moins tristes que consolantes dont mon esprit s'étoit nourri depuis quelques années, et je me préparois à les rappeler assez pour les décrire avec un plaisir presque égal à celui que j'avois pris à m'y livrer. Mon après-midi se passa dans ces paisibles méditations, et je m'en revenois très-content de ma journée, quand au fort de ma rêverie j'en fus tiré par l'événement qui me reste à raconter.

J'étois, sur les six heures, à la descente de Ménil-Montant, presque vis-à-vis du Galant-Jardinier, quand des personnes qui marchoient devant moi s'étant tout à coup brusquement écartées, je vis fondre sur moi un gros chien danois qui, s'élançant à toutes jambes devant un carrosse, n'eut pas même le temps de retenir sa course ou de se détourner quand il m'aperçut. Je jugeai que le seul moyen que j'avois d'éviter d'être jeté par terre étoit de faire un grand saut, si juste que le chien passât sous moi tandis que je serois en l'air. Cette idée, plus prompte que l'éclair, et que je n'eus le temps ni de raisonner ni d'exécuter, fut la dernière avant mon accident. Je ne sentis ni le coup, ni la chute, ni rien de ce qui s'ensuivit, jusqu'au moment où je revins à moi.

Il étoit presque nuit quand je repris connoissance. Je me trouvai entre les bras de trois ou quatre jeunes gens qui me racontèrent ce qui venoit de m'arriver. Le chien danois n'ayant pu retenir son élan s'étoit précipité sur mes deux jambes, et, me choquant de sa masse et de sa vitesse, m'avoit fait tomber la tête en avant; la mâchoire supérieure, portant tout le poids de mon corps, avoit frappé sur un pavé très-raboteux; et la chute avoit été d'autant plus violente, qu'étant à la descente ma tête avoit donné plus bas que mes pieds. Le carrosse auquel appartenoit le chien suivoit immédiatement, et m'auroit passé sur le corps si le cocher n'eût à l'instant retenu ses chevaux.

Voilà ce que j'appris par le récit de ceux qui m'avoient relevé et qui me soutenoient encore lorsque je revins à moi. L'état auquel je me trouvai dans cet instant est trop singulier pour n'en pas faire ici le description.

La nuit s'avançoit. J'aperçus le ciel, quelques étoiles, et un peu de verdure. Cette première sensation fut un moment délicieux. Je ne me sentois encore que par-là. Je naissois dans cet instant à la

SECONDE PROMENADE.

vie, et il me sembloit que je remplissois de ma légère existence tous les objets que j'apercevois. Tout entier au moment présent, je ne me souvenois de rien; je n'avois nulle notion distincte de mon individu, pas la moindre idée de ce qui venoit de m'arriver; je ne savois ni qui j'étois, ni où j'étois; je ne sentois ni mal, ni crainte, ni inquiétude. Je voyois couler mon sang comme j'aurois vu couler un ruisseau, sans songer seulement que ce sang m'appartînt en aucune sorte. Je sentois dans tout mon être un calme ravissant, auquel, chaque fois que je me le rappelle, je ne trouve rien de comparable dans toute l'activité des plaisirs connus.

On me demanda où je demeurois; il me fut impossible de le dire. Je demandai où j'étois; on me dit *à la Haute-Borne*, c'étoit comme si l'on m'eût dit *au mont Atlas*. Il fallut demander successivement le pays, la ville et le quartier où je me trouvois : encore cela ne put-il suffire pour me reconnoître; il me fallut tout le trajet de là jusqu'au boulevart pour me rappeler ma demeure et mon nom. Un monsieur que je ne connoissois pas, et qui eut la charité de m'accompagner quelque temps, apprenant que je demeurois si loin, me conseilla de prendre au Temple un fiacre pour me reconduire chez moi. Je marchois très-bien, très-légèrement, sans sentir ni douleur ni blessure, quoique je crachasse toujours beaucoup de sang.

Mais j'avois un frisson glacial qui faisoit claquer d'une façon très-incommode mes dents fracassées. Arrivé au Temple, je pensai que puisque je marchois sans peine, il valoit mieux continuer ainsi ma route à pied que de m'exposer à périr de froid dans un fiacre. Je fis ainsi la demi-lieue qu'il y a du Temple à la rue Plâtrière, marchant sans peine, évitant les embarras, les voitures, choisissant et suivant mon chemin tout aussi bien que j'aurois pu faire en pleine santé. J'arrive, j'ouvre le secret qu'on a fait mettre à la porte de la rue, je monte l'escalier dans l'obscurité, et j'entre enfin chez moi sans autre accident que ma chute et ses suites, dont je ne m'apercevois pas même encore alors.

Les cris de ma femme en me voyant me firent comprendre que j'étois plus maltraité que je ne pensois. Je passai la nuit sans connoître encore et sentir mon mal. Voici ce que je sentis et trouvai le lendemain. J'avois la lèvre supérieure fendue en dedans jusqu'au nez; en dehors, la peau l'avoit mieux garantie, et empêchoit la totale séparation; quatre dents enfoncées à la mâchoire supérieure, toute la partie du visage qui la couvre extrêmement enflée et meurtrie; le pouce droit foulé et très-gros; le pouce gauche grièvement blessé; le bras gauche foulé, le genou gauche aussi très-enflé, et qu'une contusion forte et douloureuse empêchoit totalement de plier. Mais avec tout ce fracas, rien de brisé, pas même une dent, bon-

SECONDE PROMENADE.

heur qui tient du prodige dans une chute comme celle-là.

Voilà très-fidèlement l'histoire de mon accident. En peu de jours cette histoire se répandit dans Paris, tellement changée et défigurée, qu'il étoit impossible d'y rien connoître. J'aurois dû compter d'avance sur cette métamorphose; mais il s'y joignit tant de circonstances bizarres, tant de propos obscurs et de réticences l'accompagnèrent, on m'en parloit d'un air si risiblement discret, que tous ces mystères m'inquiétèrent. J'ai toujours haï les ténèbres; elles m'inspirent naturellement une horreur que celles dont on m'environne depuis tant d'années n'ont pas dû diminuer. Parmi toutes les singularités de cette époque, je n'en remarquerai qu'une, mais suffisante pour faire juger des autres.

M***, avec lequel je n'avois jamais eu aucune relation, envoya son secrétaire s'informer de mes nouvelles[1], et me faire d'instantes offres de service qui ne me parurent pas, dans la circonstance,

---

[1] Corancez nous apprend que le chien et la voiture appartenoient à M. de Saint-Fargeau. Un trait du récit de Corancez, qui alla voir Rousseau le lendemain de l'événement, mérite de trouver place ici. « En entrant je fus isaisi d'une odeur de fièvre véritablement ef-
« frayante... Jamais sa figure ne sortira de ma mémoire. Outre
« l'enflure de toutes les parties de son visage.... il avoit fait coller
« de petites bandes de papier sur les blessures de ses lèvres. L'acci-
« dent étoit occasioné par un chien; il n'y avoit pas moyen de lui
« prêter des vues malfaisantes et des projets médités. Dans cet état

d'une grande utilité pour mon soulagement. Son secrétaire ne laissa pas de me presser très-vivement de me prévaloir de ses offres, jusqu'à me dire que, si je ne me fiois pas à lui, je pouvois écrire directement à M***. Ce grand empressement, et l'air de confidence qu'il y joignit, me firent comprendre qu'il y avoit sous tout cela quelque mystère que je cherchois vainement à pénétrer. Il n'en falloit pas tant pour m'effaroucher, surtout dans l'état d'agitation où mon accident et la fièvre qui s'y étoit jointe avoient mis ma tête. Je me livrois à mille conjectures inquiétantes et tristes, et je faisois sur tout ce qui se passoit autour de moi des commentaires qui marquoient plutôt le délire de la fièvre que le sang froid d'un homme qui ne prend plus d'intérêt à rien.

Un autre événement vint achever de troubler ma tranquillité. Madame *** m'avoit recherché depuis quelques années, sans que je pusse deviner pourquoi. De petits cadeaux affectés, de fréquentes visites, sans objet et sans plaisir, me marquoient assez un but secret à tout cela, mais ne me le

---

« Rousseau, restoit ce que naturellement il étoit, lorsque la corde
« de ses ennemis n'étoit point en vibration. Jamais je ne fus moins
« disposé à rire; jamais Rousseau n'avoit eu plus de raison de s'af-
« fliger. Cependant le cours de la conversation nous amena tous
« deux à des propos si gais, que le malheureux, dont le rire rou-
« vroit toutes les plaies couvertes par les petites bandes de papier, me
« demanda grâce avec des instances réitérées. » (*De J. J. Rousseau,*
page 22.)

montroient pas. Elle m'avoit parlé d'un roman qu'elle vouloit faire pour le présenter à la reine. Je lui avois dit ce que je pensois des femmes auteurs. Elle m'avoit fait entendre que ce projet avoit pour but le rétablissement de sa fortune, pour lequel elle avoit besoin de protection; je n'avois rien à répondre à cela. Elle me dit depuis que, n'ayant pu avoir accès auprès de la reine, elle étoit déterminée à donner son livre au public. Ce n'étoit plus le cas de lui donner des conseils qu'elle ne me demandoit pas, et qu'elle n'auroit pas suivis. Elle m'avoit parlé de me montrer auparavant le manuscrit. Je la priai de n'en rien faire, et elle n'en fit rien.

Un beau jour, durant ma convalescence, je reçus de sa part ce livre tout imprimé et même relié, et je vis dans la préface de si grosses louanges de moi, si maussadement plaquées et avec tant d'affection, que j'en fus désagréablement affecté. La rude flagornerie qui s'y faisoit sentir ne s'allia jamais avec la bienveillance; mon cœur ne sauroit se tromper là-dessus.

Quelques jours après, madame *** me vint voir avec sa fille[1]. Elle m'apprit que son livre faisoit le

[1] * Il nous fait connoître le nom de cette dame dans une note du *Rousseau juge de Jean-Jacques*, deuxième Dialogue. C'étoit madame la présidente d'Ormoy, auteur de plusieurs romans et opuscules depuis long-temps oubliés. Le premier de ces romans parut en 1777, et a pour titre : *les Malheurs de la jeune Émélie*, un vol. in-12. (*Note de M. Musset Pathay.*)

plus grand bruit à cause d'une note qui le lui attiroit : j'avois à peine remarqué cette note en parcourant rapidement ce roman. Je la relus après le départ de madame*** ; j'en examinai la tournure; j'y crus trouver le motif de ses visites, des cajoleries, des grosses louanges de sa préface; et je jugeai que tout cela n'avoit pour but que de disposer le public à m'attribuer la note, et par conséquent le blâme qu'elle pouvoit attirer à son auteur dans la circonstance où elle étoit publiée.

Je n'avois aucun moyen de détruire ce bruit et l'impression qu'il pouvoit faire; et tout ce qui dépendoit de moi étoit de ne pas l'entretenir, en souffrant la continuation des vaines et ostensibles visites de madame *** et de sa fille. Voici pour cet effet le billet que j'écrivis à la mère :

« Rousseau, ne recevant chez lui aucun auteur,
« remercie madame *** de ses bontés, et la prie
« de ne plus l'honorer de ses visites. »

Elle me répondit par une lettre honnête dans la forme, mais tournée comme toutes celles que l'on m'écrit en pareil cas. J'avois barbarement porté le poignard dans son cœur sensible, et je devois croire, au ton de sa lettre, qu'ayant pour moi des sentiments si vifs et si vrais elle ne supporteroit point sans mourir cette rupture. C'est ainsi que la droiture et la franchise en toute chose sont des crimes affreux dans le monde; et je paroîtrois à mes contemporains méchant et féroce quand je n'aurois à leurs yeux d'autre crime que de n'être pas faux et perfide comme eux.

J'étois déjà sorti plusieurs fois, et je me promenois même assez souvent aux Tuileries, quand je vis, à l'étonnement de plusieurs de ceux qui me rencontroient, qu'il y avoit encore à mon égard quelque autre nouvelle que j'ignorois. J'appris enfin que le bruit public étoit que j'étois mort de ma chute; et ce bruit se répandit si rapidement et si opiniâtrément, que, plus de quinze jours après que j'en fus instruit, l'on en parla à la cour comme d'une chose sûre. Le Courrier d'Avignon, à ce qu'on eut soin de m'écrire, annonçant cette heureuse nouvelle, ne manqua pas d'anticiper à cette occasion sur le tribut d'outrages et d'indignités qu'on prépare à ma mémoire après ma mort, en forme d'oraison funèbre.

Cette nouvelle fut accompagnée d'une circonstance encore plus singulière que je n'appris que par hasard, et dont je n'ai pu savoir aucun détail. C'est qu'on avoit ouvert en même temps une souscription pour l'impression des manuscrits que l'on trouveroit chez moi. Je compris par-là qu'on tenoit prêt un recueil d'écrits fabriqués tout exprès pour me les attribuer d'abord après ma mort; car de penser qu'on imprimât fidèlement aucun de ceux qu'on pourroit trouver en effet, c'étoit une bêtise qui ne pouvoit entrer dans l'esprit d'un homme sensé, et dont quinze ans d'expérience ne m'ont que trop garanti.

Ces remarques, faites coup sur coup, et suivies de beaucoup d'autres qui n'étoient guère moins étonnantes, effarouchèrent derechef mon imagination que je croyois amortie; et ces noires ténèbres, qu'on renforçoit sans relâche autour de moi, ranimèrent toute l'horreur qu'elles m'inspirent naturellement. Je me fatiguai à faire sur tout cela mille commentaires, et à tâcher de comprendre des mystères qu'on a rendus inexplicables pour moi. Le seul résultat constant de tant d'énigmes fut la confirmation de toutes mes conclusions précédentes, savoir, que la destinée de ma personne, et celle de ma réputation, ayant été fixées de concert par toute la génération présente, nul effort de ma part ne pouvoit m'y soustraire, puisqu'il m'est de toute impossibilité de transmettre aucun dépôt à d'autres âges sans le faire passer dans celui-ci par des mains intéressées à le supprimer.

Mais cette fois j'allai plus loin. L'amas de tant de circonstances fortuites, l'élévation de tous mes plus cruels ennemis, affectée, pour ainsi dire, par la fortune, tous ceux qui gouvernent l'état, tous ceux qui dirigent l'opinion publique, tous les gens en place, tous les hommes en crédit triés comme sur le volet parmi ceux qui ont contre moi quelque animosité secrète, pour concourir au commun complot, cet accord universel est trop extraordinaire pour être purement fortuit. Un seul homme qui eût refusé d'en être complice, un seul événement qui lui eût été contraire, une seule circonstance imprévue qui lui eût fait obstacle, suffisoit pour le faire échouer. Mais toutes les volontés, toutes les fatalités, la fortune, et toutes les révolutions, ont affermi l'œuvre des hommes ; et un concours si frappant, qui tient du prodige, ne peut me laisser douter que son plein succès ne soit écrit dans les décrets éternels. Des foules d'observations particulières, soit dans le passé, soit dans le présent, me confirment tellement dans cette opinion, que je ne puis m'empêcher de regarder désormais comme un de ces secrets du ciel impénétrables à la raison humaine la même œuvre que je n'envisageois jusqu'ici que comme un fruit de la méchanceté des hommes.

Cette idée, loin de m'être cruelle et déchirante, me console, me tranquillise, et m'aide à me résigner. Je ne vais pas si loin que saint Augustin, qui se fût consolé d'être damné si telle eût été la volonté de Dieu : ma résignation vient d'une source moins désintéressée, il est vrai, mais non moins pure, et plus digne à mon gré de l'Être parfait que j'adore.

Dieu est juste ; il veut que je souffre, et il sait que je suis innocent. Voilà le motif de ma confiance ; mon cœur et ma raison me crient qu'elle ne me trompera pas. Laissons donc faire les hommes et la destinée ; apprenons à souffrir sans murmure : tout doit à la fin rentrer dans l'ordre, et mon tour viendra tôt ou tard.

FIN DE LA SECONDE PROMENADE.

TROISIÈME PROMENADE.

SOMMAIRE

DE LA

TROISIÈME PROMENADE.

L'étude d'un vieillard est d'apprendre à mourir. Tableau de la philosophie moderne. Famille de Rousseau; son enfance, sa réforme, ses règles de conduite et de foi.

TROISIÈME PROMENADE.

Je deviens vieux en apprenant toujours.

Solon répétoit souvent ce vers dans sa vieillesse. Il a un sens dans lequel je pourrois le dire aussi dans la mienne ; mais c'est une bien triste science que celle que depuis vingt ans l'expérience m'a fait acquérir : l'ignorance est encore préférable. L'adversité sans doute est un grand maître ; mais ce maître fait payer cher ses leçons, et souvent le profit qu'on en retire ne vaut pas le prix qu'elles ont coûté. D'ailleurs, avant qu'on ait obtenu tout cet acquis par des leçons si tardives, l'à-propos d'en user se passe. La jeunesse est le temps d'étudier la sagesse ; la vieillesse est le temps de la pratiquer. L'expérience instruit toujours, je l'avoue ; mais elle ne profite que pour l'espace qu'on a devant soi. Est-il temps, au moment qu'il faut mourir, d'apprendre comment on auroit dû vivre ?

Eh ! que me servent des lumières si tard et si douloureusement acquises sur ma destinée, et sur les passions d'autrui dont elle est l'œuvre ? Je n'ai appris à mieux connoître les hommes que pour mieux sentir la misère où ils m'ont plongé, sans que cette connoissance, en me découvrant tous leurs piéges, m'en ait pu faire éviter aucun. Que ne suis-je resté toujours dans cette imbécile mais douce confiance qui me rendit durant tant d'années la proie et le jouet de mes bruyants amis, sans qu'enveloppé de toutes leurs trames j'en eusse même le moindre soupçon ! J'étois leur dupe et leur victime, il est vrai, mais je me croyois aimé d'eux, et mon cœur jouissoit de l'amitié qu'ils m'avoient inspirée, en leur en attribuant autant pour moi. Ces douces illusions sont détruites. La triste vérité, que le temps et la raison m'ont dévoilée, en me faisant sentir mon malheur, m'a fait voir qu'il étoit sans remède, et qu'il ne me restoit qu'à m'y résigner. Ainsi toutes les expériences de mon âge sont pour moi, dans mon état, sans utilité présente, et sans profit pour l'avenir.

Nous entrons en lice à notre naissance, nous en sortons à la mort. Que sert d'apprendre à mieux conduire son char quand on est au bout de la carrière ? Il ne reste plus à penser alors que comment on en sortira. L'étude d'un vieillard, s'il lui en reste encore à faire, est uniquement d'apprendre à mourir ; et c'est précisément celle qu'on fait le moins à mon âge ; on y pense à tout, hormis à cela. Tous les vieillards tiennent plus à la vie que les enfants, et en sortent de plus mauvaise grâce que les jeunes gens. C'est que, tous leurs travaux ayant été pour cette vie, ils voient à sa fin qu'ils ont perdu leurs peines. Tous leurs soins, tous leurs biens, tous les fruits de leurs laborieuses veilles, ils quittent tout quand ils s'en vont. Ils n'ont songé à rien acquérir durant leur vie qu'ils pussent emporter à leur mort.

Je me suis dit tout cela quand il étoit temps de me le dire ; et, si je n'ai pas mieux su tirer parti de mes réflexions, ce n'est pas faute de les avoir faites à temps, et de les avoir bien digérées. Jeté dès mon enfance dans le tourbillon du monde, j'appris de bonne heure, par l'expérience, que je n'étois pas fait pour y vivre, et que je n'y parviendrois jamais à l'état dont mon cœur sentoit le besoin. Cessant donc de chercher parmi les hommes le bonheur que je sentois n'y pouvoir trouver, mon ardente imagination sautoit déjà par-dessus l'espace de ma vie, à peine commencée, comme sur un terrain qui m'étoit étranger, pour se reposer sur une assiette tranquille où je pusse me fixer.

Ce sentiment, nourri par l'éducation dès mon enfance, et renforcé durant toute ma vie, par ce long tissu de misères et d'infortunes qui l'a remplie, m'a fait chercher, dans tous les temps, à connoître la nature et la destination de mon être avec plus d'intérêt et de soin que je n'en ai trouvé dans aucun autre homme. J'en ai beaucoup vu qui philosophoient bien plus doctement que moi, mais leur philosophie leur étoit pour ainsi dire étrangère. Voulant être plus savants que d'autres, ils étudioient l'univers pour savoir comment il étoit arrangé, comme ils auroient étudié quelque machine qu'ils auroient aperçue, par pure curiosité. Ils étudioient la nature humaine pour en pouvoir parler savamment, mais non pas pour se connoître; ils travailloient pour instruire les autres, mais non pas pour s'éclairer en dedans. Plusieurs d'entre eux ne vouloient que faire un livre, n'importoit quel, pouvu qu'il fût accueilli. Quand le leur étoit fait et publié, son contenu ne les intéressoit plus en aucune sorte, si ce n'est pour le faire adopter aux autres et pour le défendre au cas qu'il fût attaqué; mais du reste sans en rien tirer pour leur propre usage, sans s'embarrasser même que ce contenu fût faux ou vrai, pourvu qu'il ne fût pas réfuté. Pour moi, quand j'ai désiré d'apprendre, c'étoit pour savoir moi-même et non pas pour enseigner; j'ai toujours cru qu'avant d'instruire les autres il falloit commencer par savoir assez pour soi; et de toutes les études que j'ai tâché de faire en ma vie au milieu des hommes, il n'y en a guère que je n'eusse faites également seul dans une île déserte où j'aurois été confiné pour le reste de mes jours. Ce qu'on doit faire dépend beaucoup de ce qu'on doit croire; et, dans tout ce qui ne tient pas aux premiers besoins de la nature, nos opinions sont la règle de nos actions. Dans ce principe, qui fut toujours le mien, j'ai cherché souvent et long-temps, pour diriger l'emploi de ma vie, à connoître sa véritable fin, et je me suis bientôt consolé de mon peu d'aptitude à me conduire habilement dans ce monde, en sentant qu'il n'y falloit pas chercher cette fin.

Né dans une famille où régnoient les mœurs et la piété, élevé ensuite avec douceur chez un ministre plein de sagesse et de religion, j'avois reçu dès ma plus tendre enfance des principes, des maximes, d'autres diroient des préjugés qui ne m'ont jamais tout-à-fait abandonné. Enfant encore, et livré à moi-même, alléché par des caresses, séduit par la vanité, leurré par l'espérance, forcé par la nécessité, je me fis catholique, mais je demeurai toujours chrétien; et bientôt, gagné par l'habitude, mon cœur s'attacha sincèrement à ma nouvelle religion. Les instructions, les exemples de madame de Warens, m'affermirent dans cet attachement. La solitude champêtre où j'ai passé la fleur de ma jeunesse, l'étude des bons livres à laquelle je me livrai tout entier, renforcèrent auprès d'elle mes dispositions naturelles aux sentiments affectueux, et me rendirent dévot presque à la manière de Fénélon. La méditation dans la retraite, l'étude de la nature, la contemplation de l'univers, forcent un solitaire à s'élancer incessamment vers l'auteur des choses, et à chercher avec une douce inquiétude la fin de tout ce qu'il voit et la cause de tout ce qu'il sent. Lorsque ma destinée me rejeta dans le torrent du monde, je n'y retrouvai plus rien qui pût flatter un moment mon cœur. Le regret de mes doux loisirs me suivit partout, et jeta l'indifférence et le dégoût sur tout ce qui pouvoit se trouver à ma portée, propre à mener à la fortune et aux honneurs. Incertain dans mes inquiets désirs, j'espérois peu, j'obtins moins, et je sentis, dans des lueurs même de prospérité, que, quand j'aurois obtenu tout ce que je croyois chercher, je n'y aurois point trouvé ce bonheur dont mon cœur étoit avide sans en savoir démêler l'objet. Ainsi tout contribuoit à détacher mes affections de ce monde, même avant les malheurs qui devoient m'y rendre tout-à-fait étranger. Je parvins jusqu'à l'âge de quarante ans, flottant entre l'indigence et la fortune, entre la sagesse et l'égarement, plein de vices d'habitude sans aucun mauvais penchant dans le cœur, vivant au hasard sans principes bien décidés par ma raison, et distrait sur mes devoirs sans les mépriser, mais souvent sans les bien connoître.

Dès ma jeunesse j'avois fixé cette époque de quarante ans comme le terme de mes efforts pour parvenir, et celui de mes prétentions en tout genre; bien résolu, dès cet âge atteint et dans quelque situation que je fusse, de ne plus me débattre pour en sortir, et de passer le reste de mes jours à vivre au jour la journée sans plus m'occuper de l'avenir. Le moment venu, j'exécutai ce projet sans peine, et, quoique alors ma fortune semblât vouloir prendre une assiette plus fixe, j'y renonçai, non seulement sans regret, mais avec un plaisir véritable. En me délivrant de tous ces leurres, de toutes ces vaines espérances, je me livrai pleinement à l'incurie et au repos d'esprit qui fut toujours mon goût le plus dominant et mon penchant le plus durable. Je quittai le monde et ses pompes. Je renonçai à toutes parures; plus d'épée, plus de montre, plus de bas blancs, de dorure, de coiffure; une perruque toute simple, un bon gros habit de drap; et, mieux que tout cela, je déracinai de mon cœur les cupidités et les convoitises qui donnent du prix à tout ce que je quittois. Je renonçai à la place que j'occupois alors, pour laquelle je n'étois nullement propre, et je me mis à copier de la musique à tant la page, occupation pour laquelle j'avois eu toujours un goût décidé.

Je ne bornai pas ma réforme aux choses extérieures. Je sentis que celle-là même en exigeoit une autre plus pénible, sans doute, mais plus nécessaire dans les opinions; et, résolu de n'en pas faire à deux fois, j'entrepris de soumettre mon intérieur à un examen sévère qui le réglât pour le reste de ma vie tel que je voulois le trouver à ma mort.

Une grande révolution qui venoit de se faire en moi; un autre monde moral qui se dévoiloit à mes regards; les insensés jugements des hommes, dont, sans prévoir encore combien j'en serois la victime, je commençois à sentir l'absurdité ; le besoin toujours croissant d'un autre bien que la gloriole littéraire dont à peine la vapeur m'avoit atteint que j'en étois déjà dégoûté ; le désir enfin de tracer pour le reste de ma carrière une route moins incertaine que celle dans laquelle j'en venois de passer la plus belle moitié, tout m'obligeoit à cette grande revue dont je sentois depuis long-temps le besoin. Je l'entrepris donc, et je ne négligeai rien de ce qui dépendoit de moi pour bien exécuter cette entreprise.

C'est de cette époque que je puis dater mon entier renoncement au monde, et ce goût vif pour la solitude, qui ne m'a plus quitté depuis ce temps-là. L'ouvrage que j'entreprenois ne pouvoit s'exécuter que dans une retraite absolue ; il demandoit de longues et paisibles méditations que le tumulte de la société ne souffre pas. Cela me força de prendre pour un temps une autre manière de vivre dont ensuite je me trouvai si bien, que, ne l'ayant interrompue depuis lors que par force et pour peu d'instants, je l'ai reprise de tout mon cœur et m'y suis borné sans peine, aussitôt que je l'ai pu ; et quand ensuite les hommes m'ont réduit à vivre seul, j'ai trouvé qu'en me séquestrant pour me rendre misérable, ils avoient plus fait pour mon bonheur que je n'avois su faire moi-même.

Je me livrai au travail que j'avois entrepris avec

un zèle proportionné et à l'importance de la chose, et au besoin que je sentois en avoir. Je vivois alors avec des philosophes modernes qui ne ressembloient guère aux anciens : au lieu de lever mes doutes et de fixer mes irrésolutions, ils avoient ébranlé toutes les certitudes que je croyois avoir sur les points qu'il m'importoit le plus de connoître : car, ardents missionnaires d'athéisme et très-impérieux dogmatiques, ils n'enduroient point sans colère que, sur quelque point que ce pût être, on osât penser autrement qu'eux. Je m'étois défendu souvent assez foiblement par haine pour la dispute, et par peu de talent pour la soutenir; mais jamais je n'adoptai leur désolante doctrine, et cette résistance à des hommes aussi intolérants, qui d'ailleurs avoient leurs vues, ne fut pas une des moindres causes qui attisèrent leur animosité.

Ils ne m'avoient pas persuadé, mais ils m'avoient inquiété. Leurs arguments m'avoient ébranlé sans m'avoir jamais convaincu ; je n'y trouvois point de bonne réponse, mais je sentois qu'il y en devoit avoir. Je m'accusois moins d'erreur que d'ineptie, et mon cœur leur répondoit mieux que ma raison.

Je me dis enfin : Me laisserai-je éternellement ballotter par les sophismes des mieux disants, dont je ne suis pas même sûr que les opinions qu'ils prêchent et qu'ils ont tant d'ardeur à faire adopter aux autres soient bien les leurs à eux-mêmes? Leurs passions, qui gouvernent leur doctrine, leur intérêt de faire croire ceci ou cela, rendent impossible à pénétrer ce qu'ils croient eux-mêmes. Peut-on chercher de la bonne foi dans des chefs de parti? Leur philosophie est pour les autres; il m'en faudroit une pour moi. Cherchons-la de toutes mes forces tandis qu'il est temps encore, afin d'avoir une règle fixe de conduite pour le reste de mes jours. Me voilà dans la maturité de l'âge, dans toute la force de l'entendement: déjà je touche au déclin; si j'attends encore, je n'aurai plus, dans ma délibération tardive, l'usage de toutes mes forces; mes facultés intellectuelles auront déjà perdu de leur activité; je ferai moins bien ce que je puis faire aujourd'hui de mon mieux possible, saisissons ce moment favorable : il est l'époque de ma réforme externe et matérielle, qu'il soit aussi celle de ma réforme intellectuelle et morale. Fixons une bonne fois mes opinions, mes principes; et soyons pour le reste de ma vie ce que j'aurai trouvé devoir être après y avoir bien pensé.

J'exécutai ce projet lentement et à diverses reprises, mais avec tout l'effort et toute l'attention dont j'étois capable. Je sentois vivement que le repos du reste de mes jours et mon sort total en dépendoient. Je m'y trouvai d'abord dans un tel labyrinthe d'embarras, de difficultés, d'objections, de tortuosités, de ténèbres, que vingt fois tenté de tout abandonner, je fus près, renonçant à de vaines recherches, de m'en tenir, dans mes délibérations, aux règles de la prudence commune, sans plus en chercher dans des principes que j'avois tant de peine à débrouiller; mais cette prudence même m'étoit tellement étrangère, je me sentois si peu propre à l'acquérir, que la prendre pour mon guide n'étoit autre chose que vouloir, à travers les mers et les orages, chercher, sans gouvernail, sans boussole, un fanal presque inaccessible; et qui ne m'indiquoit aucun port.

Je persistai : pour la première fois de ma vie j'eus du courage, et je dois à son succès d'avoir pu soutenir l'horrible destinée qui dès-lors commençoit à m'envelopper, sans que j'en eusse le moindre soupçon. Après les recherches les plus ardentes et les plus sincères qui jamais peut-être aient été faites par aucun mortel, je me décidai pour toute ma vie sur tous les sentiments qu'il m'importoit d'avoir; et si j'ai pu me tromper dans mes résultats, je suis sûr au moins que mon erreur ne peut m'être imputée à crime : car j'ai fait tous mes efforts pour m'en garantir. Je ne doute point, il est vrai, que les préjugés de l'enfance et les vœux secrets de mon cœur n'aient fait pencher la balance du côté le plus consolant pour moi. On se défend difficilement de croire ce qu'on désire avec tant d'ardeur; et qui peut douter que l'intérêt d'admettre ou rejeter les jugements de l'autre vie ne détermine la foi de la plupart des hommes sur leur espérance ou leur crainte? Tout cela pouvoit fasciner mon jugement, j'en conviens, mais non pas altérer ma bonne foi; car je craignois de me tromper sur toute chose. Si tout consistoit dans l'usage de cette vie, il m'importoit de le savoir, pour en tirer du moins le meilleur parti qu'il dépendroit de moi, tandis qu'il étoit encore temps, et n'être pas tout-à-fait dupe. Mais ce que j'avois le plus à redouter au monde, dans la disposition où je me sentois, étoit d'exposer le sort éternel de mon ame pour la jouissance des biens de ce monde, qui ne m'ont jamais paru d'un grand prix.

J'avoue encore que je ne levai pas toujours à ma satisfaction toutes ces difficultés qui m'avoient embarrassé, et dont nos philosophes avoient si souvent rebattu mes oreilles. Mais, résolu de me décider enfin sur des matières où l'intelligence humaine a si peu de prise, et trouvant de toutes parts des mystères impénétrables et des objections insolubles, j'adoptai dans chaque question le sentiment qui me parut le mieux établi directement, le plus croyable en lui-même, sans m'arrêter aux objections que je ne pouvois résoudre, mais qui se rétorquoient par d'autres objections non moins fortes dans le système opposé. Le ton dogmatique sur ces matières ne convient qu'à des charlatans; mais il importe d'avoir un sentiment pour soi, et de le choisir avec toute la maturité de jugement qu'on y peut mettre. Si malgré cela nous tombons dans l'erreur, nous n'en saurions porter la peine en bonne justice, puisque nous n'en aurons point la coulpe. Voilà le principe inébranlable qui sert de base à ma sécurité.

Le résultat de mes pénibles recherches fut tel, à peu près, que je l'ai consigné depuis dans la Profession de foi du vicaire savoyard, ouvrage indignement prostitué et profané dans la génération présente, mais qui peut faire un jour révolution parmi les hommes, si jamais il y renaît du bon sens et de la bonne foi.

Depuis lors, resté tranquille dans les principes que j'avois adoptés après une méditation si longue et si réfléchie, j'en ai fait la règle immuable de ma conduite et de ma foi, sans plus m'inquiéter ni des objections que je n'avois pu résoudre, ni de celles que je n'avois pu prévoir, et qui se présentoient nouvellement de temps à autre à mon esprit. Elles m'ont inquiété quelquefois, mais elles ne m'ont jamais ébranlé. Je me suis toujours dit : Tout cela ne sont que des arguties et des subtilités métaphysiques, qui ne sont d'aucun poids auprès des principes fondamentaux adoptés par ma raison, confirmés par mon cœur, et qui tous portent le sceau de l'assentiment intérieur dans le silence des passions. Dans des matières si supérieures à l'entendement humain, une objection que je ne puis résoudre renversera-t-elle tout un corps de doctrine si solide, si bien liée, et formée avec tant de méditation et de soin, si bien appropriée à ma raison, à mon cœur, à tout mon être, et renforcée de l'assentiment intérieur que je sens manquer à toutes les autres? Non, de vaines argumentations ne détruiront jamais la convenance que j'aperçois entre ma nature immortelle et la constitution de ce monde, et l'ordre physique que j'y vois régner: j'y trouve dans l'ordre moral correspondant, et dont le système est le résultat de mes recherches, les appuis dont j'ai besoin pour supporter les misères de ma vie. Dans tout autre système je vivrois sans ressource, et je mourrois sans espoir; je serois la plus malheureuse des créatures. Tenons-nous en donc à celui qui seul suffit pour me rendre heureux en dépit de la fortune et des hommes.

Cette délibération et la conclusion que j'en tirai ne semblent-elles pas avoir été dictées par le ciel même pour me préparer à la destinée qui m'attendoit, et me mettre en état de la soutenir? Que serois-je devenu, que deviendrois-je encore dans les angoisses affreuses qui m'attendoient et dans l'incroyable situation où je suis réduit pour le reste de ma vie, si, resté sans asile où je pusse échapper à mes implacables persécuteurs, sans dédommagement des opprobres qu'ils me font essuyer en ce monde, et sans espoir d'obtenir jamais la justice qui m'étoit due, je m'étois vu livré tout entier au plus horrible sort qu'ait éprouvé sur la terre aucun mortel ? Tandis que, tranquille dans mon innocence, je n'imaginois qu'estime et bienveillance pour moi parmi les hommes ; tandis que mon cœur ouvert et confiant s'épanchoit avec des amis et des frères, les traîtres m'enlaçoient, en silence, des rets forgés au fond des enfers. Surpris par les plus imprévus de tous les malheurs et les plus terribles pour une ame fière, traîné dans la fange sans jamais savoir par qui ni pourquoi, plongé dans un abîme d'ignominie, enveloppé d'horribles ténèbres à travers lesquelles je n'aperçois que de sinistres objets, à la première surprise je fus terrassé ; et jamais je ne serois revenu de l'abattement où me jeta ce genre imprévu de malheurs, si je ne m'étois ménagé d'avance des forces pour me relever dans mes chutes.

Ce ne fut qu'après des années d'agitation que, reprenant enfin mes esprits et commençant de rentrer en moi-même, je sentis le prix des ressources que je m'étois ménagées pour l'adversité. Décidé sur toutes les choses dont il m'importoit de juger, je vis, en comparant mes maximes à ma situation, que je donnois aux insensés jugements des hommes, et aux petits événements de cette courte vie, beaucoup plus d'importance qu'ils n'en avoient ; que cette vie n'étant qu'un état d'épreuves, il importoit peu que ces épreuves fussent de telle ou telle sorte, pourvu qu'il en résultât l'effet auquel elles étoient destinées, et que, par conséquent, plus les épreuves étoient grandes, fortes, multipliées, plus il étoit avantageux de les savoir soutenir. Toutes les plus vives peines perdent leur force pour quiconque en voit le dédommagement grand et sûr, et la certitude de ce dédommagement étoit le principal fruit que j'avois retiré de mes méditations précédentes.

Il est vrai qu'au milieu des outrages sans nombre et des indignités sans mesure dont je me sentois accablé de toutes parts, des intervalles d'inquiétude et de doute venoient, de temps à autre, ébranler mon espérance et troubler ma tranquillité. Les puissantes objections que je n'avois pu résoudre se présentoient alors à mon esprit avec plus de force, pour achever de m'abattre précisément dans les moments où, surchargé du poids de ma destinée, j'étois prêt à tomber dans le découragement ; souvent des arguments nouveaux, que j'entendois faire, me revenoient dans l'esprit à l'appui de ceux qui m'avoient déjà tourmenté. Ah ! me disois-je alors dans des serrements de cœur prêts à m'étouffer, qui me garantira du désespoir, si, dans l'horreur de mon sort, je ne vois plus que des chimères dans les consolations que me fournissoit ma raison ; si, détruisant ainsi son propre ouvrage, elle renverse tout l'appui d'espérance et de confiance qu'elle m'avoit ménagé dans l'adversité ? Quel appui que des illusions qui ne bercent que moi seul au monde! Toute la génération présente ne voit qu'erreurs et préjugés dans les sentiments dont je me nourris seul : elle trouve la vérité, l'évidence dans le système contraire au mien; elle semble même ne pouvoir croire que je l'adopte de bonne foi; et moi-même, en m'y livrant de toute ma volonté, j'y trouve des difficultés insurmontables qu'il m'est impossible de résoudre, et qui ne m'empêchent pas d'y persister. Suis-je donc seul sage, seul éclairé, parmi les mortels? Pour croire que les choses sont ainsi, suffit-il qu'elles me conviennent? puis-je prendre une confiance éclairée en des apparences qui n'ont rien de solide aux yeux du reste des hommes, et qui me sembleroient illusoires à moi-même si mon cœur ne soutenoit pas ma raison? N'eût-il pas mieux valu combattre mes persécuteurs à armes égales en adoptant leurs maximes, que de rester sur les chimères des miennes en proie à leurs atteintes sans agir pour les repousser? Je me crois sage, et je ne suis que dupe, victime et martyr d'une vaine erreur.

Combien de fois, dans ces moments de doute et d'incertitude, je fus prêt à m'abandonner au désespoir! Si jamais j'avois passé dans cet état un mois entier, c'étoit fait de ma vie et de moi. Mais ces crises, quoique autrefois assez fréquentes, ont toujours été courtes; et maintenant que je n'en suis pas délivré tout-à-fait encore, elles sont si rares et si rapides, qu'elles n'ont pas même la force de troubler mon repos. Ce sont de légères inquiétudes qui n'affectent pas plus mon ame qu'une plume qui tombe dans la rivière ne peut altérer le cours de l'eau. J'ai senti que remettre en délibération les mêmes points sur lesquels je m'étois ci-devant décidé, étoit me supposer de nouvelles lumières ou le jugement plus formé, ou plus de zèle pour la vérité que je n'avois lors de mes recherches; qu'aucun de ces cas n'étant ni ne pouvant être le mien, je ne pouvois préférer, par aucune raison solide, des opinions qui, dans l'accablement du désespoir, ne me tentoient que pour augmenter ma misère, à des sentiments adoptés dans la vigueur de l'âge, dans toute la maturité de l'esprit, après l'examen le plus réfléchi, et dans des temps où le calme de ma vie ne me laissoit d'autre intérêt dominant que celui de connoître la vérité. Aujourd'hui que mon cœur serré de détresse, mon ame affaissée par les ennuis, mon imagination effarouchée, ma tête troublée par tant d'affreux mystères dont je suis environné, aujourd'hui que toutes mes facultés, affoiblies par la vieillesse et les angoisses, ont perdu tout leur ressort, irai-je m'ôter à plaisir toutes les ressources que je m'étois ménagées, et donner plus de confiance à ma raison déclinante pour me rendre injustement malheureux, qu'à ma raison pleine et vigoureuse pour me dédommager des maux que je souffre sans les avoir mérités? Non, je ne suis ni plus sage ni mieux instruit, ni de meilleure foi, que quand je me décidai sur ces grandes questions : je n'ignorois pas alors les difficultés dont je me laisse troubler aujourd'hui ; elles ne m'arrêtèrent pas, et s'il s'en présente quelques nouvelles dont on ne s'étoit pas encore avisé, ce sont les sophismes d'une subtile métaphysique, qui ne sauroient balancer les vérités éternelles admises de tous les temps, par tous les sages, reconnues par toutes les nations, et gravées dans le cœur humain en caractères ineffaçables. Je savois, en méditant sur ces matières, que l'entendement humain, circonscrit par les sens, ne les pouvoit embrasser dans toute leur étendue : je m'en tins donc à ce qui étoit à ma portée sans m'engager dans ce qui la passoit. Ce parti étoit raisonnable ; je l'embrassai jadis, et m'y tins avec l'assentiment de mon cœur et de ma raison. Sur quel fondement y renoncerois-je aujourd'hui que tant de puissants motifs m'y doivent tenir attaché ? quel danger vois-je à le suivre ? quel profit trouverois-je à l'abandonner ? En prenant la doctrine de mes persécuteurs, prendrois-je aussi leur morale ? cette morale sans racine et sans fruit, qu'ils étalent pompeusement dans des livres ou dans quelque action d'éclat sur le théâtre, sans qu'il en pénètre jamais rien dans le cœur ni dans la raison ; ou bien cette autre morale secrète et cruelle, doctrine intérieure de tous leurs initiés, à laquelle l'autre ne sert que de masque, qu'ils suivent seule dans leur conduite, et qu'ils ont si habilement pratiquée à mon égard. Cette morale, purement offensive, ne sert point à la défense, et n'est bonne qu'à l'agression. De quoi me serviroit-elle dans l'état où ils m'ont réduit? Ma seule innocence me soutient dans les malheurs, et combien me rendrois-je plus malheureux encore, si, m'ôtant cette unique mais puissante ressource, j'y substituois la méchanceté! Les atteindrois-je dans l'art de nuire? et, quand j'y réussirois, de quel mal me soulageroit celui que je leur pourrois faire? Je perdrois ma propre estime, et je ne gagnerois rien à la place.

C'est ainsi que, raisonnant avec moi-même, je parvins à ne plus me laisser ébranler dans mes principes par des arguments captieux, par des objections insolubles, et par des difficultés qui passoient ma portée et peut-être celle de l'esprit humain. Le mien, restant dans la plus solide assiette que j'avois pu lui donner, s'accoutuma si bien à s'y reposer à l'abri de ma conscience, qu'aucune doctrine étrangère, ancienne ou nouvelle, ne peut plus l'émouvoir, ni troubler un instant mon repos. Tombé dans la langueur et l'appesantissement d'esprit, j'ai oublié jusqu'aux raisonnements sur lesquels je fondois ma croyance et mes maximes; mais je n'oublierai jamais les conclusions que j'en ai tirées avec l'approbation de ma conscience et de ma raison, je m'y tiens désormais.

Que tous les philosophes viennent ergoter contre, ils perdront leur temps et leurs peines : je me tiens, pour le reste de ma vie, en toutes choses, au parti que j'ai pris quand j'étois plus en état de bien choisir.

Tranquille dans ces dispositions, j'y trouve, avec le contentement de moi, l'espérance et les consolations dont j'ai besoin dans ma situation : il n'est pas possible qu'une solitude aussi complète, aussi permanente, aussi triste en elle-même, l'animosité toujours sensible et toujours active de toute la génération présente, les indignités dont elle m'accable sans cesse, ne me jettent quelquefois dans l'abattement ; l'espérance ébranlée, les doutes décourageants reviennent encore de temps à autre troubler mon ame et la remplir de tristesse. C'est alors qu'incapable des opérations de l'esprit nécessaires pour me rassurer moi-même, j'ai besoin de me rappeler mes anciennes résolutions : les soins, l'attention, la sincérité du cœur, que j'ai mis à les prendre, reviennent alors à mon souvenir, et me rendent toute ma confiance. Je me refuse ainsi à toutes nouvelles idées comme à des erreurs funestes qui n'ont qu'une fausse apparence et ne sont bonnes qu'à troubler mon repos.

Ainsi retenu dans l'étroite sphère de mes anciennes connoissances, je n'ai pas, comme Solon, le bonheur de pouvoir m'instruire chaque jour en vieillissant, et je dois même me garantir du dangereux orgueil de vouloir apprendre ce que je suis désormais hors d'état de bien savoir. Mais s'il me reste peu d'acquisitions à espérer du côté des lumières utiles, il m'en reste de bien importantes à faire du côté des vertus nécessaires à mon état : c'est là qu'il seroit temps d'enrichir et d'orner mon ame d'un acquis qu'elle pût emporter avec elle : lorsque délivrée de ce corps qui l'offusque et l'aveugle, et voyant la vérité sans voile, elle apercevra la misère de toutes ces connoissances dont nos faux savants sont si vains, elle gémira des moments perdus en cette vie à les vouloir acquérir. Mais la patience, la douceur, la résignation, l'intégrité, la justice impartiale, sont un bien qu'on emporte avec soi, et dont on peut s'enrichir sans cesse, sans craindre que la mort même nous en fasse perdre le prix : c'est à cette unique et utile étude que je consacre le reste de ma vieillesse. Heureux si, par mes progrès sur moi-même, j'apprends à sortir de la vie, non meilleur, car cela n'est pas possible, mais plus vertueux que je n'y suis entré !

FIN DE LA TROISIÈME PROMENADE.

QUATRIÈME PROMENADE.

SOMMAIRE

DE LA

QUATRIÈME PROMENADE.

Rousseau aime le bon Plutarque; c'est le livre qui lui profite le plus. Il a à se plaindre de l'abbé Royou. Il se rappelle un mensonge de sa jeunesse qui l'afflige beaucoup. Dissertation sur le mensonge et sur le temple de Gnide. Portrait d'un homme vrai. Il répond mal à une question qu'on lui fait à table. Il a plus souvent gardé le silence sur le bien qu'il a fait que sur le mal. Exemples qu'il en donne.

QUATRIÈME PROMENADE.

Dans le petit nombre de livres que je lis quelquefois encore, Plutarque est celui qui m'attache et me profite le plus. Ce fut la première lecture de mon enfance, ce sera la dernière de ma vieillesse : c'est presque le seul auteur que je n'ai jamais lu sans en tirer quelque fruit. Avant-hier, je lisois dans ses œuvres morales le traité *Comment on pourra tirer utilité de ses ennemis*. Le même jour, en rangeant quelques brochures qui m'ont été envoyées par les auteurs, je tombai sur un des journaux de l'abbé Royou, au titre duquel il avoit mis ces paroles, *vitam vero impendenti, Royou*[1]. Trop au fait des tournures de ces messieurs pour prendre le change sur celle-là, je compris qu'il avoit cru sous cet air de politesse me dire une cruelle contre-vérité ; mais sur quoi fondé ? Pourquoi ce sarcasme ? Quel sujet y pouvois-je avoir donné ? Pour mettre à profit les leçons du bon

---

[1] * Ce nom n'est indiqué dans l'édition de Genève que par l'initiale R. — Où l'éditeur de 1801, copié en cela par ceux qui l'ont suivi, a-t-il trouvé qu'il étoit question ici de l'abbé Raynal, qui n'a jamais fait aucun journal? Ceci ne peut évidemment s'appliquer qu'à l'abbé Royou, qui, Fréron étant mort, étoit alors un des principaux collaborateurs de l'*Année littéraire*. (*Note de M. Petitain.*)

Plutarque, je résolus d'employer à m'examiner sur le mensonge la promenade du lendemain, et j'y vins bien confirmé dans l'opinion déjà prise que le *Connois-toi toi-même* du temple de Delphes n'étoit pas une maxime si facile à suivre que je l'avois cru dans mes Confessions.

Le lendemain, m'étant mis en marche pour exécuter cette résolution, la première idée qui me vint, en commençant à me recueillir, fut celle d'un mensonge affreux fait dans ma première jeunesse [1], dont le souvenir m'a troublé toute ma vie, et vient, jusque dans ma vieillesse, contrister encore mon cœur déjà navré de tant d'autres façons. Ce mensonge, qui fut un grand crime en lui-même, en dut être un plus grand encore par ses effets que j'ai toujours ignorés, mais que le remords m'a fait supposer aussi cruels qu'il étoit possible. Cependant, à ne considérer que la disposition où j'étois en le faisant, ce mensonge ne fut qu'un fruit de la mauvaise honte; et bien loin qu'il partît d'une intention de nuire à celle qui en fut la victime, je puis jurer à la face du ciel qu'à l'instant même où cette honte invincible me l'arrachoit, j'aurois donné tout mon sang avec joie pour en détourner l'effet sur moi seul : c'est un délire que je ne puis expliquer qu'en disant, comme je le crois sentir, qu'en cet instant mon naturel timide subjugua tous les vœux de mon cœur.

[1] * Voyez *Confessions*, liv. II, tom. I.

QUATRIÈME PROMENADE.

Le souvenir de ce malheureux acte, et les inextinguibles regrets qu'il m'a laissés, m'ont inspiré pour le mensonge une horreur qui a dû garantir mon cœur de ce vice pour le reste de ma vie. Lorsque je pris ma devise je me sentois fait pour la mériter, et je ne doutois pas que je n'en fusse digne quand, sur le mot de l'abbé Royou, je commençai de m'examiner plus sérieusement.

Alors, en m'épluchant avec plus de soin, je fus bien surpris du nombre de choses de mon invention que je me rappelois avoir dites comme vraies dans le même temps où, fier en moi-même de mon amour pour la vérité, je lui sacrifiois ma sûreté, mes intérêts, ma personne, avec une impartialité dont je ne connois nul autre exemple parmi les humains.

Ce qui me surprit le plus étoit qu'en me rappelant ces choses controuvées, je n'en sentois aucun vrai repentir. Moi dont l'horreur pour la fausseté n'a rien dans mon cœur qui la balance, moi qui braverois les supplices s'il les falloit éviter par un mensonge, par quelle bizarre inconséquence mentois-je ainsi de gaieté de cœur sans nécessité, sans profit, et par quelle inconcevable contradiction n'en sentois-je pas le moindre regret, moi que le remords d'un mensonge n'a cessé d'affliger pendant cinquante ans! Je ne me suis jamais endurci sur mes fautes : l'instinct moral m'a toujours bien conduit, ma conscience a gardé sa première intégrité, et quand même elle se seroit altérée en se pliant à mes intérêts, comment, gardant toute sa droiture dans les occasions où l'homme, forcé par ses passions, peut au moins s'excuser sur sa foiblesse, la perd-elle uniquement dans les choses indifférentes où le vice n'a point d'excuse? Je vis que de la solution de ce problème dépendoit la justesse du jugement que j'avois à porter en ce point sur moi-même; et après l'avoir bien examiné, voici de quelle manière je parvins à me l'expliquer.

Je me souviens d'avoir lu dans un livre de philosophie que mentir c'est cacher une vérité que l'on doit manifester. Il suit bien de cette définition que taire une vérité qu'on n'est pas obligé de dire n'est pas mentir : mais celui qui, non content en pareil cas de ne pas dire la vérité, dit le contraire, ment-il alors, ou ne ment-il pas? Selon la définition, l'on ne sauroit dire qu'il ment; car s'il donne de la fausse monnoie à un homme auquel il ne doit rien, il trompe cet homme, sans doute, mais il ne le vole pas.

Il se présente ici deux questions à examiner, très-importantes l'une et l'autre : la première, quand et comment on doit à autrui la vérité, puisqu'on ne la doit pas toujours; la seconde, s'il est des cas où l'on puisse tromper innocemment. Cette seconde question est très-décidée, je le sais bien : négativement dans les livres, où la plus austère morale ne coûte rien à l'auteur ; affirmativement dans la société, où la morale des livres passe pour un bavardage impossible à pratiquer. Laissons donc ces autorités qui se contredisent, et cherchons, par mes propres principes, à résoudre pour moi ces questions.

La vérité générale et abstraite est le plus précieux de tous les biens : sans elle l'homme est aveugle ; elle est l'œil de la raison. C'est par elle que l'homme apprend à se conduire, à être ce qu'il doit être ; à faire ce qu'il doit faire, à tendre à sa véritable fin. La vérité particulière et individuelle n'est pas toujours un bien ; elle est quelquefois un mal, très-souvent une chose indifférente. Les choses qu'il importe à un homme de savoir, et dont la connoissance est nécessaire à son bonheur, ne sont peut-être pas en grand nombre ; mais en quelque nombre qu'elles soient, elles sont un bien qui lui appartient, qu'il a droit de réclamer partout où il le trouve, et dont on ne peut le frustrer sans commettre le plus inique de tous les vols, puisqu'elle est de ces biens communs à tous dont la communication n'en prive point celui qui le donne.

Quant aux vérités qui n'ont aucune sorte d'utilité, ni pour l'instruction, ni dans la pratique, comment seroient-elles un bien dû, puisqu'elles ne sont pas même un bien ? et puisque la propriété n'est fondée que sur l'utilité, où il n'y a point d'utilité possible il ne peut y avoir de propriété.

On peut réclamer un terrain quoique stérile, parce qu'on peut au moins habiter sur le sol; mais qu'un fait oiseux, indifférent à tous égards, et sans conséquence pour personne, soit vrai ou faux, cela n'intéresse qui que ce soit. Dans l'ordre moral rien n'est inutile, non plus que dans l'ordre physique : rien ne peut être dû de ce qui n'est bon à rien ; pour qu'une chose soit due, il faut qu'elle soit ou puisse être utile. Ainsi, la vérité due est celle qui intéresse la justice, et c'est profaner ce nom sacré de vérité que de l'appliquer aux choses vaines dont l'existence est indifférente à tous, et dont la connoissance est inutile à tout. La vérité, dépouillée de toute espèce d'utilité même possible, ne peut donc pas être une chose due; et, par conséquent, celui qui la tait ou la déguise ne ment point.

Mais est-il de ces vérités si parfaitement stériles qu'elles soient de tout point inutiles à tout? C'est un autre article à discuter, et auquel je reviendrai tout-à-l'heure. Quant à présent, passons à la seconde question.

Ne pas dire ce qui est vrai, et dire ce qui est faux, sont deux choses très-différentes, mais dont peut néanmoins résulter le même effet, car ce résultat est assurément bien le même toutes les fois que cet effet est nul. Partout où la vérité est indifférente, l'erreur contraire est indifférente aussi : d'où il suit qu'en pareil cas celui qui trompe en disant le contraire de la vérité n'est pas plus injuste que celui qui trompe en ne la déclarant pas ; car, en fait de vérités inutiles, l'erreur n'a rien de pire que l'ignorance. Que je croie le sable qui est au fond de la mer blanc ou rouge, cela ne m'importe pas plus que d'ignorer de quelle couleur il est. Comment pourroit-on être injuste en ne nuisant à personne, puisque l'injustice ne consiste que dans le tort fait à autrui ?

Mais ces questions, ainsi sommairement décidées, ne sauroient me fournir encore aucune application sûre pour la pratique, sans beaucoup d'éclaircissements préalables nécessaires pour faire avec justesse cette application dans tous les cas qui peuvent se présenter ; car si l'obligation de dire la vérité n'est fondée que sur son utilité, comment me constituerai-je juge de cette utilité ? Très-souvent l'avantage de l'un fait le préjudice de l'autre ; l'intérêt particulier est presque toujours en opposition avec l'intérêt public. Comment se conduire en pareil cas ? Faut-il sacrifier l'utilité de l'absent à celle de la personne à qui l'on parle ? faut-il taire ou dire la vérité qui, profitant à l'un, nuit à l'autre ? faut-il peser tout ce qu'on doit dire à l'unique balance du bien public, ou à celle de la justice distributive ? et suis-je assuré de connoître assez tous les rapports de la chose pour ne dispenser les lumières dont je dispose que sur les règles de l'équité ? De plus, en examinant ce qu'on doit aux autres, ai-je examiné suffisamment ce qu'on se doit à soi-même, ce qu'on doit à la vérité pour elle seule? Si je ne fais aucun tort à un autre en le trompant, s'ensuit-il que je ne m'en fasse point à moi-même, et suffit-il de n'être jamais injuste pour être toujours innocent?

Que d'embarrassantes discussions dont il seroit aisé de se tirer en se disant : Soyons toujours vrais, au risque de tout ce qui en peut arriver! La justice elle-même est dans la vérité des choses : le mensonge est toujours iniquité, l'erreur est toujours imposture quand on donne ce qui n'est pas pour la règle de ce qu'on doit faire ou croire ; et, quelque effet qui résulte de la vérité, on est toujours inculpable quand on l'a dite, parce qu'on n'y a rien mis du sien.

Mais c'est là trancher la question sans la résoudre : il ne s'agissoit pas de prononcer s'il seroit bon de dire toujours la vérité, mais si l'on y étoit toujours également obligé ; et, sur la définition que j'examinois, supposant que non, de distinguer les cas où la vérité est rigoureusement due, de ceux où l'on peut la taire sans injustice et la déguiser sans mensonge ; car j'ai trouvé que de tels cas existoient réellement. Ce dont il s'agit est donc de chercher une règle sûre pour les connoître et les bien déterminer.

Mais d'où tirer cette règle et la preuve de son infaillibilité?... Dans toutes les questions de morale difficiles comme celle-ci, je me suis toujours bien trouvé de les résoudre par le dictamen de ma conscience, plutôt que par les lumières de ma raison : jamais l'instinct moral ne m'a trompé ; il a gardé jusqu'ici sa pureté dans mon cœur assez pour que je puisse m'y confier ; et, s'il se tait quelquefois devant mes passions dans ma conduite, il reprend bien son empire sur elle dans mes souvenirs : c'est là que je me juge moi-même avec autant de sévérité peut-être que je serai jugé par le souverain juge après cette vie.

Juger des discours des hommes par les effets qu'ils produisent, c'est souvent mal les apprécier. Outre que ces effets ne sont pas toujours sensibles et faciles à connoître, ils varient à l'infini comme les circonstances dans lesquelles ces discours sont tenus ; mais c'est uniquement l'intention de celui qui les tient qui les apprécie, et détermine leur degré de malice ou de bonté. Dire faux n'est mentir que par l'intention de tromper ; et l'intention même de tromper, loin d'être toujours jointe avec celle de nuire, a quelquefois un but tout contraire : mais pour rendre un mensonge innocent il ne suffit pas que l'intention de nuire ne soit pas expresse, il faut de plus la certitude que l'erreur dans laquelle on jette ceux à qui l'on parle ne peut nuire à eux ni à personne en quelque façon que ce soit. Il est rare et difficile qu'on puisse avoir cette certitude ; aussi est-il difficile et rare qu'un mensonge soit parfaitement innocent. Mentir pour son avantage à soi-même est imposture, mentir pour l'avantage d'autrui est fraude, mentir pour nuire est calomnie, c'est la pire espèce de mensonge : mentir sans profit ni préjudice de soi ni d'autrui n'est pas mentir, ce n'est pas mensonge, c'est fiction.

Les fictions qui ont un objet moral s'appellent apologues ou fables ; et, comme leur objet n'est ou ne doit être que d'envelopper des vérités utiles sous des formes sensibles et agréables, en pareil cas on ne s'attache guère à cacher le mensonge de fait, qui n'est que l'habit de la vérité ; et celui qui ne débite une fable que pour une fable ne ment en aucune façon.

Il est d'autres fictions purement oiseuses, telles que sont la plupart des contes et des romans qui, sans renfermer aucune instruction véritable, n'ont pour objet que l'amusement. Celles-là, dépouillées de toute utilité morale, ne peuvent s'apprécier que par l'intention de celui qui les invente ; et, lorsqu'il les débite avec affirmation comme des vérités réelles, on ne peut guère disconvenir qu'elles ne soient de vrais mensonges. Cependant, qui jamais s'est fait un grand scrupule de ces mensonges-là, et qui jamais en a fait un reproche grave à ceux qui les font ? S'il y a, par exemple, quelque objet moral dans le *Temple de Gnide*, cet objet est bien offusqué et gâté par les détails voluptueux et par les images lascives. Qu'a fait

QUATRIÈME PROMENADE.

l'auteur pour couvrir cela d'un vernis de modestie ? Il a feint que son ouvrage étoit la traduction d'un manuscrit grec, et il a fait l'histoire de la découverte de ce manuscrit de la façon la plus propre à persuader ses lecteurs de la vérité de son récit. Si ce n'est pas là un mensonge bien positif, qu'on me dise donc ce que c'est que mentir. Cependant, qui est-ce qui s'est avisé de faire à l'auteur un crime de ce mensonge, et de le traiter pour cela d'imposteur?

On dira vainement que ce n'est là qu'une plaisanterie ; que l'auteur, tout en affirmant, ne vouloit persuader personne ; qu'il n'a persuadé personne en effet, et que le public n'a pas douté un moment qu'il ne fût l'auteur lui-même de l'ouvrage prétendu grec dont il se donnoit pour le traducteur. Je répondrai qu'une pareille plaisanterie sans aucun objet n'eût été qu'un bien sot enfantillage ; qu'un menteur ne ment pas moins quand il affirme, quoiqu'il ne persuade pas ; qu'il faut détacher du public instruit des multitudes de lecteurs simples et crédules, à qui l'histoire du manuscrit narrée par un auteur grave avec un air de bonne foi en a réellement imposé, et qui ont bu sans crainte, dans une coupe de forme antique, le poison dont ils se seroient au moins défiés s'il leur eût été présenté dans un vase moderne.

Que ces distinctions se trouvent ou non dans

les livres, elles ne s'en font pas moins dans le cœur de tout homme de bonne foi avec lui-même, qui ne veut rien se permettre que sa conscience puisse lui reprocher; car dire une chose fausse à son avantage n'est pas moins mentir que si on la disoit au préjudice d'autrui, quoique le mensonge soit moins criminel. Donner l'avantage à qui ne doit pas l'avoir, c'est troubler l'ordre de la justice; attribuer faussement à soi-même ou à autrui un acte d'où peut résulter louange ou blâme, inculpation ou disculpation, c'est faire une chose injuste; or tout ce qui, contraire à la vérité, blesse la justice en quelque façon que ce soit, est mensonge. Voilà la limite exacte : mais tout ce qui, contraire à la vérité, n'intéresse la justice en aucune sorte, n'est que fiction; et j'avoue que quiconque se reproche une pure fiction comme un mensonge a la conscience plus délicate que moi.

Ce qu'on appelle mensonges officieux sont de vrais mensonges, parce qu'en imposer à l'avantage soit d'autrui, soit de soi-même, n'est pas moins injuste que d'en imposer à son détriment: quiconque loue ou blâme contre la vérité ment dès qu'il s'agit d'une personne réelle. S'il s'agit d'un être imaginaire, il en peut dire tout ce qu'il veut sans mentir, à moins qu'il ne juge sur la moralité des faits qu'il invente, et qu'il n'en juge faussement, car alors s'il ne ment pas dans le fait, il ment contre la vé-

QUATRIÈME PROMENADE.

rité morale, cent fois plus respectable que celle des faits..

J'ai vu de ces gens qu'on appelle vrais dans le monde : toute leur véracité s'épuise dans les conversations oiseuses à citer fidèlement les lieux, les temps, les personnes, à ne se permettre aucune fiction, à ne broder aucune circonstance, à ne rien exagérer. En tout ce qui ne touche point à leur intérêt, ils sont dans leurs narrations de la plus inviolable fidélité : mais s'agit-il de traiter quelque affaire qui les regarde, de narrer quelque fait qui leur touche de près, toutes les couleurs sont employées pour présenter les choses sous le jour qui leur est le plus avantageux ; et si le mensonge leur est utile et qu'ils s'abstiennent de le dire eux-mêmes, ils le favorisent avec adresse, et font en sorte qu'on l'adopte sans le leur pouvoir imputer. Ainsi le veut la prudence : adieu la véracité.

L'homme que j'appelle *vrai* fait tout le contraire. En choses parfaitement indifférentes, la vérité, qu'alors l'autre respecte si fort, le touche fort peu, et il ne se fera guère de scrupule d'amuser une compagnie par des faits controuvés, dont il ne résulte aucun jugement injuste, ni pour ni contre qui que ce soit vivant ou mort : mais tout discours qui produit pour quelqu'un profit ou dommage, estime ou mépris, louange ou blâme, contre la justice et la vérité, est un mensonge qui jamais n'approchera de son cœur, ni de sa bouche, ni de sa plume. Il est solidement *vrai*, même contre son intérêt, quoiqu'il se pique assez peu de l'être dans les conversations oiseuses : il est *vrai* en ce qu'il ne cherche à tromper personne, qu'il est aussi fidèle à la vérité qui l'accuse qu'à celle qui l'honore, et qu'il n'en impose jamais pour son avantage, ni pour nuire à son ennemi. La différence donc qu'il y a entre mon homme *vrai* et l'autre est que celui du monde est très-rigoureusement fidèle à toute vérité qui ne lui coûte rien, mais pas au-delà, et que le mien ne la sert jamais si fidèlement que quand il faut s'immoler pour elle.

Mais, diroit-on, comment accorder ce relâchement avec cet ardent amour pour la vérité dont je le glorifie? Cet amour est donc faux puisqu'il souffre tant d'alliage? Non, il est pur et vrai; mais il n'est qu'une émanation de l'amour de la justice, et ne veut jamais être faux, quoiqu'il soit souvent fabuleux. Justice et vérité sont dans son esprit deux mots synonymes, qu'il prend l'un pour l'autre indifféremment : la sainte vérité, que son cœur adore, ne consiste point en faits indifférents et en noms inutiles, mais à rendre fidèlement à chacun ce qui lui est dû en choses qui sont véritablement siennes, en imputations bonnes ou mauvaises, en rétributions d'honneur ou de blâme, de louange ou d'improbation; il n'est faux ni contre autrui, parce que son équité l'en empêche et qu'il ne veut nuire à personne injustement; ni pour lui-même, parce que sa conscience l'en empêche, et qu'il ne sauroit s'approprier ce qui n'est pas à lui. C'est surtout de sa propre estime qu'il est jaloux : c'est le bien dont il peut le moins se passer, et il sentiroit une perte réelle d'acquérir celle des autres aux dépens de ce bien-là. Il mentira donc quelquefois en choses indifférentes sans scrupule et sans croire mentir, jamais pour le dommage ou le profit d'autrui ni de lui-même : en tout ce qui tient aux vérités historiques, en tout ce qui a trait à la conduite des hommes, à la justice, à la sociabilité, aux lumières utiles, il garantira de l'erreur et lui-même et les autres, autant qu'il dépendra de lui. Tout mensonge hors de là, selon lui, n'en est pas un. Si le *Temple de Gnide* est un ouvrage utile, l'histoire du manuscrit grec n'est qu'une fiction très-innocente; elle est un mensonge très-punissable si l'ouvrage est dangereux.

Telles furent mes règles de conscience sur le mensonge et sur la vérité : mon cœur suivoit machinalement ces règles avant que ma raison les eût adoptées, et l'instinct moral en fit seul l'application. Le criminel mensonge dont la pauvre Marion fut la victime m'a laissé d'ineffaçables remords, qui m'ont garanti tout le reste de ma vie non seulement de tout mensonge de cette espèce, mais de tous ceux qui, de quelque façon que ce pût être, pouvoient toucher l'intérêt et la réputation d'autrui. En généralisant ainsi l'exclusion, je me suis dispensé de peser exactement l'avantage et le préjudice, et de marquer les limites précises du mensonge nuisible et du mensonge officieux; en regardant l'un et l'autre comme coupables, je me les suis interdits tous les deux.

En ceci comme en tout le reste, mon tempérament a beaucoup influé sur mes maximes, ou plutôt sur mes habitudes; car je n'ai guère agi par règle, ou n'ai guère suivi d'autres règles en toute chose que les impulsions de mon naturel. Jamais mensonge prémédité n'approcha de ma pensée, jamais je n'ai menti pour mon intérêt; mais souvent j'ai menti par honte pour me tirer d'embarras en choses indifférentes, ou qui n'intéressoient tout au plus que moi seul, lorsqu'ayant à soutenir un entretien, la lenteur de mes idées et l'aridité de ma conversation me forçoient de recourir aux fictions pour avoir quelque chose à dire. Quand il faut nécessairement parler, et que des vérités amusantes ne se présentent pas assez tôt à mon esprit, je débite des fables pour ne pas demeurer muet; mais, dans l'invention de ces fables, j'ai soin, tant que je puis, qu'elles ne soient pas des mensonges, c'est-à-dire qu'elles ne blessent ni la justice ni la vérité due, et qu'elles ne soient que des fictions indifférentes à tout le monde et à moi. Mon désir seroit bien d'y substituer au moins à la vérité des faits une vérité morale, c'est-à-dire d'y bien représenter les affections naturelles au cœur humain, et d'en faire sortir toujours quelque instruction utile, d'en faire, en un mot, des contes moraux, des apologues; mais il faudroit plus de présence d'esprit que je n'en ai, et plus de facilité dans la parole pour savoir mettre à profit, pour l'instruction, le babil de la conversation. Sa marche, plus rapide que celle de mes idées, me forçant presque toujours de parler avant de penser, m'a souvent suggéré des sottises et des inepties que la raison désapprouvoit, et que mon cœur désavouoit à mesure qu'elles échappoient de ma bouche, mais qui, précédant mon propre jugement, ne pouvoient plus être réformées par sa censure.

C'est encore par cette première et irrésistible impulsion du tempérament que, dans des momens imprévus et rapides, la honte et la timidité m'arrachent souvent des mensonges auxquels ma volonté n'a point de part, mais qui la précèdent en quelque sorte par la nécessité de répondre à l'instant. L'impression profonde du souvenir de la pauvre Marion peut bien retenir toujours ceux qui pourroient être nuisibles à d'autres, mais non pas ceux qui peuvent servir à me tirer d'embarras quand il s'agit de moi seul, ce qui n'est pas moins contre ma conscience et mes principes que ceux qui peuvent influer sur le sort d'autrui.

J'atteste le ciel que si je pouvois l'instant d'après retirer le mensonge qui m'excuse, et dire la vérité qui me charge, sans me faire un nouvel affront en me rétractant, je le ferois de tout mon cœur; mais la honte de me prendre ainsi moi-même en faute me retient encore; et je me repens très-sincèrement de ma faute, sans néanmoins l'oser réparer. Un exemple expliquera mieux ce que je veux dire, et montrera que je ne mens ni par intérêt ni par amour-propre, encore moins par envie ou par malignité, mais uniquement par embarras et mauvaise honte, sachant même très-bien quelquefois que ce mensonge est connu pour tel, et ne peut me servir du tout à rien.

« Il y a quelque temps que M. F*** m'engagea, contre mon usage, à aller, avec ma femme, dîner, en manière de pique-nique, avec lui et M. B***, chez la dame ***, restauratrice, laquelle et ses deux filles dînèrent aussi avec nous. Au milieu du dîner, l'aînée, qui est mariée depuis peu, et qui étoit grosse, s'avisa de me demander brusquement, et en me fixant, si j'avois eu des enfants. Je répondis, en rougissant jusqu'aux yeux, que je n'avois pas eu ce bonheur. Elle sourit malignement en regardant la compagnie; tout cela n'étoit pas bien obscur, même pour moi.

« Il est clair d'abord que cette réponse n'est point celle que j'aurois voulu faire, quand même j'aurois eu l'intention d'en imposer; car, dans la disposition où je voyois les convives, j'étois bien sûr que ma réponse ne changeoit rien à leur opinion sur ce

QUATRIÈME PROMENADE.

point. On s'attendoit à cette négative ; on la provoquoit même pour jouir du plaisir de m'avoir fait mentir. Je n'étois pas assez bouché pour ne pas sentir cela. Deux minutes après, la réponse que j'aurois dû faire me vint d'elle-même. « Voilà une « question peu discrète, de la part d'une jeune « femme, à un homme qui a vieilli garçon. » En parlant ainsi, sans mentir, sans avoir à rougir d'aucun aveu, je mettois les rieurs de mon côté, et je lui faisois une petite leçon qui, naturellement, devoit la rendre un peu moins impertinente à me questionner. Je ne fis rien de tout cela, je ne dis point ce qu'il falloit dire, je dis ce qu'il ne falloit pas et qui ne pouvoit me servir de rien. Il est donc certain que ni mon jugement ni ma volonté ne dictèrent ma réponse, et qu'elle fut l'effet machinal de mon embarras. Autrefois je n'avois point cet embarras, et je faisois l'aveu de mes fautes avec plus de franchise que de honte, parce que je ne doutois pas qu'on ne vît ce qui les rachetoit, et que je sentois au-dedans de moi ; mais l'œil de la malignité me navre et me déconcerte : en devenant plus malheureux, je suis devenu plus timide ; et jamais je n'ai menti que par timidité.

Je n'ai jamais mieux senti mon aversion naturelle pour le mensonge qu'en écrivant mes *Confessions* ; car c'est là que les tentations auroient été fréquentes et fortes, pour peu que mon penchant m'eût porté de ce côté ; mais loin d'avoir rien tu, rien dissimulé qui fût à ma charge, par un tour d'esprit que j'ai peine à m'expliquer, et qui vient peut-être d'éloignement pour toute imitation, je me sentois plutôt porté à mentir dans le sens contraire en m'accusant avec trop de sévérité, qu'en m'excusant avec trop d'indulgence, et ma conscience m'assure qu'un jour je serai jugé moins sévèrement que je ne me suis jugé moi-même. Oui, je le dis et le sens avec une fière élévation d'ame, j'ai porté dans cet écrit la bonne foi, la véracité, la franchise, aussi loin, plus loin même, au moins je le crois, que ne fit jamais aucun autre homme ; sentant que le bien surpassoit le mal, j'avois mon intérêt à tout dire, et j'ai tout dit.

Je n'ai jamais dit moins ; j'ai dit plus quelquefois, non dans les faits, mais dans les circonstances ; et cette espèce de mensonge fut plutôt l'effet du délire de l'imagination qu'un acte de volonté ; j'ai tort même de l'appeler mensonge, car aucune de ces additions n'en fut un. J'écrivois mes *Confessions* déjà vieux, et dégoûté des vains plaisirs de la vie que j'avois tous effleurés, et dont mon cœur avoit bien senti le vide. Je les écrivois de mémoire ; cette mémoire me manquoit souvent ou ne me fournissoit que des souvenirs imparfaits, et j'en remplissois les lacunes par des détails que j'imaginois en supplément de ces souvenirs, mais qui ne leur étoient jamais contraires. J'aimois à m'étendre sur les moments heureux de ma vie, et je les embellissois quelquefois des ornements que de tendres regrets venoient me fournir. Je disois les choses que j'avois oubliées comme il me sembloit qu'elles avoient dû être, comme elles avoient été peut-être en effet, jamais au contraire de ce que je me rappelois qu'elles avoient été. Je prêtois quelquefois à la vérité des charmes étrangers, mais je n'ai jamais mis le mensonge à la place pour pallier mes vices, ou pour m'arroger des vertus.

Que si quelquefois, sans y songer, par un mouvement involontaire, j'ai caché le côté difforme, en me peignant de profil, ces réticences ont bien été compensées par d'autres réticences plus bizarres, qui m'ont souvent fait taire le bien plus soigneusement que le mal. Ceci est une singularité de mon naturel qu'il est fort pardonnable aux hommes de ne pas croire, mais qui, tout incroyable qu'elle est, n'en est pas moins réelle : j'ai souvent dit le mal dans toute sa turpitude, j'ai rarement dit le bien dans tout ce qu'il eut d'aimable, et souvent je l'ai tu tout-à-fait parce qu'il m'honoroit trop, et que, faisant mes *Confessions*, j'aurois l'air d'avoir fait mon éloge. J'ai décrit mes jeunes ans sans me vanter des heureuses qualités dont mon cœur étoit doué, et même en supprimant les faits qui les mettoient trop en évidence. Je m'en rappelle ici deux de ma première enfance, qui tous deux sont bien venus à mon souvenir en écrivant, mais que j'ai rejetés l'un et l'autre par l'unique raison dont je viens de parler.

J'allois presque tous les dimanches passer la journée aux Pâquis, chez M. Fazy, qui avoit épousé une de mes tantes, et qui avoit là une fabrique d'indiennes. Un jour j'étois à l'étendage, dans la chambre de la calandre, et j'en regardois les rouleaux de fonte; leur luisant flattoit ma vue; je fus tenté d'y poser mes doigts, et je les promenois avec plaisir sur le lissé du cylindre, quand le jeune Fazy s'étant mis dans la roue lui donna un demi-quart de tour si adroitement qu'il n'y prit que le bout de mes deux plus longs doigts; mais c'en fut assez pour qu'ils y fussent écrasés par le bout, et que les deux ongles y restassent. Je fis un cri perçant; Fazy détourne à l'instant la roue, mais les ongles ne restèrent pas moins au cylindre, et le sang ruisseloit de mes doigts. Fazy, consterné, s'écrie, sort de la roue, m'embrasse, et me conjure d'apaiser mes cris, ajoutant qu'il étoit perdu. Au fort de ma douleur la sienne me toucha; je me tus, nous fûmes à la carpière, où il m'aida à laver mes doigts, et à étancher mon sang avec de la mousse. Il me supplia avec larmes, de ne point l'accuser; je le lui promis, et le tins si bien, que, plus de vingt ans après personne ne savoit par quelle aventure j'avois deux de mes doigts cicatrisés; car ils le sont demeurés toujours. Je fus détenu dans mon lit plus de trois semaines, et plus de deux mois hors d'état de me servir de ma main, disant toujours qu'une grosse pierre, en tombant, m'avoit écrasé les doigts.

> *Magnanima menzogna! or quando è il vero*
> *Si bello, che si possa a te preporre!*

Cet accident me fut pourtant bien sensible par la circonstance, car c'étoit le temps des exercices, où l'on faisoit manœuvrer la bourgeoisie, et nous avions fait un rang de trois autres enfants de mon âge, avec lesquels je devois, en uniforme, faire l'exercice avec la compagnie de mon quartier. J'eus la douleur d'entendre le tambour de la compagnie, passant sous ma fenêtre, avec mes trois camarades, tandis que j'étois dans mon lit.

Mon autre histoire est toute semblable, mais d'un âge plus avancé.

Je jouois au mail, à Plain-Palais, avec un de mes camarades appelé Plince. Nous prîmes querelle au jeu; nous nous battîmes, et, durant le combat, il me donna, sur la tête nue, un coup de mail si bien appliqué, que d'une main plus forte il m'eût fait sauter la cervelle. Je tombe à l'instant. Je ne vis de ma vie une agitation pareille à celle de ce pauvre garçon, voyant mon sang ruisseler dans mes cheveux. Il crut m'avoir tué. Il se précipite sur moi, m'embrasse, me serre étroitement en fondant en larmes, et poussant des cris perçants. Je l'embrassois aussi de toute ma force, en pleurant comme lui, dans une émotion confuse, qui n'étoit pas sans quelque douceur. Enfin il se mit en devoir d'étancher mon sang qui continuoit de couler; et, voyant que nos deux mouchoirs n'y pouvoient suffire, il m'entraîna chez sa mère, qui avoit un petit jardin près de là. Cette bonne dame faillit à se trouver mal en me voyant dans cet état; mais elle sut conserver ses forces pour me panser; et, après avoir bien bassiné ma plaie, elle y appliqua des fleurs de lis macérées dans l'eau-de-vie, vulnéraire excellent, et très-usité dans notre pays. Ses larmes et celles de son fils pénétrèrent mon cœur au point que long-temps je la regardois comme ma mère, et son fils comme mon frère, jusqu'à ce qu'ayant perdu l'un et l'autre de vue je les oubliai peu à peu.

Je gardai le même secret sur cet accident que sur l'autre, et il m'en est arrivé cent autres de pareille nature, en ma vie, dont je n'ai pas même été tenté de parler dans mes *Confessions*, tant j'y cherchois peu l'art de faire valoir le bien que je sentois dans mon caractère. Non, quand j'ai parlé contre la vérité qui m'étoit connue, ce n'a jamais été qu'en choses indifférentes, et plus ou par l'embarras de parler, ou pour le plaisir d'écrire, que par aucun motif d'intérêt pour moi, ni d'avantage ou de préjudice d'autrui; et quiconque lira mes *Confessions* impartialement, si jamais cela arrive, sentira que les aveux que j'y fais sont plus humiliants, plus pénibles à faire, que ceux d'un mal plus grand, mais moins honteux à dire, et que je n'ai pas dit parce que je ne l'ai pas fait.

Il suit de toutes ces réflexions que la profession de véracité que je me suis faite a plus son fondement sur des sentiments de droiture et d'équité que sur la réalité des choses, et que j'ai plus suivi, dans la pratique, les directions morales de ma conscience que les notions abstraites du vrai et du faux. J'ai souvent débité bien des fables, mais j'ai très-rarement menti. En suivant ces principes, j'ai donné sur moi beaucoup de prise aux autres, mais je n'ai fait tort à qui que ce fût, et je ne me suis point attribué à moi-même plus d'avantage qu'il ne m'en étoit dû. C'est uniquement par là, ce me semble, que la vérité est une vertu. A tout autre égard elle n'est pour nous qu'un être métaphysique dont il ne résulte ni bien ni mal.

Je ne sens pourtant pas mon cœur assez content de ces distinctions pour me croire tout-à-fait irrépréhensible. En pesant avec tant de soin ce que je devois aux autres, ai-je assez examiné ce que me devois à moi-même? S'il faut être juste pour autrui, il faut être vrai pour soi; c'est un hommage que l'honnête homme doit rendre à sa propre dignité. Quand la stérilité de ma conversation me forçoit d'y suppléer par d'innocentes fictions, j'avois tort, parce qu'il ne faut point, pour amuser autrui, s'avilir soi-même; et quand, entraîné par le plaisir d'écrire, j'ajoutois à des choses réelles des ornemens inventés, j'avois plus de tort encore, parce que orner la vérité par des fables, c'est en effet la défigurer.

Mais ce qui me rend plus inexcusable est la devise que j'avois choisie. Cette devise m'obligeoit plus que tout autre homme à une profession plus étroite de la vérité, et il ne suffisoit pas que je lui sacrifiasse partout mon intérêt et mes penchants, il falloit lui sacrifier aussi ma foiblesse et mon naturel timide. Il falloit avoir le courage et la force d'être vrai toujours, en toute occasion, et qu'il ne sortît jamais ni fictions ni fables d'une bouche et d'une plume qui s'étoient particulièrement consacrées à la vérité. Voilà ce que j'aurois dû me dire en prenant cette fière devise, et me répéter sans cesse tant que j'osai la porter. Jamais la fausseté ne dicta mes mensonges, ils sont tous venus de foiblesse, mais cela m'excuse très-mal. Avec une ame foible on peut tout au plus se garantir du vice; mais c'est être arrogant et téméraire d'oser professer de grandes vertus.

Voilà des réflexions qui probablement ne me seroient jamais venues dans l'esprit si l'abbé Royou ne me les eût suggérées. Il est bien tard, sans doute, pour en faire usage; mais il n'est pas trop tard au moins pour redresser mon erreur, et remettre ma volonté dans la règle; car c'est désormais tout ce qui dépend de moi. En ceci donc, et en toutes choses semblables, la maxime de Solon est applicable à tous les âges, et il n'est jamais trop tard pour apprendre, même de ses ennemis, à être sage, vrai, modeste, et à moins présumer de soi.

FIN DE LA QUATRIÈME PROMENADE.

CINQUIÈME PROMENADE.

SOMMAIRE

DE LA

CINQUIÈME PROMENADE.

Description de l'île de Saint-Pierre. Rousseau regrette de n'avoir pu y fixer son séjour. Il y travaille à la botanique. Détail de ses amusements dans cette île. Il y fonde une colonie.

CINQUIÈME PROMENADE.

De toutes les habitations où j'ai demeuré (et j'en ai eu de charmantes), aucune ne m'a rendu si véritablement heureux et ne m'a laissé de si tendres regrets que l'île de Saint-Pierre au milieu du lac de Bienne. Cette petite île, qu'on appelle à Neuchâtel l'île de La Motte, est bien peu connue, même en Suisse. Aucun voyageur, que je sache, n'en fait mention. Cependant elle est très-agréable, et singulièrement située pour le bonheur d'un homme qui aime à se circonscrire ; car, quoique je sois peut-être le seul au monde à qui sa destinée en ait fait une loi, je ne puis croire être le seul qui ait un goût si naturel, quoique je ne l'aie trouvé jusqu'ici chez nul autre.

Les rives du lac de Bienne sont plus sauvages et romantiques que celles du lac de Genève, parce que les rochers et les bois y bordent l'eau de plus près ; mais elles ne sont pas moins riantes. S'il y a moins de culture de champs et de vignes, moins de villes et de maisons, il y a aussi plus de verdure naturelle, plus de prairies, d'asiles ombragés de bocages, des contrastes plus fréquents et des accidents plus rapprochés. Comme il n'y a pas sur ces heureux bords de grandes routes commodes pour les voitures, le pays est peu fréquenté par les voyageurs ; mais il est intéressant pour des contemplatifs solitaires qui aiment à s'enivrer à loisir des charmes de la nature, et à se recueillir dans un silence que ne trouble aucun autre bruit que le cri des aigles, le ramage entrecoupé de quelques oiseaux, et le roulement des torrents qui tombent de la montagne. Ce beau bassin, d'une forme presque ronde, enferme dans son milieu deux petites îles, l'une habitée et cultivée, d'environ une demi-lieue de tour ; l'autre plus petite, déserte et en friche, et qui sera détruite à la fin par les transports de terre qu'on en ôte sans cesse pour réparer les dégâts que les vagues et les orages font à la grande. C'est ainsi que la substance du foible est toujours employée au profit du puissant.

Il n'y a dans l'île qu'une seule maison, mais grande, agréable, et commode, qui appartient à l'hôpital de Berne, ainsi que l'île, et où loge un receveur avec sa famille et ses domestiques. Il y entretient une nombreuse basse-cour, une volière, et des réservoirs pour le poisson. L'île, dans sa petitesse, est tellement variée dans ses terrains et ses aspects, qu'elle offre toutes sortes de sites, et souffre toutes sortes de cultures. On y trouve des champs, des vignes, des bois, des vergers, de gras pâturages ombragés de bosquets, et bordés d'arbrisseaux de toute espèce, dont le bord des eaux entretient la fraîcheur ; une haute terrasse plantée de deux rangs d'arbres borde l'île dans sa longueur, et dans le milieu de la terrasse on a bâti un joli salon où les habitants des rives voisines se rassemblent et viennent danser les dimanches durant les vendanges.

C'est dans cette île que je me réfugiai après la lapidation de Motiers. J'en trouvai le séjour si charmant, j'y menois une vie si convenable à mon humeur, que, résolu d'y finir mes jours, je n'avois d'autre inquiétude sinon qu'on ne me laissât pas exécuter ce projet qui ne s'accordoit pas avec celui de m'entraîner en Angleterre, dont je sentois déjà les premiers effets. Dans les pressentiments qui m'inquiétoient, j'aurois voulu qu'on m'eût fait de cet asile une prison perpétuelle, qu'on m'y eût confiné pour toute ma vie, et qu'en m'ôtant toute puissance et tout espoir d'en sortir on m'eût interdit toute espèce de communication avec la terre ferme, de sorte qu'ignorant tout ce qui se faisoit dans le monde, j'en eusse oublié l'existence, et qu'on y eût oublié la mienne aussi.

On ne m'a laissé passer guère que deux mois dans cette île, mais j'y aurois passé deux ans, deux siècles, et toute l'éternité, sans m'y ennuyer un moment, quoique je n'y eusse, avec ma compagne, d'autre société que celle du receveur, de sa femme et de ses domestiques, qui tous étoient à la vérité de très-bonnes gens, et rien de plus; mais c'étoit précisément ce qu'il me falloit. Je compte ces deux mois pour le temps le plus heureux de ma vie, et tellement heureux, qu'il m'eût suffi durant toute mon existence, sans laisser naître un seul instant dans mon ame le désir d'un autre état.

Quel étoit donc ce bonheur, et en quoi consistoit sa jouissance? Je le donnerois à deviner à tous les hommes de ce siècle sur la description de la vie que j'y menois. Le précieux *far niente* fut la première et la principale de ces jouissances que je voulus savourer dans toute sa douceur, et tout ce que je fis durant mon séjour ne fut en effet que l'occupation délicieuse et nécessaire d'un homme qui s'est dévoué à l'oisiveté.

L'espoir qu'on ne demanderoit pas mieux que de me laisser dans ce séjour isolé où je m'étois enlacé de moi-même, dont il m'étoit impossible de sortir sans assistance et sans être bien aperçu, et où je ne pouvois avoir ni communication ni correspondance que par le concours des gens qui m'entouroient; cet espoir, dis-je, me donnoit celui d'y finir mes jours plus tranquillement que je ne les avois passés; et l'idée que j'aurois le temps de m'y arranger tout à loisir fit que je commençai par n'y faire aucun arrangement. Transporté là brusquement, seul et nu, j'y fis venir successivement ma gouvernante, mes livres et mon petit équipage, dont j'eus le plaisir de ne rien déballer, laissant mes caisses et mes malles comme elles étoient arrivées, et vivant dans l'habitation où je

CINQUIÈME PROMENADE.

comptois achever mes jours, comme dans une auberge dont j'aurois dû partir le lendemain. Toutes choses, telles qu'elles étoient, alloient si bien, que vouloir les mieux ranger étoit y gâter quelque chose. Un de mes plus grands délices étoit surtout de laisser toujours mes livres bien encaissés, et de n'avoir point d'écritoire. Quand de malheureuses lettres me forçoient de prendre la plume pour y répondre, j'empruntois en murmurant l'écritoire du receveur, et je me hâtois de la rendre, dans la vaine espérance de n'avoir plus besoin de la remprunter. Au lieu de ces tristes paperasses, et de toute cette bouquinerie, j'emplissois ma chambre de fleurs et de foin; car j'étois alors dans ma première ferveur de botanique, pour laquelle le docteur d'Ivernois m'avoit inspiré un goût qui bientôt devint passion. Ne voulant plus d'œuvre de travail, il m'en falloit une d'amusement qui me plût, et qui ne me donnât de peine que celle qu'aime à prendre un paresseux. J'entrepris de faire la *Flora petrinsularis*, et de décrire toutes les plantes de l'île, sans en omettre une seule, avec un détail suffisant pour m'occuper le reste de mes jours. On dit qu'un Allemand a fait un livre sur un zeste de citron; j'en aurois fait un sur chaque gramen des prés, sur chaque mousse des bois, sur chaque lichen qui tapisse les rochers; enfin je ne voulois pas laisser un poil d'herbe, pas un atome végétal qui ne fût amplement décrit. En conséquence de ce beau projet, tous les matins, après le déjeûner, que nous faisions tous ensemble, j'allois, une loupe à la main, et mon *Systema naturæ* sous le bras, visiter un canton de l'île, que j'avois pour cet effet divisée en petits carrés, dans l'intention de les parcourir l'un après l'autre en chaque saison. Rien n'est plus singulier que les ravissements, les extases que j'éprouvois à chaque observation que je faisois sur la structure et l'organisation végétale, et sur le jeu des parties sexuelles dans la fructification, dont le système étoit alors tout-à-fait nouveau pour moi. La distinction des caractères génériques, dont je n'avois pas auparavant la moindre idée, m'enchantoit en les vérifiant sur les espèces communes, en attendant qu'il s'en offrît à moi de plus rares. La fourchure des deux longues étamines de la brunelle, le ressort de celles de l'ortie et de la pariétaire, l'explosion du fruit de la balsamine et de la capsule du buis, mille petits jeux de la fructification, que j'observois pour la première fois, me combloient de joie, et j'allois demandant si l'on avoit vu les cornes de la brunelle, comme La Fontaine demandoit si l'on avoit lu Habacuc. Au bout de deux ou trois heures je m'en revenois chargé d'une ample moisson, provision d'amusement pour l'après-dînée au logis, en cas de pluie. J'employois le reste de la matinée à aller avec le receveur, sa femme, et Thérèse, visiter leurs ouvriers et leur récolte, mettant le

CINQUIÈME PROMENADE.

le plus souvent la main à l'œuvre avec eux ; et souvent des Bernois qui me venoient voir m'ont trouvé juché sur de grands arbres, ceint d'un sac que je remplissois de fruits, et que je dévalois ensuite à terre avec une corde. L'exercice que j'avois fait dans la matinée, et la bonne humeur qui en est inséparable, me rendoient le repos du dîner très-agréable ; mais quand il se prolongeoit trop, et que le beau temps m'invitoit, je ne pouvois si long-temps attendre, et pendant qu'on étoit encore à table, je m'esquivois et j'allois me jeter seul dans un bateau que je conduisois au milieu du lac quand l'eau étoit calme ; et là, m'étendant tout de mon long dans le bateau, les yeux tournés vers le ciel, je me laissois aller et dériver lentement au gré de l'eau, quelquefois pendant plusieurs heures, plongé dans mille rêveries confuses, mais délicieuses, et qui, sans avoir aucun objet bien déterminé ni constant, ne laissoient pas d'être à mon gré cent fois préférables à tout ce que j'avois trouvé de plus doux dans ce qu'on appelle les plaisirs de la vie. Souvent averti par le baisser du soleil de l'heure de la retraite, je me trouvois si loin de l'île, que j'étois forcé de travailler de toute ma force pour arriver avant nuit close. D'autres fois, au lieu de m'écarter en pleine eau, je me plaisois à côtoyer les verdoyantes rives de l'île, dont les limpides eaux et les ombrages frais m'ont souvent engagé à m'y baigner. Mais une de mes navigations les plus fréquentes étoit d'aller de la grande à la petite île, d'y débarquer, et d'y passer l'après-dînée, tantôt à des promenades très-circonscrites au milieu des marceaux, des bourdaines, des persicaires, des arbrisseaux de toute espèce, et tantôt m'établissant au sommet d'un tertre sablonneux, couvert de gazon, de serpolet, de fleurs, même d'esparcette, et de trèfles qu'on y avoit vraisemblablement semés autrefois, et très-propres à loger des lapins, qui pouvoient là multiplier en paix sans rien craindre, et sans nuire à rien. Je donnai cette idée au receveur, qui fit venir de Neuchâtel des lapins mâles et femelles, et nous allâmes en grande pompe, sa femme, une de ses sœurs, Thérèse et moi, les établir dans la petite île, où ils commençoient à peupler avant mon départ, et où ils auront prospéré sans doute, s'ils ont pu soutenir la rigueur des hivers. La fondation de cette petite colonie fut une fête. Le pilote des Argonautes n'étoit pas plus fier que moi, menant en triomphe la compagnie et les lapins de la grande île à la petite, et je notois avec orgueil que la receveuse, qui redoutoit l'eau à l'excès, et s'y trouvoit toujours mal, s'embarqua sous ma conduite avec confiance, et ne montra nulle peur durant la traversée.

Quand le lac agité ne me permettoit pas la navigation, je passois mon après-midi à parcourir l'île, en herborisant à droite et à gauche; m'asseyant tantôt dans les réduits les plus riants et les plus solitaires pour y rêver à mon aise, tantôt sur les terrasses et les tertres, pour parcourir des yeux le superbe et ravissant coup d'œil du lac et de ses rivages, couronnés d'un côté par des montagnes prochaines, et de l'autre élargis en riches et fertiles plaines, dans lesquelles la vue s'étendoit jusqu'aux montagnes bleuâtres plus éloignées qui la bornoient.

Quand le soir approchoit, je descendois des cimes de l'île, et j'allois volontiers m'asseoir au bord du lac, sur la grève, dans quelque asile caché; là, le bruit des vagues et l'agitation de l'eau, fixant mes sens et chassant de mon ame toute autre agitation, la plongeoient dans une rêverie délicieuse, où la nuit me surprenoit souvent sans que je m'en fusse aperçu. Le flux et le reflux de cette eau, son bruit continu, mais renflé par intervalles, frappant sans relâche mon oreille et mes yeux, suppléoient aux mouvements internes que la rêverie éteignoit en moi, et suffisoient pour me faire sentir avec plaisir mon existence, sans prendre la peine de penser. De temps à autre naissoit quelque foible et courte réflexion sur l'instabilité des choses de ce monde, dont la surface des eaux m'offroit l'image; mais bientôt ces impressions légères s'effaçoient dans l'uniformité du mouvement continu qui me berçoit, et qui, sans aucun concours actif de mon ame, ne laissoit pas de m'attacher au point qu'appelé par l'heure et par le signal convenu je ne pouvois m'arracher de là sans efforts.

Après le souper, quand la soirée étoit belle, nous allions encore tous ensemble faire quelque tour de promenade sur la terrasse, pour y respirer l'air du lac et la fraîcheur. On se reposoit dans le pavillon, on rioit, on causoit, on chantoit quelque vieille chanson qui valoit bien le tortillage moderne, et enfin l'on s'alloit coucher content de sa journée, et n'en désirant qu'une semblable pour le lendemain.

Telle est, laissant à part les visites imprévues et importunes, la manière dont j'ai passé mon temps dans cette île, durant le séjour que j'y ai fait. Qu'on me dise à présent ce qu'il y a là d'assez attrayant pour exciter dans mon cœur des regrets si vifs, si tendres et si durables, qu'au bout de quinze ans il m'est impossible de songer à cette habitation chérie sans m'y sentir à chaque fois transporter encore par les élans du désir.

J'ai remarqué dans les vicissitudes d'une longue vie que les époques des plus douces jouissances et des plaisirs les plus vifs ne sont pourtant pas celles dont le souvenir m'attire et me touche le plus. Ces courts moments de délire et de passion, quelque vifs qu'ils puissent être, ne sont cependant, et par leur vivacité même, que des points bien clair-semés dans la ligne de la vie. Ils sont trop rares et trop rapides pour constituer un état; et le

CINQUIÈME PROMENADE.

bonheur que mon cœur regrette n'est point composé d'instants fugitifs, mais un état simple et permanent, qui n'a rien de vif en lui-même, mais dont la durée accroît le charme, au point d'y trouver enfin la suprême félicité.

Tout est dans un flux continuel sur la terre. Rien n'y garde une forme constante et arrêtée, et nos affections qui s'attachent aux choses extérieures passent et changent nécessairement comme elles. Toujours en avant ou en arrière de nous, elles rappellent le passé, qui n'est plus, ou préviennent l'avenir, qui souvent ne doit point être : il n'y a rien là de solide à quoi le cœur se puisse attacher. Aussi n'a-t-on guère ici bas que du plaisir qui passe ; pour le bonheur qui dure, je doute qu'il y soit connu. A peine est-il, dans nos plus vives jouissances, un instant où le cœur puisse véritablement nous dire : *Je voudrois que cet instant durât toujours.* Et comment peut-on appeler bonheur un état fugitif qui nous laisse encore le cœur inquiet et vide, qui nous fait regretter quelque chose avant, ou désirer encore quelque chose après ?

Mais s'il est un état où l'âme trouve une assiette assez solide pour s'y reposer tout entière, et rassembler là tout son être, sans avoir besoin de rappeler le passé, ni d'enjamber sur l'avenir, où le temps ne soit rien pour elle, où le présent dure toujours, sans néanmoins marquer sa durée et sans aucune trace de succession, sans aucun autre sentiment de privation ni de jouissance, de plaisir ni de peine, de désir ni de crainte que celui seul de notre existence, et que ce sentiment seul puisse la remplir tout entière; tant que cet état dure, celui qui s'y trouve peut s'appeler heureux, non d'un bonheur imparfait, pauvre et relatif, tel que celui qu'on trouve dans les plaisirs de la vie, mais d'un bonheur suffisant, parfait et plein, qui ne laisse dans l'ame aucun vide qu'elle sente le besoin de remplir. Tel est l'état où je me suis trouvé souvent à l'île de Saint-Pierre, dans mes rêveries solitaires; soit couché dans mon bateau que je laissois dériver au gré de l'eau, soit assis sur les rives du lac agité, soit ailleurs, au bord d'une belle rivière ou d'un ruisseau murmurant sur le gravier.

De quoi jouit-on dans une pareille situation? De rien d'extérieur à soi, de rien sinon de soi-même et de sa propre existence; tant que cet état dure, on se suffit à soi-même, comme Dieu. Le sentiment de l'existence dépouillé de toute autre affection est par lui-même un sentiment précieux de contentement et de paix, qui suffiroit seul pour rendre cette existence chère et douce à qui sauroit écarter de soi toutes les impressions sensuelles et terrestres qui viennent sans cesse nous en distraire, et en troubler ici bas la douceur. Mais la plupart des hommes agités de passions continuelles connoissent peu cet état, et ne l'ayant goûté qu'imparfaitement durant peu d'instants n'en conservent qu'une idée obscure et confuse, qui ne leur en fait pas sentir le charme. Il ne seroit pas même bon dans la présente constitution des choses, qu'avides de ces douces extases ils s'y dégoûtassent de la vie active dont leurs besoins toujours renaissants leur prescrivent le devoir. Mais un infortuné qu'on a retranché de la société humaine, et qui ne peut plus rien faire ici bas d'utile et de bon pour autrui ni pour soi, peut trouver, dans cet état, à toutes les félicités humaines des dédommagements que la fortune et les hommes ne lui sauroient ôter.

Il est vrai que ces dédommagements ne peuvent être sentis par toutes les ames, ni dans toutes les situations. Il faut que le cœur soit en paix, et qu'aucune passion n'en vienne troubler le calme. Il y faut des dispositions de la part de celui qui les éprouve ; il en faut dans le concours des objets environnants. Il n'y faut ni un repos absolu, ni trop d'agitation, mais un mouvement uniforme et modéré, qui n'ait ni secousses ni intervalles. Sans mouvement la vie n'est qu'une léthargie. Si le mouvement est inégal ou trop fort, il réveille ; en nous rappelant aux objets environnants, il détruit le charme de la rêverie, et nous arrache d'audedans de nous, pour nous remettre à l'instant sous le joug de la fortune et des hommes, et nous rendre au sentiment de nos malheurs. Un silence absolu porte à la tristese. Il offre une image de la mort : alors le secours d'une imagination riante est nécessaire, et se présente assez naturellement à ceux que le ciel en a gratifiés. Le mouvement qui ne vient pas du dehors se fait alors au-dedans de nous. Le repos est moindre, il est vrai, mais il est aussi plus agréable quand de légères et douces idées, sans agiter le fond de l'ame, ne font pour ainsi dire qu'en effleurer la surface. Il n'en faut qu'assez pour se souvenir de soi-même en oubliant tous ses maux. Cette espèce de rêverie peut se goûter partout où l'on peut être tranquille, et j'ai souvent pensé qu'à la Bastille, et même dans un cachot où nul objet n'eût frappé ma vue, j'aurois encore pu rêver agréablement.

Mais il faut avouer que cela se faisoit bien mieux et plus agréablement dans une île fertile et solitaire, naturellement circonscrite et séparée du reste du monde, où rien ne m'offroit que des images riantes; où rien ne me rappeloit des souvenirs attristants; où la société du petit nombre d'habitants étoit liante et douce, sans être intéressante au point de m'occuper incessamment; où je pouvois enfin me livrer tout le jour, sans obstacles et sans soins, aux occupations de mon goût ou à la plus molle oisiveté. L'occasion sans doute étoit belle pour un rêveur, qui, sachant se nourrir d'agréables chimères au milieu des objets les plus déplaisants, pouvoit s'en rassasier à son aise en y

CINQUIÈME PROMENADE.

faisant concourir tout ce qui frappoit réellement ses sens. En sortant d'une longue et douce rêverie, me voyant entouré de verdure, de fleurs, d'oiseaux, et laissant errer mes yeux au loin sur les romanesques rivages qui bordoient une vaste étendue d'eau claire et cristalline, j'assimilois à mes fictions tous ces aimables objets; et, me trouvant enfin ramené par degrés à moi-même et à ce qui m'entouroit, je ne pouvois marquer le point de séparation des fictions aux réalités; tant tout concouroit également à me rendre chère la vie recueillie et solitaire que je menois dans ce beau séjour! Que ne peut-elle renaître encore! que ne puis-je aller finir mes jours dans cette île chérie, sans en ressortir jamais, ni jamais y revoir aucun habitant du continent qui me rappelât le souvenir des calamités de toute espèce qu'ils se plaisent à rassembler sur moi depuis tant d'années! Ils seroient bientôt oubliés pour jamais : sans doute ils ne m'oublieroient pas de même; mais que m'importeroit, pourvu qu'ils n'eussent aucun accès pour y venir troubler mon repos? Délivré de toutes les passions terrestres qu'engendre le tumulte de la vie sociale, mon ame s'élanceroit fréquemment au-dessus de cette atmosphère, et commerceroit d'avance avec les intelligences célestes, dont elle espère aller augmenter le nombre dans peu de temps. Les hommes se garderont, je le sais, de me rendre un si doux asile, où ils n'ont pas voulu me laisser. Mais ils ne m'empêcheront pas du moins de m'y transporter chaque jour sur les ailes de l'Imagination, et d'y goûter durant quelques heures le même plaisir que si je l'habitois encore. Ce que j'y ferois de plus doux seroit d'y rêver à mon aise. En rêvant que j'y suis ne fais-je pas la même chose? Je fais même plus; à l'attrait d'une rêverie abstraite et monotone je joins des images charmantes qui la vivifient. Leurs objets échappoient souvent à mes sens dans mes extases; et maintenant plus ma rêverie est profonde, plus elle me les peint vivement. Je suis souvent plus au milieu d'eux, et plus agréablement encore, que quand j'y étois réellement. Le malheur est qu'à mesure que l'imagination s'attiédit, cela vient avec plus de peine, et ne dure pas si long-temps. Hélas! c'est quand on commence à quitter sa dépouille qu'on en est le plus offusqué!

FIN DE LA CINQUIÈME PROMENADE.

SIXIÈME PROMENADE.

SOMMAIRE

DE LA

SIXIÈME PROMENADE.

Rousseau va herboriser à Gentilly. Il rencontre en chemin un petit bossu. S'il avoit eu l'anneau de Gygès, il ne s'en seroit servi que pour le bonheur de l'univers.

SIXIÈME PROMENADE.

Nous n'avons guère de mouvement machinal dont nous ne puissions trouver la cause dans notre cœur, si nous savions bien l'y chercher.

Hier, en passant sur le nouveau boulevard pour aller herboriser le long de la Bièvre, du côté de Gentilly, je fis le crochet à droite en approchant de la barrière d'Enfer; et m'écartant dans la campagne, j'allai, par la route de Fontainebleau, gagner les hauteurs qui bordent cette petite rivière. Cette marche étoit fort indifférente en elle-même; mais en me rappelant que j'avois fait plusieurs fois machinalement le même détour, j'en recherchai la cause en moi-même, et je ne pus m'empêcher de rire quand je vins à la démêler.

Dans un coin du boulevard, à la sortie de la barrière d'Enfer, s'établit journellement en été une femme qui vend du fruit, de la tisane et des petits pains. Cette femme a un petit garçon fort gentil, mais boiteux, qui, clopinant avec ses béquilles, s'en va d'assez bonne grâce demandant l'aumône aux passants. J'avois fait une espèce de connoissance avec ce petit bon homme; il ne manquoit pas, chaque fois que je passois, de venir me faire son petit compliment, toujours suivi de ma petite offrande. Les premières fois je fus charmé de le voir, je lui donnois de très-bon cœur, et je continuai quelque temps de le faire avec le même plaisir, y joignant même le plus souvent celui d'exciter et d'écouter son petit babil, que je trouvois agréable. Ce plaisir, devenu par degrés habitude, se trouva, je ne sais comment, transformé dans une espèce de devoir dont je sentis bientôt la gêne, surtout à cause de la harangue préliminaire qu'il falloit écouter, et dans laquelle il ne manquoit jamais de m'appeler souvent M. Rousseau, pour montrer qu'il me connoissoit bien ; ce qui m'apprenoit assez au contraire qu'il ne me connoissoit pas plus que ceux qui l'avoient instruit. Dès-lors je passois par-là moins volontiers, et enfin je pris machinalement l'habitude de faire le plus souvent un détour quand j'approchois de cette traverse.

Voilà ce que je découvris en y réfléchissant, car rien de tout cela ne s'étoit offert jusqu'alors distinctement à ma pensée. Cette observation m'en a rappelé successivement des multitudes d'autres, qui m'ont bien confirmé que les vrais et premiers motifs de la plupart de mes actions ne me sont pas aussi clairs à moi-même que je me l'étois long-temps figuré : je sais et je sens que faire du bien est le plus vrai bonheur que le cœur humain puisse goûter ; mais il y a long-temps que ce bonheur a été mis hors de ma portée, et ce n'est pas dans un aussi misérable sort que le mien qu'on peut espérer de

SIXIÈME PROMENADE.

placer avec choix et avec fruit une seule action réellement bonne. Le plus grand soin de ceux qui règlent ma destinée ayant été que tout ne fût pour moi que fausse et trompeuse apparence, un motif de vertu n'est jamais qu'un leurre qu'on me présente pour m'attirer dans le piège où l'on veut m'enlacer. Je sais cela ; je sais que le seul bien qui soit désormais en ma présence est de m'abstenir d'agir, de peur de mal faire sans le vouloir et sans le savoir.

Mais il fut des temps plus heureux où, suivant les mouvements de mon cœur, je pouvois quelquefois rendre un autre cœur content, et je me dois l'honorable témoignage que chaque fois que j'ai pu goûter ce plaisir, je l'ai trouvé plus doux qu'aucun autre : ce penchant fut vif, vrai, pur ; et rien, dans mon plus secret intérieur, ne l'a jamais démenti. Cependant j'ai senti souvent le poids de mes propres bienfaits par la chaîne des devoirs qu'ils entraînoient à leur suite : alors le plaisir a disparu, et je n'ai plus trouvé dans la continuation des mêmes soins qui m'avoient d'abord charmé qu'une gêne presque insupportable. Durant mes courtes prospérités beaucoup de gens recouroient à moi, et jamais, dans tous les services que je pus leur rendre, aucun d'eux ne fut éconduit. Mais de ces premiers bienfaits, versés avec effusion de cœur, naissoient des chaînes d'engagements successifs que je n'avois pas prévus et dont je ne pouvois plus secouer le joug: mes premiers services n'étoient, aux yeux de ceux qui les recevoient, que les arrhes de ceux qui les devoient suivre ; et, dès que quelque infortuné avoit jeté sur moi le grappin d'un bienfait reçu, c'en étoit fait désormais, et ce premier bienfait, libre et volontaire, devenoit un droit indéfini à tous ceux dont il pouvoit avoir besoin dans la suite, sans que l'impuissance même suffît pour m'en affranchir. Voilà comment des jouissances très-douces se transformoient pour moi dans la suite en d'onéreux assujettissemens.

Ces chaînes cependant ne me parurent pas très-pesantes, tant qu'ignoré du public je vécus dans l'obscurité ; mais quand une fois ma personne fut affichée par mes écrits, faute grave sans doute, mais plus qu'expiée par mes malheurs, dès-lors je devins le bureau général d'adresse de tous les souffreteux ou soit-disants tels, de tous les aventuriers qui cherchoient des dupes, de tous ceux qui, sous prétexte du grand crédit qu'ils feignoient de m'attribuer, vouloient s'emparer de moi de manière ou d'autre. C'est alors que j'eus lieu de connoître que tous les penchants de la nature, sans en excepter la bienfaisance elle-même, portés ou suivis dans la société sans prudence et sans choix, changent de nature, et deviennent souvent aussi nuisibles qu'ils étoient utiles dans leur première direction. Tant de cruelles expériences changèrent peu à peu mes premières dispositions, ou plutôt, les renfermant enfin dans leurs véritables bornes, elles m'apprirent à suivre moins aveuglément mon penchant à bien faire, lorsqu'il ne servoit qu'à favoriser la méchanceté d'autrui.

Mais je n'ai point regret à ces mêmes expériences, puisqu'elles m'ont procuré, par la réflexion, de nouvelles lumières sur la connoissance de moi-même et sur les vrais motifs de ma conduite en mille circonstances sur lesquelles je me suis si souvent fait illusion : j'ai vu que, pour bien faire avec plaisir, il falloit que j'agisse librement, sans contrainte, et que, pour m'ôter toute la douceur d'une bonne œuvre, il suffisoit qu'elle devînt un devoir pour moi. Dès-lors le poids de l'obligation me fait un fardeau des plus douces jouissances; et, comme je l'ai dit dans l'*Émile*, à ce que je crois, j'eusse été chez les Turcs un mauvais mari à l'heure où le cri public les appelle à remplir les devoirs de leur état.

Voilà ce qui modifie beaucoup l'opinion que j'eus long-temps de ma propre vertu, car il n'y en a point à suivre ses penchants, et à se donner, quand ils nous y portent, le plaisir de bien faire : mais elle consiste à les vaincre quand le devoir le commande pour faire ce qu'il nous prescrit; et voilà ce que j'ai su moins faire qu'homme du monde. Né sensible et bon, portant la pitié jusqu'à la foiblesse, et me sentant exalter l'âme par tout ce qui tient à la générosité, je fus humain, bienfaisant, secourable, par goût, par passion même, tant qu'on n'intéressa que mon cœur ; j'eusse été le meilleur et le plus clément des hommes si j'en avois été le plus puissant ; et, pour éteindre en moi tout désir de vengeance, il m'eût suffi de pouvoir me venger. J'aurois même été juste sans peine contre mon propre intérêt ; mais contre celui des personnes qui m'étoient chères je n'aurois pu me résoudre à l'être. Dès que mon devoir et mon cœur étoient en contradiction, le premier eut rarement la victoire, à moins qu'il ne fallût seulement que m'abstenir : alors j'étois fort le plus souvent ; mais agir contre mon penchant me fut toujours impossible. Que ce soient les hommes, le devoir, ou même la nécessité, qui commandent, quand mon cœur se tait, ma volonté reste sourde, et je ne saurois obéir : je vois le mal qui me menace, et je le laisse arriver plutôt que de m'agiter pour le prévenir. Je commence quelquefois avec effort ; mais cet effort me lasse et m'épuise bien vite : je ne saurois continuer. En toute chose imaginable, ce que je ne fais pas avec plaisir m'est bientôt impossible à faire.

Il y a plus : la contrainte, d'accord avec mon désir, suffit pour l'anéantir et le changer en répugnance, en aversion même, pour peu qu'elle agisse trop fortement ; et voilà ce qui me rend pénible la bonne œuvre qu'on exige, et que je faisois de moi-même lorsqu'on ne l'exigeoit pas. Un bienfait purement gratuit est certainement une œuvre que j'aime à faire; mais quand celui qui l'a reçu s'en fait un titre pour en exiger la continuation sous peine de sa haine, quand il me fait une loi d'être à jamais son bienfaiteur, pour avoir d'abord pris plaisir à l'être, dès-lors la gêne commence, et le plaisir s'évanouit. Ce que je fais alors quand je cède est foiblesse et mauvaise honte : mais la bonne volonté n'y est plus ; et loin que je m'en applaudisse en moi-même, je me reproche en ma conscience de bien faire à contre-cœur.

Je sais qu'il y a une espèce de contrat, et même le plus saint de tous, entre le bienfaiteur et l'obligé : c'est une sorte de société qu'ils forment l'un avec l'autre, plus étroite que celle qui unit les hommes en général ; et si l'obligé s'engage tacitement à la reconnoissance, le bienfaiteur s'engage de même à conserver à l'autre, tant qu'il ne s'en rendra pas indigne, la même bonne volonté qu'il vient de lui témoigner, et à lui en renouveler les actes toutes les fois qu'il le pourra et qu'il en sera requis. Ce ne sont pas là des conditions expresses, mais ce sont des effets naturels de la relation qui vient de s'établir entre eux. Celui qui, la première fois, refuse un service gratuit qu'on lui demande ne donne aucun droit de se plaindre à celui qu'il a refusé ; mais celui qui, dans un cas semblable, refuse au même la même grâce qu'il lui accorda ci-devant frustre une espérance qu'il l'a autorisé à concevoir; il trompe et dément une attente qu'il a fait naître. On sent dans ce refus je ne sais quoi d'injuste et de plus dur que dans l'autre; mais il n'en est pas moins l'effet d'une indépendance que le cœur aime, et à laquelle il ne renonce pas sans effort. Quand je paie une dette, c'est un devoir que je remplis; quand je fais un don, c'est un plaisir que je me donne. Or le plaisir de remplir ses devoirs est de ceux que la seule habitude de la vertu fait naître : ceux qui nous viennent immédiatement de la nature ne s'élèvent pas si haut que cela.

Après tant de tristes expériences j'ai appris à prévoir de loin les conséquences de mes premiers mouvements suivis, et je me suis souvent abstenu d'une bonne œuvre que j'avois le désir et le pouvoir de faire, effrayé de l'assujettissement auquel dans la suite je m'allois soumettre, si je m'y livrois inconsidérément. Je n'ai pas toujours senti cette crainte : au contraire, dans ma jeunesse je m'attachois par mes propres bienfaits, et j'ai souvent éprouvé de même que ceux que j'obligeois s'affectionnoient à moi par reconnoissance encore plus que par intérêt. Mais les choses ont bien changé de face à cet égard comme à tout autre aussitôt que mes malheurs ont commencé : j'ai vécu dès lors dans une génération nouvelle qui ne ressembloit point à la première, et mes propres sentiments pour les autres ont souffert des changements que j'ai trouvés dans les leurs. Les mêmes gens que j'ai vus successivement dans ces deux générations si différentes, se sont, pour ainsi dire, assimilés successivement à l'une et à l'autre : de vrais et francs qu'ils étoient d'abord, devenus ce qu'ils sont, ils ont fait comme tous les autres; et, par cela seul que les temps sont changés, les hommes ont changé comme eux. Eh! comment pourrois-je garder les mêmes sentimens pour ceux en qui je trouve le contraire de ce qui les fit naître! Je ne les hais point, parce que je ne saurois haïr; mais je ne puis me défendre du mépris qu'ils méritent ni m'abstenir de le leur témoigner.

Peut-être, sans m'en apercevoir, ai-je changé moi-même plus qu'il n'auroit fallu : quel naturel résisteroit sans s'altérer à une situation pareille à la mienne? Convaincu par vingt ans d'expérience que tout ce que la nature a mis d'heureuses dispositions dans mon cœur est tourné, par ma destinée et par ceux qui en disposent, au préjudice de moi-même ou d'autrui, je ne puis plus regarder une bonne œuvre qu'on me présente à faire que comme un piège qu'on me tend, et sous lequel est caché quelque mal. Je sais que, quel que soit l'effet de l'œuvre, je n'en aurai pas moins le mérite de ma bonne intention : oui, ce mérite y est toujours, sans doute; mais le charme intérieur n'y est plus, et, sitôt que ce stimulant me manque, je ne sens qu'indifférence et glace au-dedans de moi, et, sûr qu'au lieu de faire une action vraiment utile, je ne fais qu'un acte de dupe, l'indignation de l'amour-propre, jointe au désaveu de la raison, ne m'inspire que répugnance et résistance où j'eusse été plein d'ardeur et de zèle dans mon état naturel.

Il est des sortes d'adversités qui élèvent et renforcent l'ame, mais il en est qui l'abattent et la tuent : telle est celle dont je suis la proie. Pour peu qu'il y eût quelque mauvais levain dans la mienne, elle l'eût fait fermenter à l'excès, elle m'eût rendu frénétique ; mais elle ne m'a rendu que nul. Hors d'état de bien faire et pour moi-même et pour autrui, je m'abstiens d'agir ; et cet état, qui n'est innocent que parce qu'il est forcé, me fait trouver une sorte de douceur à me livrer pleinement sans reproche à mon penchant naturel. Je vais trop loin sans doute, puisque j'évite les occasions d'agir, même où je ne vois que du bien à faire ; mais, certain qu'on ne me laisse pas voir les choses comme elles sont, je m'abstiens de juger sur les apparences qu'on leur donne ; et, de quelque leurre qu'on couvre les motifs d'agir, il suffit que ces motifs soient laissés à ma portée pour que je sois sûr qu'ils sont trompeurs.

Ma destinée semble avoir tendu, dès mon enfance, le premier piège qui m'a rendu long-temps si facile à tomber dans tous les autres : je suis né le plus confiant des hommes, et, durant quarante

SIXIÈME PROMENADE.

ans entiers, jamais cette confiance ne fut trompée une seule fois. Tombé tout d'un coup dans un autre ordre de gens et de choses, j'ai donné dans mille embûches sans jamais en apercevoir aucune ; et vingt ans d'expérience ont à peine suffi pour m'éclairer sur mon sort. Une fois convaincu qu'il n'y a que mensonge et fausseté dans les démonstrations grimacières qu'on me prodigue, j'ai passé rapidement à l'autre extrémité ; car, quand on est une fois sorti de son naturel, il n'y a plus de bornes qui nous retiennent. Dès-lors je me suis dégoûté des hommes, et ma volonté, concourant avec la leur à cet égard, me tient encore plus éloigné d'eux que ne font toutes leurs machines.

Ils ont beau faire, cette répugnance ne peut jamais aller jusqu'à l'aversion : en pensant à la dépendance où ils se sont mis de moi pour me tenir dans la leur, ils me font une pitié réelle ; si je ne suis malheureux, ils le sont eux-mêmes, et chaque fois que je rentre en moi, je les trouve toujours à plaindre. L'orgueil peut-être se mêle encore à ces jugements ; je me sens trop au-dessus d'eux pour les haïr : ils peuvent m'intéresser tout au plus jusqu'au mépris, mais jamais jusqu'à la haine ; enfin je m'aime trop moi-même pour pouvoir haïr qui que ce soit. Ce seroit resserrer, comprimer mon existence, et je voudrois plutôt l'étendre sur tout l'univers.

J'aime mieux les fuir que les haïr : leur aspect

frappe mes sens, et, par eux, mon cœur d'impressions que mille regards cruels me rendent pénibles ; mais le malaise cesse aussitôt que l'objet qui le cause a disparu. Je m'occupe d'eux, et bien malgré moi, par leur présence, mais jamais par leur souvenir : quand je ne les vois plus, ils sont pour moi comme s'ils n'existoient point.

... Ils ne me sont même indifférents qu'en ce qui se rapporte à moi ; car, dans leurs rapports entre eux, ils peuvent encore m'intéresser et m'émouvoir comme les personnages d'un drame que je verrois représenter. Il faudroit que mon être moral fût anéanti pour que la justice me devînt indifférente : le spectacle de l'injustice et de la méchanceté me fait encore bouillir le sang de colère ; les actes de vertu où je ne vois ni forfanterie ni ostentation me font toujours tressaillir de joie, et m'arrachent encore de douces larmes. Mais il faut que je les voie et les apprécie moi-même, car, après ma propre histoire, il faudroit que je fusse insensé pour adopter, sur quoi que ce fût, le jugement des hommes, et pour croire aucune chose sur la foi d'autrui.

Si ma figure et mes traits étoient aussi parfaitement inconnus aux hommes que le sont mon caractère et mon naturel, je vivrois encore sans peine au milieu d'eux : leur société même pourroit me plaire tant que je leur serois parfaitement étranger ; livré sans contrainte à mes inclinations naturelles, je les aimerois encore s'ils ne s'occupoient jamais de moi. J'exercerois sur eux une bienveillance universelle et parfaitement désintéressée; mais sans former jamais d'attachement particulier, et sans porter le joug d'aucun devoir, je ferois envers eux, librement et de moi-même, tout ce qu'ils ont tant de peine à faire incités par leur amour-propre, et contraints par toutes leurs lois.

Si j'étois resté libre, obscur, isolé, comme j'étois fait pour l'être, je n'aurois fait que du bien, car je n'ai dans le cœur le germe d'aucune passion nuisible; si j'eusse été invisible et tout-puissant comme Dieu, j'aurois été bienfaisant et bon comme lui. C'est la force et la liberté qui font les excellents hommes : la foiblesse et l'esclavage n'ont jamais fait que des méchants. Si j'eusse été possesseur de l'anneau de Gigès, il m'eût tiré de la dépendance des hommes et les eût mis dans la mienne. Je me suis souvent demandé dans mes châteaux en Espagne quel usage j'aurois fait de cet anneau; car c'est bien là que la tentation d'abuser doit être près du pouvoir : maître de contenter mes désirs, pouvant tout, sans pouvoir être trompé par personne, qu'aurois-je pu désirer avec quelque suite? Une seule chose : c'eût été de voir tous les cœurs contents; l'aspect de la félicité publique eût pu seul toucher mon cœur d'un sentiment permanent, et l'ardent désir d'y concourir eût été ma plus constante passion. Toujours juste sans partialité, et toujours bon sans foiblesse, je me serois également garanti des méfiances aveugles et des haines implacables, parce que, voyant les hommes tels qu'ils sont, et lisant aisément au fond de leurs cœurs, j'en aurois peu trouvé d'assez aimables pour mériter toutes mes affections; peu d'assez odieux pour mériter toute ma haine, et que leur méchanceté même m'eût disposé à les plaindre, par la connoissance certaine du mal qu'ils se font à eux-mêmes en voulant en faire à autrui. Peut-être aurois-je eu dans des moments de gaieté l'enfantillage d'opérer quelquefois des prodiges; mais parfaitement désintéressé pour moi-même, et n'ayant pour loi que mes inclinations naturelles, sur quelques actes de justice sévère j'en aurois fait mille de clémence et d'équité; ministre de la Providence et dispensateur de ses lois, selon mon pouvoir, j'aurois fait des miracles plus sages et plus utiles que ceux de la légende dorée et du tombeau de saint Médard.

Il n'y a qu'un seul point sur lequel la faculté de pénétrer partout invisible m'eût pu faire chercher des tentations auxquelles j'aurois mal résisté; et, une fois entré dans ces voies d'égarement, où n'eussé-je point été conduit par elles? Ce seroit bien mal connoître la nature et moi-même que de me flatter que ces facilités ne m'auroient point séduit, ou que la raison m'auroit arrêté dans cette fatale pente : sûr de moi sur tout autre article, j'étois perdu par celui-là seul. Celui que sa puissance met au-dessus de l'homme doit être au-dessus des foiblesses de l'humanité, sans quoi cet excès de force ne servira qu'à le mettre en effet au-dessous des autres et de ce qu'il eût été lui-même s'il fût resté leur égal.

Tout bien considéré, je crois que je ferai mieux de jeter mon anneau magique avant qu'il m'ait fait faire quelque sottise. Si les hommes s'obstinent à me voir tout autre que je ne suis, et que mon aspect irrite leur injustice, pour leur ôter cette vue il faut les fuir, mais non pas m'éclipser au milieu d'eux : c'est à eux de se cacher devant moi, de me dérober leurs manœuvres, de fuir la lumière du jour, de s'enfoncer en terre comme des taupes. Pour moi, qu'ils me voient, s'ils peuvent, tant mieux ; mais cela leur est impossible : ils ne verront jamais à ma place que le Jean-Jacques qu'ils se sont fait, et qu'ils ont fait selon leur cœur pour le haïr à leur aise. J'aurois donc tort de m'affecter de la façon dont ils me voient : je n'y dois prendre aucun intérêt véritable, car ce n'est pas moi qu'ils voient ainsi.

Le résultat que je puis tirer de toutes ces réflexions est que je n'ai jamais été vraiment propre à la société civile, où tout est gêne, obligation, devoir, et que mon naturel indépendant me rendit toujours incapable des assujettissements nécessaires à qui veut vivre avec les hommes. Tant que j'agis librement; je suis bon et je ne fais que du bien; mais sitôt que je sens le joug, soit de la nécessité, soit des hommes, je deviens rebelle ou plutôt rétif; alors je suis nul. Lorsqu'il faut faire le contraire de ma volonté, je ne le fais point, quoi qu'il arrive; je ne fais pas non plus ma volonté même, parce que je suis foible. Je m'abstiens d'agir, car toute ma foiblesse est pour l'action; toute ma force est négative, et tous mes péchés sont d'omission, rarement de commission. Je n'ai jamais cru que la liberté de l'homme consistât à faire ce qu'il veut, mais bien à ne jamais faire ce qu'il ne veut pas, et voilà celle que j'ai toujours réclamée, souvent conservée, et par qui j'ai été le plus en scandale à mes contemporains : car, pour eux, actifs, remuants, ambitieux, détestant la liberté dans les autres et n'en voulant point pour eux-mêmes, pourvu qu'ils fassent quelquefois leur volonté, ou plutôt qu'ils dominent celle d'autrui, ils se gênent toute leur vie à faire ce qui leur répugne, et n'omettent rien de servile pour commander. Leur tort n'a donc pas été de m'écarter de la société comme un membre inutile, mais de m'en proscrire comme un membre pernicieux; car j'ai très-peu fait de bien, je l'avoue; mais pour du mal, il n'en est entré dans ma volonté de ma vie, et je doute qu'il y ait aucun homme au monde qui en ait réellement moins fait que moi.

FIN DE LA SIXIÈME PROMENADE.

SEPTIÈME PROMENADE.

SOMMAIRE

DE LA

SEPTIÈME PROMENADE.

Rousseau, devenu plus que sexagénaire, suit son penchant pour la botanique. Il herborise jusque sur la cage de ses oiseaux. Théophraste est le seul botaniste de l'antiquité. Les idées médicinales ôtent tout le charme de l'étude des plantes. Il compare ensemble les trois règnes de la nature. Anecdotes sur ses herborisations en Suisse, et sur l'humilité d'un avocat de Grenoble.

SEPTIÈME PROMENADE.

Le recueil de mes longs rêves est à peine commencé, et déjà je sens qu'il touche à sa fin. Un autre amusement lui succède, m'absorbe, et m'ôte même le temps de rêver : je m'y livre avec un engouement qui tient de l'extravagance, et qui me fait rire moi-même quand j'y réfléchis; mais je ne m'y livre pas moins, parce que, dans la situation où me voilà, je n'ai plus d'autre règle de conduite que de suivre en tout mon penchant sans contrainte. Je ne peux rien à mon sort, je n'ai que des inclinations innocentes; et tous les jugements des hommes étant désormais nuls pour moi, la sagesse même veut qu'en ce qui reste à ma portée je fasse tout ce qui me flatte, soit en public, soit à part moi, sans autre règle que ma fantaisie, et sans autre mesure que le peu de force qui m'est resté. Me voilà donc à mon foin pour toute nourriture, et à la botanique pour toute occupation. Déjà vieux, j'en avois pris la première teinture en Suisse, auprès du docteur d'Ivernois, et j'avois herborisé assez heureusement, durant mes voyages, pour prendre une connoissance passable du règne végétal; mais devenu plus que sexagénaire, et sédentaire à Paris, les forces commençant à me manquer pour les grandes herborisations, et, d'ailleurs, assez livré à ma copie de musique pour n'avoir pas besoin d'autre occupation, j'avois abandonné cet amusement, qui ne m'étoit plus nécessaire; j'avois vendu mon herbier, j'avois vendu mes livres, content de revoir quelquefois les plantes communes que je trouvois autour de Paris, dans mes promenades. Durant cet intervalle, le peu que je savois s'est presque entièrement effacé de ma mémoire, et bien plus rapidement qu'il ne s'y étoit gravé.

Tout d'un coup, âgé de soixante-cinq ans passés, privé du peu de mémoire que j'avois, et des forces qui me restoient pour courir la campagne, sans guide, sans livres, sans jardin, sans herbier, me voilà repris de cette folie, mais avec plus d'ardeur encore que je n'en eus en m'y livrant la première fois; me voilà sérieusement occupé du sage projet d'apprendre par cœur tout le *regnum vegetabile* de Murray, et de connoître toutes les plantes connues sur la terre. Hors d'état de racheter des livres de botanique, je me suis mis en devoir de transcrire ceux qu'on m'a prêtés; et résolu de refaire un herbier plus riche que le premier, en attendant que j'y mette toutes les plantes de la mer et des Alpes, et de tous les arbres des Indes, je commence toujours à bon compte par le mouron, le cerfeuil, la bourrache et le seneçon : j'herborise savamment sur la cage de mes oiseaux; et à chaque

SEPTIÈME PROMENADE.

nouveau brin d'herbe que je rencontre, je me dis avec satisfaction : Voilà toujours une plante de plus.

Je ne cherche pas à justifier le parti que je prends de suivre cette fantaisie; je la trouve très-raisonnable, persuadé que, dans la position où je suis, me livrer aux amusements qui me flattent est une grande sagesse, et même une grande vertu : c'est le moyen de ne laisser germer dans mon cœur aucun levain de vengeance ou de haine; et pour trouver encore dans ma destinée du goût à quelque amusement, il faut assurément avoir un naturel bien épuré de toutes passions irascibles. C'est me venger de mes persécuteurs à ma manière : je ne saurois les punir plus cruellement que d'être heureux malgré eux.

Oui, sans doute, la raison me permet, me prescrit même de me livrer à tout penchant qui m'attire, et que rien ne m'empêche de suivre; mais elle ne m'apprend pas pourquoi ce penchant m'attire, et quel attrait je puis trouver à une vaine étude faite sans profit, sans progrès, et qui, vieux, radoteur, déjà caduc et pesant, sans facilité, sans mémoire, me ramène aux exercices de la jeunesse, et aux leçons d'un écolier : or c'est une bizarrerie que je voudrois m'expliquer. Il me semble que, bien éclaircie, elle pourroit jeter quelque nouveau jour sur cette connoissance de moi-même à l'acquisition de laquelle j'ai consacré mes derniers loisirs.

J'ai pensé quelquefois assez profondément, mais rarement avec plaisir, presque toujours contre mon gré et comme par force. La rêverie me délasse et m'amuse, la réflexion me fatigue et m'attriste. Penser fut toujours pour moi une occupation pénible et sans charme. Quelquefois mes rêveries finissent par la méditation, mais plus souvent mes méditations finissent par la rêverie ; et, durant ces égaremens, mon âme erre et plane dans l'univers sur les ailes de l'imagination, dans des extases qui passent toute autre jouissance.

Tant que je goûtai celle-là dans toute sa pureté, toute autre occupation me fut toujours insipide ; mais quand une fois, jeté dans la carrière littéraire par des impulsions étrangères, je sentis la fatigue du travail d'esprit, et l'importunité d'une célébrité malheureuse, je sentis en même temps languir et s'attiédir mes douces rêveries ; et, bientôt forcé de m'occuper malgré moi de ma triste situation, je ne pus plus retrouver que bien rarement ces chères extases qui, durant cinquante ans, m'avoient tenu lieu de fortune et de gloire, et, sans autre dépense que celle du temps, m'avoient rendu dans l'oisiveté le plus heureux des mortels.

J'avois même à craindre, dans mes rêveries, que mon imagination, effarouchée par mes malheurs, ne tournât enfin de ce côté son activité, et que le continuel sentiment de mes peines, me resserrant le cœur par degrés, ne m'accablât enfin de leur poids. Dans cet état, un instinct qui m'est naturel, me faisant fuir toute idée attristante, imposa silence à mon imagination; et, fixant mon attention sur les objets qui m'environnoient, me fit, pour la première fois, détailler le spectacle de la nature, que je n'avois guère contemplé jusqu'alors qu'en masse et dans son ensemble.

Les arbres, les arbrisseaux, les plantes, sont la parure et le vêtement de la terre. Rien n'est si triste que l'aspect d'une campagne nue et pelée, qui n'étale aux yeux que des pierres, du limon et des sables; mais, vivifiée par la nature, et revêtue de sa robe de noces, au milieu du cours des eaux et du chant des oiseaux, la terre offre à l'homme, dans l'harmonie des trois règnes, un spectacle plein de vie, d'intérêt et de charmes, le seul spectacle au monde dont ses yeux et son cœur ne se lassent jamais.

Plus un contemplateur a l'âme sensible, plus il se livre aux extases qu'excite en lui cet accord. Une rêverie douce et profonde s'empare alors de ses sens, et il se perd avec une délicieuse ivresse dans l'immensité de ce beau système avec lequel il se sent identifié. Alors tous les objets particuliers lui échappent; il ne voit et ne sent rien que dans le tout. Il faut que quelque circonstance particulière resserre ses idées et circonscrive son imagination pour qu'il puisse observer par partie cet univers qu'il s'efforçoit d'embrasser.

C'est ce qui m'arriva naturellement quand mon cœur, resserré par la détresse, rapprochoit et concentroit tous ses mouvements autour de lui pour conserver ce reste de chaleur prêt à s'évaporer et à s'éteindre dans l'abattement où je tombois par degré. J'errois nonchalamment dans les bois et dans les montagnes, n'osant penser de peur d'attiser mes douleurs. Mon imagination, qui se refuse aux objets de peine, laissoit mes sens se livrer aux impressions légères, mais douces, des objets environnants. Mes yeux se promenoient sans cesse de l'un à l'autre, et il n'étoit pas possible que, dans une variété si grande, il ne s'en trouvât qui les fixoient davantage, et les arrêtoient plus longtemps.

Je pris goût à cette récréation des yeux qui, dans l'infortune, repose, amuse, distrait l'esprit et suspend le sentiment des peines. La nature des objets aide beaucoup à cette diversion, et la rend plus séduisante. Les odeurs suaves, les vives couleurs, les plus élégantes formes, semblent se disputer à l'envi le droit de fixer notre attention. Il ne faut qu'aimer le plaisir pour se livrer à des sensations si douces; et si cet effet n'a pas lieu sur tous ceux qui en sont frappés, c'est, dans les uns, faute de sensibilité naturelle, et dans la plupart, que leur esprit, trop occupé d'autres idées, ne se livre qu'à la dérobée aux objets qui frappent leurs sens.

Une autre chose contribue encore à éloigner du règne végétal l'attention des gens de goût; c'est l'habitude de ne chercher dans les plantes que des drogues et des remèdes. Théophraste s'y étoit pris autrement, et l'on peut regarder ce philosophe comme le seul botaniste de l'antiquité : aussi n'est-il presque point connu parmi nous ; mais, grâce à un certain Dioscoride, grand compilateur de recettes, et à ses commentateurs, la médecine s'est tellement emparée des plantes transformées en simples, qu'on n'y voit que ce qu'on n'y voit point, savoir les prétendues vertus qu'il plaît au tiers et au quart de leur attribuer. On ne conçoit pas que l'organisation végétale puisse par elle-même mériter quelque attention; des gens qui passent leur vie à arranger savamment des coquilles se moquent de la botanique comme d'une étude inutile, quand on n'y joint pas, comme ils disent, celle des propriétés, c'est-à-dire quand on n'abandonne pas l'observation de la nature, qui ne ment point, et qui ne nous dit rien de tout cela, pour se livrer uniquement à l'autorité des hommes, qui sont menteurs, et qui nous affirment beaucoup de choses qu'il faut croire sur leur parole, fondée elle-même, le plus souvent, sur l'autorité d'autrui. Arrêtez-vous dans une prairie émaillée à examiner successivement les fleurs dont elle brille; ceux qui vous verront faire, vous prenant pour un frater, vous demanderont des herbes pour guérir la rogne des enfants, la gale des hommes, ou la morve des chevaux.

Ce dégoûtant préjugé est détruit en partie dans les autres pays, et surtout en Angleterre, grâce à Linnæus, qui a un peu tiré la botanique des écoles de pharmacie pour la rendre à l'histoire naturelle et aux usages économiques; mais en France, où cette étude a moins pénétré chez les gens du monde, on est resté sur ce point tellement barbare, qu'un bel-esprit de Paris, voyant à Londres un jardin de curieux, plein d'arbres et de plantes rares, s'écria, pour tout éloge : « Voilà un fort beau jardin d'apothicaire ! » A ce compte, le premier apothicaire fut Adam; car il n'est pas aisé d'imaginer un jardin mieux assorti de plantes que celui d'Éden.

Ces idées médicinales ne sont assurément guère propres à rendre agréable l'étude de la botanique; elles flétrissent l'émail des prés, l'éclat des fleurs, dessèchent la fraîcheur des bocages, rendent la verdure et les ombrages insipides et dégoûtants; toutes ces structures charmantes et gracieuses intéressent fort peu quiconque ne veut que piler tout cela dans un mortier, et l'on n'ira pas chercher des guirlandes pour les bergères parmi des herbes pour les lavements.

Toute cette pharmacie ne souilloit point mes images champêtres; rien n'en étoit plus éloigné que des tisanes et des emplâtres. J'ai souvent pensé, en regardant de près les champs, les vergers, les bois, et leurs nombreux habitants, que le règne végétal étoit un magasin d'aliments donnés par la nature à l'homme et aux animaux ; mais jamais il ne m'est venu à l'esprit d'y chercher des drogues et des remèdes. Je ne vois rien, dans ces diverses productions, qui m'indique un pareil usage ; et elle nous auroit montré le choix, si elle nous l'avoit prescrit, comme elle a fait pour les comestibles. Je sens même que le plaisir que je prends à parcourir les bocages seroit empoisonné par le sentiment des infirmités humaines s'il me laissoit penser à la fièvre, à la pierre, à la goutte, et au mal caduc. Du reste, je ne disputerai point aux végétaux les grandes vertus qu'on leur attribue ; je dirai seulement qu'en supposant ces vertus réelles, c'est malice pure aux malades de continuer à l'être ; car de tant de maladies que les hommes se donnent, il n'y en a pas une seule dont vingt sortes d'herbes ne guérissent radicalement.

Ces tournures d'esprit, qui rapportent toujours tout à notre intérêt matériel, qui font chercher partout du profit ou des remèdes, et qui feroient regarder avec indifférence toute la nature, si l'on se portoit toujours bien, n'ont jamais été les miennes. Je me sens là-dessus tout à rebours des autres hommes : tout ce qui tient au sentiment de mes besoins attriste et gâte mes pensées, et jamais je n'ai trouvé de vrais charmes aux plaisirs de l'esprit, qu'en perdant tout-à-fait de vue l'intérêt de mon corps. Ainsi, quand même je croirois à la médecine, et quand même ses remèdes seroient agréables, je ne trouverois jamais à m'en occuper ces délices que donne une contemplation pure et désintéressée; et mon ame ne sauroit s'exalter et planer sur la nature, tant que je la sens tenir aux liens de mon corps. D'ailleurs, sans avoir eu jamais grande confiance à la médecine, j'en ai eu beaucoup à des médecins que j'estimois, que j'aimois, et à qui je laissois gouverner ma carcasse avec pleine autorité. Quinze ans d'expérience m'ont instruit à mes dépens : rentré maintenant sous les seules lois de la nature, j'ai repris par elle ma première santé. Quand les médecins n'auroient point contre moi d'autres griefs, qui pourroit s'étonner de leur haine ? Je suis la preuve vivante de la vanité de leur art et de l'inutilité de leurs soins.

Non, rien de personnel, rien qui tienne à l'intérêt de mon corps ne peut occuper vraiment mon ame. Je ne médite, je ne rêve jamais plus délicieusement que quand je m'oublie moi-même. Je sens des extases, des ravissements inexprimables à me fondre, pour ainsi dire, dans le système des êtres, à m'identifier avec la nature entière. Tant que les hommes furent mes frères, je me faisois des projets de félicité terrestre; ces projets étant toujours relatifs au tout, je ne pouvois être heureux que de la félicité publique; et jamais l'idée d'un bonheur particulier n'a touché mon cœur que quand j'ai vu mes frères ne chercher le leur que dans ma misère. Alors, pour ne les pas haïr, il a bien fallu les fuir; alors, me réfugiant chez la mère commune, j'ai cherché, dans ses bras, à me soustraire aux atteintes de ses enfants; je suis devenu solitaire, ou, comme ils le disent, insociable et misanthrope, parce que la plus sauvage solitude me paroît préférable à la société des méchants, qui ne se nourrit que de trahisons et de haine.

Forcé de m'abstenir de penser, de peur de penser à mes malheurs malgré moi; forcé de contenir les restes d'une imagination riante, mais languissante, que tant d'angoisses pourroient effaroucher à la fin; forcé de tâcher d'oublier les hommes qui m'accablent d'ignominie et d'outrages, de peur que l'indignation ne m'aigrît enfin contre eux, je ne puis cependant me concentrer tout entier en moi-même, parce que mon ame expansive cherche, malgré que j'en aie, à étendre ses sentimens et son existence sur d'autres êtres, et je ne puis plus, comme autrefois, me jeter tête baissée dans ce vaste océan de la nature, parce que mes facultés, affoiblies et relâchées, ne trouvent plus d'objets assez déterminés, assez fixes, assez à ma portée, pour s'y attacher fortement, et que je ne me sens plus assez de vigueur pour nager dans le chaos de mes anciennes extases. Mes idées ne sont presque plus que des sensations, et la sphère de mon entendement ne passe pas les objets dont je suis immédiatement entouré.

Fuyant les hommes, cherchant la solitude, n'imaginant plus, pensant encore moins, et cependant doué d'un tempérament vif, qui m'éloigne de l'apathie languissante et mélancolique, je commençai de m'occuper de tout ce qui m'entouroit, et, par un instinct fort naturel, je donnai la préférence aux objets les plus agréables. Le règne minéral n'a rien en soi d'aimable et d'attrayant; ses richesses, enfermées dans le sein de la terre, semblent avoir été éloignées des regards des hommes pour ne pas tenter leur cupidité : elles sont là comme en réserve pour servir un jour de supplément aux véritables richesses qui sont plus à sa portée, et dont il perd le goût à mesure qu'il se corrompt. Alors il faut qu'il appelle l'industrie, la peine et le travail, au secours de ses misères; il fouille les entrailles de la terre; il va chercher dans son centre, aux risques de sa vie et aux dépens de sa santé, des biens imaginaires à la place des biens réels qu'elle lui offroit d'elle-même quand il savoit en jouir. Il fuit le soleil et le jour, qu'il n'est plus digne de voir; il s'enterre tout vivant, et fait bien, ne méritant plus de vivre à la lumière du jour. Là des carrières, des gouffres, des forges, des fourneaux, un appareil d'enclumes, de marteaux, de fumée et de feu, succèdent aux douces images des travaux champêtres. Les visages hâves des malheureux qui languissent dans les infectes vapeurs des mines, de noirs forgerons, de hideux cyclopes, sont le spectacle que l'appareil des mines substitue, au sein de la terre, à celui de la verdure et des fleurs, du ciel azuré, des bergers amoureux, et des laboureurs robustes, sur sa surface.

Il est aisé, je l'avoue, d'aller ramassant du sable et des pierres, et d'en remplir ses poches et son cabinet, et de se donner avec cela les airs d'un naturaliste : mais ceux qui s'attachent et se bornent à ces sortes de collections sont, pour l'ordinaire, de riches ignorants qui ne cherchent à cela que le plaisir de l'étalage. Pour profiter dans l'étude des minéraux, il faut être chimiste et physicien ; il faut faire des expériences pénibles et coûteuses, travailler dans des laboratoires, dépenser beaucoup d'argent et de temps parmi le charbon, les creusets, les fourneaux, les cornues, dans la fumée et les vapeurs étouffantes, toujours au risque de sa vie, et souvent aux dépens de sa santé. De tout ce triste et fatigant travail résulte pour l'ordinaire beaucoup moins de savoir que d'orgueil ; et où est le plus médiocre chimiste qui ne croie pas avoir pénétré toutes les grandes opérations de la nature, pour avoir trouvé, par hasard peut-être, quelques petites combinaisons de l'art ?

Le règne animal est plus à notre portée, et certainement mérite encore mieux d'être étudié; mais enfin cette étude n'a-t-elle pas aussi ses difficultés, ses embarras, ses dégoûts et ses peines, surtout pour un solitaire qui n'a, ni dans ses jeux ni dans ses travaux, d'assistance à espérer de personne? Comment observer, disséquer, étudier, connoître les oiseaux dans les airs, les poissons dans les eaux, les quadrupèdes plus légers que le vent, plus forts que l'homme, et qui ne sont pas plus disposés à venir s'offrir à mes recherches, que moi de courir après eux pour les y soumettre de force? J'aurois donc pour ressource des escargots, des vers, des mouches; et je passerois ma vie à me mettre hors d'haleine pour courir après des papillons, à empaler de pauvres insectes, à disséquer des souris quand j'en pourrois prendre, ou les charognes des bêtes que par hasard je trouverois mortes. L'étude des animaux n'est rien sans l'anatomie; c'est par elle qu'on apprend à les classer, à distinguer les genres, les espèces. Pour les étudier par leurs mœurs, par leurs caractères, il faudroit avoir des volières, des viviers, des ménageries; il faudroit les contraindre, en quelque manière que ce pût être, à rester rassemblés autour de moi; je n'ai ni le goût ni les moyens de les tenir en captivité, ni l'agilité nécessaire pour les suivre dans leurs allures quand ils sont en liberté. Il faudra donc les étudier morts, les déchirer, les

SEPTIÈME PROMENADE.

désosser, fouiller à loisir dans leurs entrailles palpitantes! Quel appareil affreux qu'un amphithéâtre anatomique! des cadavres puants, de baveuses et livides chairs, du sang, des intestins dégoûtants, des squelettes affreux, des vapeurs pestilentielles! Ce n'est pas là, sur ma parole, que Jean-Jacques ira chercher ses amusements.

Brillantes fleurs, émail des prés, ombrages frais, ruisseaux, bosquets, verdure, venez purifier mon imagination salie par tous ces hideux objets. Mon ame, morte à tous les grands mouvements, ne peut plus s'affecter que par des objets sensibles; je n'ai plus que des sensations, et ce n'est plus que par elles que la peine ou le plaisir peuvent m'atteindre ici-bas. Attiré par les riants objets qui m'entourent, je les considère, je les contemple, je les compare, j'apprends enfin à les classer, et me voilà tout d'un coup aussi botaniste qu'a besoin de l'être celui qui ne veut étudier la nature que pour trouver sans cesse de nouvelles raisons de l'aimer.

Je ne cherche point à m'instruire : il est trop tard. D'ailleurs je n'ai jamais vu que tant de science contribuât au bonheur de la vie; mais je cherche à me donner des amusements doux et simples que je puisse goûter sans peine, et qui me distraient de mes malheurs. Je n'ai ni dépense à faire, ni peine à prendre pour errer nonchalamment d'herbe en herbe, de plante en plante, pour les examiner, pour comparer leurs divers caractères, pour marquer leurs rapports et leurs différences, enfin pour observer l'organisation végétale de manière à suivre la marche et le jeu des machines vivantes, à chercher quelquefois avec succès leurs lois générales, la raison et la fin de leurs structures diverses, et à me livrer aux charmes de l'admiration reconnoissante pour la main qui me fait jouir de tout cela.

Les plantes semblent avoir été semées avec profusion sur la terre, comme les étoiles dans le ciel, pour inviter l'homme, par l'attrait du plaisir et de la curiosité, à l'étude de la nature : mais les astres sont placés loin de nous; il faut des connoissances préliminaires, des instruments, des machines, de bien longues échelles pour les atteindre et les rapprocher à notre portée. Les plantes y sont naturellement; elles naissent sous nos pieds, et dans nos mains pour ainsi dire, et si la petitesse de leurs parties essentielles les dérobe quelquefois à la simple vue, les instruments qui les y rendent sont d'un beaucoup plus facile usage que ceux de l'astronomie. La botanique est l'étude d'un oisif et paresseux solitaire : une pointe et une loupe sont tout l'appareil dont il a besoin pour les observer. Il se promène, il erre librement d'un objet à l'autre, il fait la revue de chaque fleur avec intérêt et curiosité; et sitôt qu'il commence à saisir les lois de leur structure, il goûte à les observer un plaisir sans peine, aussi vif que s'il lui en coûtoit beaucoup. Il y a dans cette oiseuse occupation un charme qu'on ne sent que dans le plein calme des passions, mais qui suffit seul alors pour rendre la vie heureuse et douce; mais sitôt qu'on y mêle un motif d'intérêt ou de vanité, soit pour remplir des places ou pour faire des livres, sitôt qu'on ne veut apprendre que pour instruire, qu'on n'herborise que pour devenir auteur ou professeur, tout ce doux charme s'évanouit, on ne voit plus dans les plantes que des instruments de nos passions, on ne trouve plus aucun vrai plaisir dans leur étude, on ne veut plus savoir, mais montrer qu'on sait, et dans les bois on n'est que sur le théâtre du monde, occupé du soin de s'y faire admirer; ou bien, se bornant à la botanique de cabinet et de jardin tout au plus, au lieu d'observer les végétaux dans la nature, on ne s'occupe que de systèmes et de méthodes; matière éternelle de dispute, qui ne fait pas connoître une plante de plus, et ne jette aucune véritable lumière sur l'histoire naturelle et le règne végétal. De là les haines, les jalousies, que la concurrence de célébrité excite chez les botanistes auteurs, autant et plus que chez les autres savants. En dénaturant cette aimable étude, ils la transplantent au milieu des villes et des académies, où elle ne dégénère pas moins que les plantes exotiques dans les jardins des curieux.

Des dispositions bien différentes ont fait pour

moi de cette étude une espèce de passion qui remplit le vide de toutes celles que je n'ai plus. Je gravis les rochers, les montagnes, je m'enfonce dans les vallons, dans les bois, pour me dérober, autant qu'il est possible, au souvenir des hommes et aux atteintes des méchants. Il me semble que sous les ombrages d'une forêt je suis oublié, libre, et paisible, comme si je n'avois plus d'ennemis, ou que le feuillage des bois dût me garantir de leurs atteintes, comme il les éloigne de mon souvenir, et je m'imagine, dans ma bêtise, qu'en ne pensant point à eux ils ne penseront point à moi. Je trouve une si grande douceur dans cette illusion, que je m'y livrerois tout entier si ma situation, ma foiblesse et mes besoins me le permettoient. Plus la solitude où je vis alors est profonde, plus il faut que quelque objet en remplisse le vide, et ceux que mon imagination me refuse ou que ma mémoire repousse sont suppléés par les productions spontanées que la terre non forcée par les hommes offre à nos yeux de toutes parts. Le plaisir d'aller dans un désert chercher de nouvelles plantes couvre celui d'échapper à mes persécuteurs; et, parvenu dans des lieux où je ne vois nulles traces d'hommes, je respire plus à mon aise, comme dans un asile où leur haine ne me poursuit plus.

Je me rappellerai toute ma vie une herborisation que je fis un jour du côté de la Robaila, montagne du justicier Clerc. J'étois seul; je m'enfonçai dans les anfractuosités de la montagne; et, de bois en bois, de roche en roche, je parvins à un réduit si caché, que je n'ai vu de ma vie un aspect plus sauvage. De noirs sapins entremêlés de hêtres prodigieux, dont plusieurs tombés de vieillesse et entrelacés les uns dans les autres, fermoient ce réduit de barrières impénétrables; quelques intervalles que laissoit cette sombre enceinte n'offroient au-delà que des roches coupées à pic, et d'horribles précipices que je n'osois regarder qu'en me couchant sur le ventre. Le duc, la chevêche et l'orfraie, faisoient entendre leurs cris dans les fentes de la montagne; quelques petits oiseaux rares, mais familiers, tempéroient cependant l'horreur de cette solitude; là, je trouvai la dentaire *heptaphyllos*, le *ciclamen*, le *nidus avis*, le grand *laserpitium*, et quelques autres plantes qui me charmèrent et m'amusèrent long-temps; mais, insensiblement dominé par la forte impression des objets, j'oubliai la botanique et les plantes, je m'assis sur des oreillers de *lycopodium* et de mousses, et je me mis à rêver plus à mon aise, en pensant que j'étois là dans un refuge ignoré de tout l'univers, où les persécuteurs ne me déterreroient pas. Un mouvement d'orgueil se mêla bientôt à cette rêverie. Je me comparois à ces grands voyageurs qui découvrent une île déserte, et je me disois avec complaisance : Sans doute je suis le premier mortel qui ait pénétré jusqu'ici. Je me regardois presque comme un autre Colomb. Tandis que je me pavanois dans cette idée, j'entendis peu loin de moi un certain cliquetis que je crus reconnoître; j'écoute : le même bruit se répète et se multiplie. Surpris et curieux, je me lève, je perce à travers un fourré de broussailles du côté d'où venoit le bruit, et dans une combe, à vingt pas du lieu même où je croyois être parvenu le premier, j'aperçois une manufacture de bas.

Je ne saurois exprimer l'agitation confuse et contradictoire que je sentis dans mon cœur à cette découverte. Mon premier mouvement fut un sentiment de joie de me retrouver parmi des humains où je m'étois cru totalement seul; mais ce mouvement, plus rapide que l'éclair, fit bientôt place à un sentiment douloureux plus durable, comme ne pouvant dans les antres mêmes des Alpes échapper aux cruelles mains des hommes acharnés à me tourmenter. Car j'étois bien sûr qu'il n'y avoit peut-être pas deux hommes dans cette fabrique qui ne fussent initiés dans le complot dont le prédicant Montmollin s'étoit fait le chef, et qui tiroit de plus loin ses premiers mobiles. Je me hâtai d'écarter cette triste idée, et je finis par rire en moi-même et de ma vanité puérile, et de la manière comique dont j'en avois été puni.

Mais, en effet, qui jamais eût dû s'attendre à trouver une manufacture dans un précipice ! Il n'y a que la Suisse au monde qui présente ce mé-

SEPTIÈME PROMENADE.

lange de la nature sauvage et de l'industrie humaine. La Suisse entière n'est, pour ainsi dire, qu'une grande ville, dont les rues, larges et longues plus que celle de Saint-Antoine, sont semées de forêts, coupées de montagnes, et dont les maisons éparses et isolées ne communiquent entre elles que par des jardins anglois. Je me rappelai à ce sujet, une autre herborisation que du Peyrou, d'Escherny, le colonel Pury, le justicier Clerc et moi, avions faite il y avoit quelque temps sur la montagne de Chasseron, du sommet de laquelle on découvre sept lacs. On nous dit qu'il n'y avoit qu'une seule maison sur cette montagne, et nous n'eussions sûrement pas deviné la profession de celui qui l'habitoit, si l'on n'eût ajouté que c'étoit un libraire, et qui même faisoit fort bien ses affaires dans le pays [*]. Il me semble qu'un seul fait de cette espèce fait mieux connoître la Suisse que toutes les descriptions des voyageurs.

En voici un autre de même nature, ou à peu près, qui ne fait pas mieux connoître un peuple fort différent. Durant mon séjour à Grenoble je faisois souvent de petites herborisations hors la ville avec le sieur Bovier, avocat de ce pays-là, non pas qu'il aimât ni sût la botanique, mais parce

---

[*] C'est sans doute la ressemblance des noms qui a entraîné Rousseau à appliquer l'anecdote du libraire *Chasseron*, au lieu de *Chasseral*, autre montagne très-élevée, sur les frontières de la principauté de Neuchâtel. (*Note des éditeurs de Genève.*)

que, s'étant fait mon garde de la manche, il se faisoit, autant que la chose étoit possible, une loi de ne pas me quitter d'un pas. Un jour nous nous promenions le long de l'Isère, dans un lieu tout plein de saules épineux. Je vis sur ces arbrisseaux des fruits mûrs ; j'eus la curiosité d'en goûter, et, leur trouvant une petite acidité très-agréable, je me mis à manger de ces grains pour me rafraîchir : le sieur Bovier se tenoit à côté de moi sans m'imiter et sans rien dire. Un de ses amis survint qui, me voyant picorer ces grains, me dit : Eh ! monsieur, que faites-vous là ? ignorez-vous que ce fruit empoisonne ? Ce fruit empoisonne ! m'écriai-je tout surpris. Sans doute, reprit-il, et tout le monde sait si bien cela, que personne dans le pays ne s'avise d'en goûter. Je regardois le sieur Bovier, et je lui dis : Pourquoi donc ne m'avertissiez-vous pas ? Ah ! monsieur, me répondit-il d'un ton respectueux, je n'osois pas prendre cette liberté. Je me mis à rire de cette humilité dauphinoise, en discontinuant néanmoins ma petite collation. J'étois persuadé, comme je le suis encore, que toute production naturelle agréable au goût ne peut être nuisible au corps, ou ne l'est du moins que par son excès. Cependant j'avoue que je m'écoutai un peu tout le reste de la journée : mais j'en fus quitte pour un peu d'inquiétude ; je soupai très-bien, dormis mieux, et me levai le matin en parfaite santé, après avoir avalé la veille quinze ou vingt grains de ce terrible *hippophæe*, qui empoisonne à très-petite dose, à ce que tout le monde me dit à Grenoble le lendemain. Cette aventure me parut si plaisante, que je ne me la rappelle jamais sans rire de la singulière discrétion de M. l'avocat Bovier.

Toutes mes courses de botanique, les diverses impressions du local des objets qui m'ont frappé, les idées qu'il m'a fait naître, les incidents qui s'y sont mêlés, tout cela m'a laissé des impressions qui se renouvellent par l'aspect des plantes herborisées dans ces mêmes lieux. Je ne reverrai plus ces beaux paysages, ces forêts, ces lacs, ces bosquets, ces rochers, ces montagnes, dont l'aspect a toujours touché mon cœur : mais maintenant que je ne peux plus courir ces heureuses contrées, je n'ai qu'à ouvrir mon herbier, et bientôt il m'y transporte. Les fragments des plantes que j'y ai cueillies suffisent pour me rappeler tout ce magnifique spectacle. Cet herbier est pour moi un journal d'herborisations, qui me les fait recommencer avec un nouveau charme, et produit l'effet d'un optique, qui les peindroit derechef à mes yeux.

C'est la chaîne des idées accessoires qui m'attache à la botanique. Elle rassemble et rappelle à mon imagination toutes les idées qui la flattent davantage; les prés, les eaux, les bois, la solitude, la paix surtout, et le repos qu'on trouve au milieu de tout cela, sont retracés par elle incessamment à ma mémoire. Elle me fait oublier les persécutions des hommes, leur haine, leurs mépris, leurs outrages, et tous les maux dont ils ont payé mon tendre et sincère attachement pour eux. Elle me transporte dans des habitations paisibles, au milieu de gens simples et bons, tels que ceux avec qui j'ai vécu jadis. Elle me rappelle et mon jeune âge, et mes innocents plaisirs; elle m'en fait jouir derechef, et me rend heureux bien souvent encore, au milieu du plus triste sort qu'ait subi jamais un mortel.

FIN DE LA SEPTIÈME PROMENADE.

HUITIÈME PROMENADE.

SOMMAIRE

DE LA

HUITIÈME PROMENADE.

Rousseau ne changeroit pas sa destinée, quoique très-déplorable, contre celle du plus fortuné des mortels. Il avoue qu'il a eu beaucoup d'amour-propre quand il a vécu dans le monde. Il ne s'affecte pas des maux à venir, mais de ceux qu'il souffre dans le moment. Tous les évènements de la vie et les pièges des hommes n'ont plus de prise sur lui.

HUITIÈME PROMENADE.

En méditant sur les dispositions de mon ame dans toutes les situations de ma vie, je suis extrêmement frappé de voir si peu de proportion entre les diverses combinaisons de ma destinée et les sentiments habituels de bien ou mal être dont elles m'ont affecté. Les divers intervalles de mes courtes prospérités ne m'ont laissé presque aucun souvenir agréable de la manière intime et permanente dont elles m'ont affecté; et, au contraire, dans toutes les misères de ma vie, je me sentois constamment rempli de sentiments tendres, touchants, délicieux, qui, versant un baume salutaire sur les blessures de mon cœur navré, sembloient en convertir la douleur en volupté, et dont l'aimable souvenir me revient seul, dégagé de celui des maux que j'éprouvois en même temps. Il me semble que j'ai plus goûté la douceur de l'existence; que j'ai réellement plus vécu, quand mes sentiments, resserrés, pour ainsi dire, autour de mon cœur par ma destinée, n'alloient point s'évaporant au dehors sur tous les objets de l'estime des hommes qui en méritent si peu par eux-mêmes, et qui font l'unique occupation des gens que l'on croit heureux.

Quand tout étoit dans l'ordre autour de moi, quand j'étois content de tout ce qui m'entouroit, et de la sphère dans laquelle j'avois à vivre, je la remplissois de mes affections. Mon ame expansive s'étendoit sur d'autres objets; et, toujours attiré loin de moi par des goûts de mille espèces, par des attachements aimables qui sans cesse occupoient mon cœur, je m'oubliois, en quelque façon, moi-même; j'étois tout entier à ce qui m'étoit étranger, et j'éprouvois, dans la continuelle agitation de mon cœur, toute la vicissitude des choses humaines. Cette vie orageuse ne me laissoit ni paix au dedans, ni repos au dehors. Heureux en apparence, je n'avois pas un sentiment qui pût soutenir l'épreuve de la réflexion, et dans lequel je pusse vraiment me complaire. Jamais je n'étois parfaitement content ni d'autrui, ni de moi-même. Le tumulte du monde m'étourdissoit, la solitude m'ennuyoit, j'avois sans cesse besoin de changer de place, et je n'étois bien nulle part. J'étois fêté pourtant, bien voulu, bien reçu, caressé partout; je n'avois pas un ennemi, pas un malveillant, pas un envieux; comme on ne cherchoit qu'à m'obliger, j'avois souvent le plaisir d'obliger moi-même beaucoup de monde, et, sans bien, sans emploi, sans fauteurs, sans grands talents bien développés ni bien connus, je jouissois des avantages attachés à tout cela, et je ne voyois personne, dans aucun état, dont le sort me parût préférable au mien.

HUITIÈME PROMENADE.

Que me manquoit-il donc pour être heureux? Je l'ignore; mais je sais que je ne l'étois pas. Que me manque-t-il aujourd'hui pour être le plus infortuné des mortels? Rien de tout ce que les hommes ont pu mettre du leur pour cela. Hé bien! dans cet état déplorable, je ne changerois pas encore d'être et de destinée contre le plus fortuné d'entre eux, et j'aime encore mieux être moi dans toute ma misère, que d'être aucun de ces gens-là dans toute leur prospérité. Réduit à moi seul, je me nourris, il est vrai, de ma propre substance, mais elle ne s'épuise pas; je me suffis à moi-même, quoique je rumine, pour ainsi dire, à vide, et que mon imagination tarie et mes idées éteintes ne fournissent plus d'aliments à mon cœur. Mon ame offusquée, obstruée par mes organes, s'affaisse de jour en jour, et, sous le poids de ces lourdes masses, n'a plus assez de vigueur pour s'élancer, comme autrefois, hors de sa vieille enveloppe.

C'est à ce retour sur nous-mêmes que nous force l'adversité; et c'est peut-être là ce qui la rend le plus insupportable à la plupart des hommes. Pour moi, qui ne trouve à me reprocher que des fautes, j'en accuse ma foiblesse, et je me console, car jamais mal prémédité n'approcha de mon cœur.

Cependant, à moins d'être stupide, comment contempler un moment ma situation, sans la voir aussi horrible qu'ils l'ont rendue, et sans périr de douleur et de désespoir? Loin de cela, moi, le plus sensible des êtres, je la contemple et ne m'en émeus pas; et, sans combats, sans efforts sur moi-même, je me vois presque avec indifférence dans un état dont nul autre homme peut-être ne supporteroit l'aspect sans effroi.

Comment en suis-je venu là? car j'étois bien loin de cette disposition paisible, au premier soupçon du complot dont j'étois enlacé depuis long-temps sans m'en être aucunement aperçu. Cette découverte nouvelle me bouleversa. L'infamie et la trahison me surprirent au dépourvu. Quelle ame honnête est préparée à de tels genres de peines? Il faudroit les mériter pour les prévoir. Je tombai dans tous les piéges qu'on creusa sous mes pas. L'indignation, la fureur, le délire, s'emparèrent de moi : je perdis la tramontane. Ma tête se bouleversa; et, dans les ténèbres horribles où l'on n'a cessé de me tenir plongé, je n'aperçus plus ni lueur pour me conduire, ni appui, ni prise où je pusse me tenir ferme, et résister au désespoir qui m'entraînoit.

Comment vivre heureux et tranquille dans cet état affreux? J'y suis pourtant encore, et plus enfoncé que jamais, et j'y ai retrouvé le calme et la paix, et j'y vis heureux et tranquille, et j'y ris des incroyables tourments que mes persécuteurs se donnent sans cesse, tandis que je reste en paix, occupé de fleurs, d'étamines et d'enfantillages, et que je ne songe pas même à eux.

Comment s'est fait ce passage? Naturellement, insensiblement, et sans peine. La première surprise fut épouvantable. Moi qui me sentois digne d'amour et d'estime, moi qui me croyois honoré, chéri, comme je méritois de l'être, je me vis travesti tout d'un coup en un monstre affreux tel qu'il n'en exista jamais. Je vois toute une génération se précipiter tout entière dans cette étrange opinion, sans explication, sans doute, sans honte, et sans que je puisse parvenir à savoir jamais la cause de cette étrange révolution. Je me débattis avec violence et ne fis que mieux m'enlacer. Je voulus forcer mes persécuteurs à s'expliquer avec moi; ils n'avoient garde. Après m'être long-temps tourmenté sans succès, il fallut bien prendre haleine. Cependant j'espérois toujours; je me disois : Un aveuglement si stupide, une si absurde prévention, ne sauroit gagner tout le genre humain. Il y a des hommes de sens qui ne partagent pas le délire; il y a des ames justes qui détestent la fourberie et les traîtres. Cherchons, je trouverai peut-être enfin un homme : si je le trouve, ils sont confondus. J'ai cherché vainement; je ne l'ai point trouvé. La ligue est universelle, sans exception, sans retour; et je suis sûr d'achever mes jours dans cette affreuse proscription, sans jamais en pénétrer le mystère.

C'est dans cet état déplorable qu'après de longues angoisses, au lieu du désespoir qui sembloit devoir être enfin mon partage; j'ai retrouvé la sérénité, la tranquillité, la paix, le bonheur même, puisque chaque jour de ma vie me rappelle avec plaisir celui de la veille, et que je n'en désire point d'autre pour le lendemain.

D'où vient cette différence? D'une seule chose; c'est que j'ai appris à porter le joug de la nécessité sans murmure. C'est que je m'efforçois de tenir encore à mille choses, et que toutes ces prises m'ayant successivement échappé, réduit à moi seul, j'ai repris enfin mon assiette. Pressé de tous côtés, je demeure en équilibre, parce que je ne m'attache plus à rien; je ne m'appuie que sur moi.

Quand je m'élevois avec tant d'ardeur contre l'opinion, je portois encore son joug sans que je m'en aperçusse. On veut être estimé des gens qu'on estime; et tant que je pus juger avantageusement des hommes ou du moins de quelques hommes, les jugements qu'ils portoient de moi ne pouvoient m'être indifférents : je voyois que souvent les jugements du public sont équitables; mais je ne voyois pas que cette équité même étoit l'effet du hasard, que les règles sur lesquelles les hommes fondent leurs opinions ne sont tirées que de leurs passions ou de leurs préjugés, qui en sont l'ouvrage, et que, lors même qu'ils jugent bien, souvent encore ces bons jugements naissent d'un mauvais principe, comme lorsqu'ils feignent d'honorer en quelques succès le mérite d'un homme, non par

HUITIÈME PROMENADE.

esprit de justice, mais pour se donner un air impartial, en calomniant tout à leur aise le même homme sur d'autres points.

Mais quand, après de si longues et vaines recherches, je les vis tous rester sans exception dans le plus inique et absurde système que l'esprit infernal pût inventer; quand je vis qu'à mon égard la raison étoit bannie de toutes les têtes et l'équité de tous les cœurs; quand je vis une génération frénétique se livrer tout entière à l'aveugle fureur de ses guides contre un infortuné qui jamais ne fit, ne voulut, ne rendit de mal à personne; quand, après avoir vainement cherché un homme, il fallut éteindre enfin ma lanterne et m'écrier : Il n'y en a plus; alors je commençai à me voir seul sur la terre, et je compris que mes contemporains n'étoient, par rapport à moi, que des êtres mécaniques qui n'agissoient que par impulsion, et dont je ne pouvois calculer l'action que par les lois du mouvement : quelque intention, quelque passion que j'eusse pu supposer dans leurs ames, elles n'auroient jamais expliqué leur conduite à mon égard d'une façon que je pusse entendre. C'est ainsi que leurs dispositions intérieures cessèrent d'être quelque chose pour moi; je ne vis plus en eux que des masses différemment mues, dépourvues à mon égard de toute moralité.

Dans tous les maux qui nous arrivent nous regardons plus à l'intention qu'à l'effet : une tuile qui tombe d'un toit peut nous blesser davantage, mais ne nous navre pas tant qu'une pierre lancée à dessein par une main malveillante; le coup porte à faux quelquefois, mais l'intention ne manque jamais son atteinte. La douleur matérielle est ce qu'on sent le moins dans les atteintes de la fortune; et quand les infortunés ne savent à qui s'en prendre de leurs malheurs, ils s'en prennent à la destinée qu'ils personnifient, et à laquelle ils prêtent des yeux et une intelligence pour les tourmenter à dessein : c'est ainsi qu'un joueur, dépité par ses pertes, se met en fureur sans savoir contre qui; il imagine un sort qui s'acharne à dessein sur lui pour le tourmenter, et, trouvant un aliment à sa colère, il s'anime et s'enflamme contre l'ennemi qu'il s'est créé. L'homme sage, qui ne voit dans tous les malheurs qui lui arrivent que les coups de l'aveugle nécessité, n'a point ces agitations insensées; il crie dans sa douleur, mais sans emportement, sans colère; il ne sent du mal dont il est la proie que l'atteinte matérielle, et les coups qu'il reçoit ont beau blesser sa personne, pas un n'arrive jusqu'à son cœur.

C'est beaucoup que d'en être venu là, mais ce n'est pas tout, si l'on s'arrête : c'est bien avoir coupé le mal, mais c'est avoir laissé la racine; car cette racine n'est pas dans les êtres qui nous sont étrangers, elle est en nous-mêmes, et c'est là qu'il faut travailler pour l'arracher tout-à-fait. Voilà ce que je sentis parfaitement dès que je commençai de revenir à moi : ma raison ne me montrant qu'absurdités dans toutes les explications que je cherchois à donner à ce qui m'arrive, je compris que les causes, les instruments, les moyens de tout cela m'étant inconnus et inexplicables, devoient être nuls pour moi ; que je devois regarder tous les détails de ma destinée comme autant d'actes d'une pure fatalité, où je ne devois supposer ni direction, ni intention, ni cause morale ; qu'il falloit m'y soumettre sans raisonner et sans regimber, parce que cela étoit inutile ; que tout ce que j'avois à faire encore sur la terre étant de m'y regarder comme un être purement passif, je ne devois point user à résister inutilement à ma destinée la force qui me restoit pour la supporter. Voilà ce que je me disois ; ma raison, mon cœur, y acquiesçoient, et néanmoins je sentois ce cœur murmurer encore. D'où venoit ce murmure? Je le cherchai, je le trouvai ; il venoit de l'amour-propre, qui, après s'être indigné contre les hommes, se soulevoit encore contre la raison.

Cette découverte n'étoit pas si facile à faire qu'on pourroit croire, car un innocent persécuté prend long-temps pour un pur amour de la justice l'orgueil de son petit individu : mais aussi la véritable source, une fois bien connue, est facile à tarir, ou du moins à détourner. L'estime de soi-même est le plus grand mobile des ames fières ;

l'amour-propre, fertile en illusions, se déguise et se fait prendre pour cette estime; mais quand la fraude enfin se découvre et que l'amour-propre ne peut plus se cacher, dès-lors il n'est plus à craindre, et quoiqu'on l'étouffe avec peine, on le subjugue au moins aisément.

Je n'eus jamais beaucoup de pente à l'amour-propre; mais cette passion factice s'étoit exaltée en moi dans le monde, et surtout quand je fus auteur : j'en avois peut-être encore moins qu'un autre, mais j'en avois prodigieusement. Les terribles leçons que j'ai reçues l'ont bientôt renfermé dans ses premières bornes : il commença par se révolter contre l'injustice, mais il a fini par la dédaigner; en se repliant sur mon ame, en coupant les relations extérieures qui le rendent exigeant, en renonçant aux comparaisons, aux préférences, il s'est contenté que je fusse bon pour moi. Alors, redevenant amour de moi-même, il est rentré dans l'ordre de la nature, et m'a délivré du joug de l'opinion.

Dès-lors j'ai retrouvé la paix de l'âme et presque la félicité; car, dans quelque situation qu'on se trouve, ce n'est que par lui qu'on est constamment malheureux. Quand il se tait et que la raison parle, elle nous console enfin de tous les maux qu'il n'a pas dépendu de nous d'éviter : elle les anéantit même autant qu'ils n'agissent pas immédiatement sur nous; car on est sûr alors d'éviter leurs plus poignantes atteintes en cessant de s'en occuper. Ils ne sont rien pour celui qui n'y pense pas : les offenses, les vengeances, les passe-droits, les outrages, les injustices, ne sont rien pour celui qui ne voit dans les maux qu'il endure que le mal même et non pas l'intention, pour celui dont la place ne dépend pas dans sa propre estime de celle qu'il plaît aux autres de lui accorder. De quelque façon que les hommes veuillent me voir, ils ne sauroient changer mon être ; et, malgré leur puissance et malgré toutes leurs sourdes intrigues, je continuerai, quoi qu'ils fassent, d'être en dépit d'eux ce que je suis. Il est vrai que leurs dispositions à mon égard influent sur ma situation réelle : la barrière qu'ils ont mise entre eux et moi m'ôte toute ressource de subsistance et d'assistance dans ma vieillesse et mes besoins. Elle me rend l'argent même inutile, puisqu'il ne peut me procurer les services qui me sont nécessaires : il n'y a plus ni commerce, ni secours réciproque, ni correspondance entre eux et moi. Seul au milieu d'eux, je n'ai que moi seul pour ressource, et cette ressource est bien foible à mon âge et dans l'état où je suis. Ces maux sont grands ; mais ils ont perdu sur moi toute leur force depuis que j'ai su les supporter sans m'en irriter. Les points où le vrai besoin se fait sentir sont toujours rares : la prévoyance et l'imagination les multiplient, et c'est par cette continuité de sentiments qu'on s'inquiète et qu'on se rend malheureux. Pour moi, j'ai beau savoir que je souffrirai demain, il me suffit de ne pas souffrir aujourd'hui pour être tranquille : je ne m'affecte point du mal que je prévois, mais seulement de celui que je sens, et cela le réduit à très-peu de chose. Seul, malade et délaissé dans mon lit, j'y peux mourir d'indigence, de froid et de faim, sans que personne s'en mette en peine. Mais qu'importe, si je ne m'en mets pas en peine moi-même ; et si je m'affecte aussi peu que les autres de mon destin, quel qu'il soit ? N'est-ce rien, surtout à mon âge, que d'avoir appris à voir la vie et la mort, la maladie et la santé, la richesse et la misère, la gloire et la diffamation, avec la même indifférence ? Tous les autres vieillards s'inquiètent de tout ; moi je ne m'inquiète de rien ; quoi qu'il puisse arriver, tout m'est indifférent ; et cette indifférence n'est pas l'ouvrage de ma sagesse, elle est celui de mes ennemis, et devient une compensation des maux qu'ils me font. En me rendant insensible à l'adversité, ils m'ont fait plus de bien que s'ils m'eussent épargné ses atteintes : en ne l'éprouvant pas je pouvois toujours la craindre, au lieu qu'en la subjuguant je ne la crains plus.

Cette disposition me livre, au milieu des traverses de ma vie, à l'incurie de mon naturel, presque aussi pleinement que si je vivois dans la plus complète prospérité : hors les courts moments où je suis rappelé, par la présence des objets, aux plus douloureuses inquiétudes, tout le reste du temps, livré par mes penchants aux affections qui m'attirent, mon cœur se nourrit encore des sentiments pour lesquels il étoit né, et j'en jouis avec les êtres imaginaires qui les produisent et qui les partagent, comme si ces êtres existoient réellement : ils existent pour moi qui les ai créés, et je ne crains ni qu'ils me trahissent ni qu'ils m'abandonnent ; ils dureront autant que mes malheurs mêmes, et suffiront pour me les faire oublier.

Tout me ramène à la vie heureuse et douce pour laquelle j'étois né : je passe les trois quarts de ma vie où occupé d'objets instructifs et même agréables auxquels je livre avec délices mon esprit et mes sens, ou avec les enfants de mes fantaisies que j'ai créés selon mon cœur, et dont le commerce en nourrit les sentiments, ou avec moi seul, content de moi-même ; et déjà plein du bonheur que je sens m'être dû. En tout ceci l'amour de moi-même fait toute l'œuvre, l'amour-propre n'y entre pour rien. Il n'en est pas ainsi des tristes moments que je passe encore au milieu des hommes, jouet de leurs caresses traîtresses, de leurs compliments ampoulés et dérisoires, de leur mielleuse malignité : de quelque façon que je m'y sois pu prendre, l'amour-propre alors fait son jeu. La haine et l'animosité, que je vois dans leurs cœurs à travers cette grossière enveloppe, déchirent le mien de douleur, et l'idée d'être ainsi sottement pris pour dupe ajoute encore à cette douleur un dépit très-puéril; fruit d'un sot amour-propre dont je sens toute la bêtise, mais que je ne puis subjuguer. Les efforts que j'ai faits pour m'aguerrir à ces regards insultants et moqueurs sont incroyables : cent fois j'ai passé par les promenades publiques et par les lieux les plus fréquentés, dans l'unique dessein de m'exercer à ces cruelles luttes; non seulement je n'y ai pu parvenir, mais je n'ai même rien avancé, et tous mes pénibles mais vains efforts m'ont laissé tout aussi facile à troubler, à navrer et à indigner qu'auparavant.

Dominé par mes sens, quoi que je puisse faire, je n'ai jamais su résister à leurs impressions, et, tant que l'objet agit sur eux, mon cœur ne cesse d'en être affecté; mais ces affections passagères ne durent qu'autant que la sensation qui les cause. La présence de l'homme haineux m'affecte violemment; mais sitôt qu'il disparoît, l'impression cesse : à l'instant que je ne le vois plus, je n'y pense plus. J'ai beau savoir qu'il va s'occuper de moi, je ne saurois m'occuper de lui : le mal que je ne sens point actuellement ne m'affecte en aucune sorte; le persécuteur que je ne vois point est nul pour moi. Je sens l'avantage que cette position donne à ceux qui disposent de ma destinée. Qu'ils en disposent donc tout à leur aise; j'aime encore mieux qu'ils me tourmentent sans résistance que d'être forcé de penser à eux pour me garantir de leurs coups.

Cette action de mes sens sur mon cœur fait le seul tourment de ma vie. Les lieux où je ne vois personne, je ne pense plus à ma destinée; je ne la sens plus, je ne souffre plus, je suis heureux et content sans diversion, sans obstacle. Mais j'échappe rarement à quelque atteinte sensible; et lorsque j'y pense le moins, un geste, un regard sinistre que j'aperçois, un mot envenimé que j'entends, un malveillant que je rencontre, suffit pour me bouleverser : tout ce que je puis faire en pareil cas est d'oublier bien vite et de fuir; le trouble de mon cœur disparoît avec l'objet qui l'a causé, et je rentre dans le calme aussitôt que je suis seul; ou si quelque chose m'inquiète, c'est la crainte de rencontrer sur mon passage quelque nouveau sujet de douleur. C'est là ma seule peine; mais elle suffit pour altérer mon bonheur. Je loge au milieu de Paris : en sortant de chez moi je soupire après la campagne et la solitude; mais il faut l'aller chercher si loin, qu'avant de pouvoir respirer à mon aise je trouve en mon chemin mille objets qui me serrent le cœur; et la moitié de la journée se passe en angoisses avant que j'aie atteint l'asile que je vais chercher. Heureux du moins quand on me laisse achever ma route! Le moment où j'échappe au cortége des méchants est délicieux, et sitôt que je me vois sous les arbres, au milieu de la verdure, je crois me voir dans le paradis terrestre, et je goûte un plaisir interne aussi vif que si j'étois le plus heureux des mortels.

Je me souviens parfaitement que, durant mes courtes prospérités, ces mêmes promenades solitaires, qui me sont aujourd'hui si délicieuses, m'étoient insipides et ennuyeuses : quand j'étois chez quelqu'un à la campagne, le besoin de faire de l'exercice et de respirer le grand air me faisoit souvent sortir seul, et, m'échappant comme un voleur, je m'allois promener dans le parc ou dans la campagne; mais loin d'y trouver le calme heureux que j'y goûte aujourd'hui, j'y portois l'agitation des vaines idées qui m'avoient occupé dans le salon, le souvenir de la compagnie que j'y avois laissée m'y suivoit. Dans la solitude, les vapeurs de l'amour-propre et le tumulte du monde ternissoient à mes yeux la fraîcheur des bosquets, et troubloient la paix de la retraite : j'avois beau fuir au fond des bois, une foule importune m'y suivoit partout et voiloit pour moi toute la nature. Ce n'est qu'après m'être détaché des passions sociales et de leur triste cortége que je l'ai retrouvée avec tous ses charmes.

Convaincu de l'impossibilité de contenir ces premiers mouvements involontaires, j'ai cessé tous mes efforts pour cela : je laisse, à chaque atteinte, mon sang s'allumer, la colère et l'indignation s'emparer de mes sens; je cède à la nature cette première explosion, que toutes mes forces ne pourroient arrêter ni suspendre. Je tâche seulement d'en arrêter les suites avant qu'elle ait produit aucun effet. Les yeux étincelants, le feu du visage, le tremblement des membres, les suffocantes palpitations, tout cela tient au seul physique, et le raisonnement n'y peut rien. Mais, après avoir laissé faire au naturel sa première explosion, l'on peut redevenir son propre maître en reprenant peu à peu ses sens : c'est ce que j'ai tâché de faire long-temps sans succès, mais enfin plus heureusement; et, cessant d'employer ma force en vaine résistance, j'attends le moment de vaincre en laissant agir ma raison, car elle ne me parle que quand elle peut se faire écouter. Eh ! que dis-je, hélas ! ma raison ? J'aurois grand tort encore de lui faire l'honneur du triomphe, car elle n'y a guère de part : tout vient également d'un tempérament versatile qu'un vent impétueux agite, mais qui rentre dans le calme à l'instant que le vent ne souffle plus; c'est mon naturel ardent qui m'agite, c'est mon naturel indolent qui m'apaise. Je cède à toutes les impulsions présentes : tout choc me donne un mouvement vif et court; sitôt qu'il n'y a plus de choc, le mouvement cesse, rien de communiqué ne peut se prolonger en moi. Tous les événements de la fortune, toutes les machines des hommes ont peu de prise sur un homme ainsi constitué : pour m'affecter de peines durables, il faudroit que l'impression se renouvelât à chaque instant; car les intervalles, quelque courts qu'ils soient, suffisent pour me rendre à moi-même. Je suis ce qu'il plaît aux hommes tant qu'ils peuvent agir sur mes sens; mais, au premier instant de relâche, je redeviens ce que la nature a voulu : c'est là, quoi qu'on puisse faire, mon état le plus constant, et celui par lequel, en dépit de la destinée, je goûte un bonheur pour lequel je me sens constitué. J'ai décrit cet état dans une de mes rêveries[1]. Il me convient si bien, que je ne désire autre chose que sa durée, et ne crains que de le voir troublé. Le mal que m'ont fait les hommes ne me touche en aucune sorte : la crainte seule de celui qu'ils peuvent me faire encore est capable de m'agiter; mais, certain qu'ils n'ont plus de nouvelle prise par laquelle ils puissent m'affecter d'un sentiment permanent, je me ris de toutes leurs trames, et je jouis de moi-même en dépit d'eux.

[1] * Voyez, ci-devant, cinquième Promenade.

FIN DE LA HUITIÈME PROMENADE.

NEUVIÈME PROMENADE.

SOMMAIRE

DE LA

NEUVIÈME PROMENADE.

On lui porte l'éloge de madame Geoffrin avec mauvaise intention. Conduite de Rousseau envers ses propres enfants. Raisons qu'il donne pour se justifier. Il éprouve beaucoup de plaisir à voir et à observer la jeunesse. Ses promenades à Clignancourt et à la Muette. Fête de la Chevrette. Amusements de Paris comparés avec ceux de Genève et de Suisse. Promenade de Jean-Jacques aux Invalides.

NEUVIÈME PROMENADE.

Le bonheur est un état permanent qui ne semble pas fait ici bas pour l'homme : tout est sur la terre dans un flux continuel qui ne permet à rien d'y prendre une forme constante. Tout change autour de nous : nous changeons nous-mêmes, et nul ne peut s'assurer qu'il aimera demain ce qu'il aime aujourd'hui; ainsi tous nos projets de félicité pour cette vie sont des chimères. Profitons du contentement d'esprit quand il vient, gardons-nous de l'éloigner par notre faute; mais ne faisons pas des projets pour l'enchaîner, car ces projets-là sont de pures folies : j'ai peu vu d'hommes heureux, peut-être point; mais j'ai souvent vu des cœurs contents, et, de tous les objets qui m'ont frappé, c'est celui qui m'a le plus contenté moi-même. Je crois que c'est une suite naturelle du pouvoir des sensations sur mes sentiments internes. Le bonheur n'a point d'enseigne extérieure : pour le connoître, il faudroit lire dans le cœur de l'homme heureux; mais le contentement se lit dans les yeux, dans le maintien, dans l'accent, dans la démarche, et semble se communiquer à celui qui l'aperçoit. Est-il une jouissance plus douce que de voir un peuple entier se livrer à la joie un jour de fête, et tous les cœurs

s'épanouir aux rayons expansifs du plaisir qui passe rapidement, mais vivement, à travers les nuages de la vie?. . . . .
. . . .

Il y a trois jours que M. P. vint, avec un empressement extraordinaire, me montrer l'Éloge de madame Geoffrin par M. d'Alembert. La lecture fut précédée de longs et grands éclats de rire sur le ridicule néologisme de cette pièce et sur les badins jeux de mots dont il la disoit remplie : il commença de lire en riant toujours. Je l'écoutois d'un sérieux qui le calma, et voyant que je ne l'imitois point, il cessa enfin de rire. L'article le plus long et le plus recherché de cette pièce rouloit sur le plaisir que prenoit madame Geoffrin à voir les enfants et à les faire causer : l'auteur tiroit avec raison de cette disposition une preuve de bon naturel; mais il ne s'arrêtoit pas là, et il accusoit décidément de mauvais naturel et de méchanceté tous ceux qui n'avoient pas le même goût, au point de dire que si l'on interrogeoit là-dessus ceux qu'on mène au gibet ou à la roue, tous conviendroient qu'ils n'avoient pas aimé les enfants. Ces assertions faisoient un effet singulier dans la place où elles étoient. Supposant tout cela vrai, étoit-ce là l'occasion de le dire? et falloit-il souiller l'éloge d'une femme estimable des images de supplice et de malfaiteurs? Je compris aisément le motif de cette affectation vilaine; et quand M. P. eut fini de lire, en relevant ce qui

NEUVIÈME PROMENADE.

m'avoit paru bien dans l'éloge, j'ajoutai que l'auteur, en l'écrivant, avoit dans le cœur moins d'amitié que de haine [1].

Le lendemain, le temps étant assez beau, quoique froid, j'allai faire une course jusqu'à l'École-Militaire, comptant d'y trouver des mousses en

---

[1] * Ce que d'Alembert a écrit sur madame Geoffrin ne porte pas le titre d'*Éloge*, mais fait la matière de deux lettres à Condorcet. Voyez le tome XIV des œuvres de d'Alembert, en 18 vol. in-8°. Morellet et Thomas ont également payé à cette femme intéressante un tribut de reconnoissance et d'estime, sans donner aussi à leurs écrits ce titre d'*Éloge* qu'ils ont jugé sans doute trop ambitieux dans son application à celle dont ils ont voulu honorer la mémoire. Quant aux deux lettres de d'Alembert sur ce sujet, il faut dire à sa justification qu'on n'y remarque point le *néologisme* et les *badins jeux de mots* qu'y trouvoit celui que Rousseau met ici en scène. D'ailleurs l'article dont il lui plaît de se faire l'application à lui-même n'est rien moins que *long et recherché*. Voici cet article dans son entier :

« Madame Geoffrin avoit tous les goûts d'une ame sensible et
« douce : elle aimoit les enfants avec passion ; elle n'en voyoit pas
« un seul sans attendrissement. Elle s'intéressoit à l'innocence et
« à la foiblesse de cet âge : elle aimoit à observer en eux la nature
« qui, grâce à nos mœurs, ne se laisse plus voir que dans l'enfance ;
« elle se plaisoit à causer avec eux, à leur faire des questions, et
« ne souffroit pas que les gouvernantes leur suggérassent la ré-
« ponse : J'aime bien mieux, leur disoit-elle, les sottises qu'il me
« dira que celles que vous lui dicterez. — Je voudrois, ajoutoit-
« elle, qu'on fît une question à tous les malheureux qui vont subir
« la mort pour leurs crimes : Avez-vous aimé les enfants ? Je suis
« sûre qu'ils répondroient que non... »

L'idée d'une telle question à faire aux malfaiteurs étoit donc de madame Geoffrin elle-même, et ce n'est que par méprise que Rousseau a pu l'attribuer à d'Alembert.

(*Note de l'édition de M. Lefèvre.*)

pleine fleur : en allant je rêvois sur la visite de la veille et sur l'écrit de M. d'Alembert, où je pensois bien que le placage épisodique n'ayoit pas été mis sans dessein, et la seule affectation de m'apporter cette brochure, à moi, à qui l'on cache tout, m'apprenoit assez quel en étoit l'objet. J'avois mis mes enfants aux Enfants-Trouvés : c'en étoit assez pour m'avoir travesti en père dénaturé, et de là, en étendant et caressant cette idée, on en avoit peu à peu tiré la conséquence évidente que je haïssois les enfants : en suivant par la pensée la chaîne de ces gradations, j'admirois avec quel art l'industrie humaine sait changer les choses du blanc au noir; car je ne crois pas que jamais homme ait plus aimé que moi à voir de petits bambins folâtrer et jouer ensemble ; et souvent, dans la rue et aux promenades, je m'arrête à regarder leur espièglerie et leurs petits jeux avec un intérêt que je ne vois partager à personne. Le jour même où vint M. P., une heure avant sa visite, j'avois eu celle des deux petits du Soussoi, les plus jeunes enfants de mon hôte, dont l'aîné peut avoir sept ans : ils étoient venus m'embrasser de si bon cœur, et je leur avois rendu si tendrement leurs caresses, que, malgré la disparité des âges, ils avoient paru se plaire avec moi sincèrement ; et, pour moi, j'étois transporté d'aise de voir que ma vieille figure ne les avoit pas rebutés ; le cadet même paroissoit venir à moi si volontiers, que, plus enfant qu'eux, je me sentois attacher à lui déjà par préférence, et je le vis partir avec autant de regret que s'il m'eût appartenu.

Je comprends que le reproche d'avoir mis mes enfants aux Enfants-Trouvés a facilement dégénéré, avec un peu de tournure, en celui d'être un père dénaturé et de haïr les enfants : cependant il est sûr que c'est la crainte d'une destinée pour eux mille fois pire, et presque inévitable par toute autre voie, qui m'a le plus déterminé dans cette démarche. Plus indifférent sur ce qu'ils deviendroient, et hors d'état de les élever moi-même, il auroit fallu, dans ma situation, les laisser élever par leur mère, qui les auroit gâtés, et par sa famille, qui en aurait fait des monstres. Je frémis encore d'y penser : ce que Mahomet fit de Séide n'est rien auprès de ce qu'on auroit fait d'eux à mon égard, et les piéges qu'on m'a tendus là-dessus dans la suite me confirment assez que le projet en avait été formé. A la vérité j'étois bien éloigné de prévoir alors ces trames atroces; mais je savois que l'éducation pour eux la moins périlleuse étoit celle des Enfants-Trouvés, et je les y mis. Je le ferois encore, avec bien moins de doute aussi, si la chose étoit à faire, et je sais bien que nul père n'est plus tendre que je l'aurois été pour eux, pour peu que l'habitude eût aidé la nature.

Si j'ai fait quelque progrès dans la connoissance du cœur humain, c'est le plaisir que j'avois à voir et observer les enfants qui m'a valu cette connoissance. Ce même plaisir dans ma jeunesse y a mis une espèce d'obstacle, car je jouois avec les enfants si gaiement et de si bon cœur, que je ne songeois guère à les étudier. Mais quand en vieillissant j'ai vu que ma figure caduque les inquiétoit, je me suis abstenu de les importuner : j'ai mieux aimé me priver d'un plaisir que de troubler leur joie ; et, content alors de me satisfaire en regardant leurs jeux et tous leurs petits manèges, j'ai trouvé le dédommagement de mon sacrifice dans les lumières que ces observations m'ont fait acquérir sur les premiers et vrais mouvements de la nature, auxquels tous nos savants ne connoissent rien. J'ai consigné dans mes écrits la preuve que je m'étois occupé de cette recherche trop soigneusement pour ne pas l'avoir faite avec plaisir; et ce seroit assurément la chose du monde la plus incroyable que l'*Héloïse* et l'*Émile* fussent l'ouvrage d'un homme qui n'aimoit pas les enfants.

  Je n'eus jamais ni présence d'esprit, ni facilité de parler; mais, depuis mes malheurs, ma langue et ma tête se sont de plus en plus embarrassées: l'idée et le mot propre m'échappent également, et rien n'exige un meilleur discernement et un choix d'expressions plus justes que les propos qu'on tient aux enfants. Ce qui augmente encore en moi cet embarras est l'attention des écoutants, les interprétations et le poids qu'ils donnent à tout ce qui part d'un homme qui, ayant écrit expressément pour les enfants, est supposé ne devoir leur parler que par oracles : cette gêne extrême, et l'inaptitude que je me sens, me trouble, me déconcerte, et je serois bien plus à mon aise devant un monarque d'Asie que devant un bambin qu'il faut faire babiller.

Un autre inconvénient me tient maintenant plus éloigné d'eux, et, depuis mes malheurs, je les vois toujours avec le même plaisir, mais je n'ai plus avec eux la même familiarité. Les enfants n'aiment pas la vieillesse : l'aspect de la nature défaillante est hideux à leurs yeux ; leur répugnance que j'aperçois me navre, et j'aime mieux m'abstenir de les caresser que de leur donner de la gêne ou du dégoût. Ce motif, qui n'agit que sur les ames vraiment aimantes, est nul pour tous nos docteurs et doctoresses. Madame Geoffrin s'embarrassoit fort peu que les enfants eussent du plaisir avec elle, pourvu qu'elle en eût avec eux ; mais, pour moi, ce plaisir est pis que nul ; il est négatif quand il n'est pas partagé ; et je ne suis plus dans la situation ni dans l'âge où je voyois le petit cœur d'un enfant s'épanouir avec le mien. Si cela pouvoit m'arriver encore, ce plaisir, devenu plus rare, n'en seroit pour moi que plus vif : je l'éprouvois bien l'autre matin par celui que je prenois à caresser les petits du Soussoi, non seulement parce que la bonne qui les conduisoit ne m'en imposoit pas beaucoup, et que je sentois moins le besoin de m'écouter devant elle, mais encore parce que l'air jovial avec lequel ils m'abordèrent ne les quitta point, et qu'ils ne parurent ni se déplaire ni s'ennuyer avec moi.

Oh! si j'avois encore quelques moments de pures caresses qui vinssent du cœur, ne fût-ce que d'un enfant encore en jaquette, si je pouvois voir encore dans quelque yeux la joie et le contentement d'être avec moi, de combien de maux et de peines ne me dédommageroient pas ces courts mais doux épanchements de mon cœur! Ah! je ne serois pas obligé de chercher parmi les animaux le regard de la bienveillance, qui m'est désormais refusé parmi les humains. J'en puis juger sur bien peu d'exemples, mais toujours chers à mon souvenir : en voici un qu'en tout autre état j'aurois oublié presque, et dont l'impression qu'il a faite sur moi peint bien toute ma misère.

Il y a deux ans que m'étant allé promener du côté de la Nouvelle-France, je poussai plus loin; puis, tirant à gauche et voulant tourner autour de Montmartre, je traversai le village de Clignancourt : je marchois distrait et rêvant sans regarder autour de moi, quand tout à coup je me sentis saisir les genoux. Je regarde et je vois un petit enfant de cinq à six ans qui serroit mes genoux de toute sa force, en me regardant d'un air si familier et si caressant, que mes entrailles s'émurent; je me disois : C'est ainsi que j'aurois été traité des miens.

NEUVIÈME PROMENADE.

Je pris l'enfant dans mes bras, je le baisai plusieurs fois dans une espèce de transport, et puis je continuai mon chemin. Je sentois en marchant qu'il me manquoit quelque chose : un besoin naissant me ramenoit sur mes pas ; je me reprochois d'avoir quitté si brusquement cet enfant, je croyois voir dans son action, sans cause apparente, une sorte d'inspiration qu'il ne falloit pas dédaigner. Enfin, cédant à la tentation, je reviens sur mes pas : je cours à l'enfant, je l'embrasse de nouveau, et je lui donne de quoi acheter des petits pains de Nanterre, dont le marchand passoit là par hasard ; et je commençai à le faire jaser. Je lui demandai qui étoit son père ; il me le montra qui relioit des tonneaux. J'étois prêt à quitter l'enfant pour aller lui parler quand je vis que j'avois été prévenu par un homme de mauvaise mine, qui me parut être une de ces mouches qu'on tient sans cesse à mes trousses : tandis que cet homme lui parloit à l'oreille, je vis les regards du tonnelier se fixer attentivement sur moi d'un air qui n'avoit rien d'amical. Cet objet me resserra le cœur à l'instant, et je quittai le père et l'enfant avec plus de promptitude encore que je n'en avois mis à revenir sur mes pas, mais dans un trouble moins agréable qui changea toutes mes dispositions. Je les ai pourtant senties renaître souvent depuis lors : je suis repassé plusieurs fois par Clignancourt dans l'espérance d'y revoir cet enfant ; mais je n'ai plus revu ni lui ni le père, et il ne m'est plus resté de cette rencontre qu'un souvenir assez vif, mêlé toujours de douceur et de tristesse, comme toutes les émotions qui pénètrent encore quelquefois jusqu'à mon cœur.

Il y a compensation à tout : si mes plaisirs sont rares et courts, je les goûte aussi plus vivement quand ils viennent que s'ils m'étoient plus familiers, je les rumine, pour ainsi dire, par de fréquents souvenirs, et, quelque rares qu'ils soient, s'ils étoient purs et sans mélange, je serois plus heureux peut-être que dans ma prospérité. Dans l'extrême misère on se trouve riche de peu : un gueux qui trouve un écu en est plus affecté que ne le seroit un riche en trouvant une bourse d'or. On riroit si l'on voyoit dans mon ame l'impression qu'y font les moindres plaisirs de cette espèce que je puis dérober à la vigilance de mes persécuteurs : un des plus doux s'offrit il y a quatre ou cinq ans, que je ne me rappelle jamais sans me sentir ravi d'aise d'en avoir si bien profité.

Un dimanche nous étions allés, ma femme et moi, dîner à la porte Maillot : après le dîner nous traversâmes le bois de Boulogne jusqu'à la Muette; là, nous nous assîmes sur l'herbe à l'ombre en attendant que le soleil fût baissé, pour nous en retourner ensuite tout doucement par Passy. Une vingtaine de petites filles, conduites par une manière de religieuse, vinrent, les unes s'asseoir, les autres folâtrer assez près de nous. Durant leurs jeux, vint à passer un oublieur avec son tambour et son tourniquet, qui cherchoit pratique : je vis que les petites filles convoitoient fort les oublies, et deux ou trois d'entre elles, qui apparemment possédoient quelques liards, demandèrent la permission de jouer. Tandis que la gouvernante hésitoit et disputoit, j'appelai l'oublieur et je lui dis : Faites tirer toutes ces demoiselles chacune à son tour, et je vous paierai le tout. Ce mot répandit dans toute la troupe une joie qui seule eût plus que payé ma bourse, quand je l'aurois toute employée à cela.

Comme je vis qu'elles s'empressoient avec un peu de confusion, avec l'agrément de la gouvernante je les fis ranger toutes d'un côté, et puis passer de l'autre côté l'une après l'autre, à mesure qu'elles avoient tiré. Quoiqu'il n'y eût point de billet blanc, et qu'il revînt au moins une oublie à chacune de celles qui n'auroient rien, qu'aucune d'elles ne pouvoit donc être absolument mécontente, afin de rendre la fête encore plus gaie, je dis en secret à l'oublieur d'user de son adresse ordinaire en sens contraire, en faisant tomber autant de bons lots qu'il pourroit, et que je lui en tiendrois compte. Au moyen de cette prévoyance, il y eut près d'une centaine d'oublies distribuées, quoique les jeunes filles ne tirassent chacune qu'une seule fois ; car là-dessus je fus inexorable, ne voulant ni favoriser des abus, ni marquer des préférences, qui produiroient des mécontentements. Ma femme insinua à celles qui avoient de bons lots d'en faire part à leurs camarades, au moyen de quoi le partage devint presque égal, et la joie plus générale.

Je priai la religieuse de tirer à son tour, craignant fort qu'elle ne rejetât dédaigneusement mon offre; elle l'accepta de bonne grâce, tira comme les pensionnaires, et prit sans façon ce qui lui revint. Je lui en sus un gré infini, et je trouvai à cela une sorte de politesse qui me plut fort, et qui vaut bien, je crois, celle des simagrées. Pendant toute cette opération, il y eut des disputes qu'on porta devant mon tribunal; et ces petites filles, venant plaider tour à tour leur cause, me donnèrent occasion de remarquer que, quoiqu'il n'y en eût aucune de jolie, la gentillesse de quelques-unes faisoit oublier leur laideur.

Nous nous quittâmes enfin très-contents les uns des autres, et cet après-midi fut un de ceux de ma vie dont je me rappelle le souvenir avec le plus de satisfaction. La fête, au reste, ne fut pas ruineuse: pour trente sous qu'il m'en coûta tout au plus, il y eut pour plus de cent écus de contentement; tant il est vrai que le plaisir ne se mesure pas sur la dépense, et que la joie est plus amie des liards que des louis. Je suis revenu plusieurs fois à la même place, à la même heure, espérant d'y rencontrer encore la petite troupe; mais cela n'est plus arrivé.

Ceci me rappelle un autre amusement à peu près de même espèce, dont le souvenir m'est resté de beaucoup plus loin. C'étoit dans le malheureux temps où, faufilé parmi les riches et les gens de lettres, j'étois quelquefois réduit à partager leurs tristes plaisirs. J'étois à la Chevrette au temps de la fête du maître de la maison; toute sa famille s'étoit réunie pour la célébrer, et tout l'éclat des plaisirs bruyants fut mis en œuvre pour cet effet. Spectacles, festins, feux d'artifice, rien ne fut épargné. L'on n'avoit pas le temps de prendre haleine, et l'on s'étourdissoit au lieu de s'amuser. Après le dîner on alla prendre l'air dans l'avenue, où se tenoit une espèce de foire. On dansoit; les messieurs daignèrent danser avec les paysannes, mais les dames gardèrent leur dignité. On vendoit là des pains d'épice. Un jeune homme de la compagnie s'avisa d'en acheter, pour les lancer l'un après l'autre au milieu de la foule, et l'on prit tant de plaisir à voir tous ces manants se précipiter, se battre, se renverser pour en avoir, que tout le monde voulut se donner le même plaisir : et pains d'épice de voler à droite et à gauche, et filles et garçons de courir, de s'entasser et s'estropier. Cela paroissoit charmant à tout le monde. Je fis comme les autres par mauvaise honte, quoiqu'en dedans je ne m'amusasse pas autant qu'eux. Mais bientôt ennuyé de vider ma bourse pour faire écraser les gens, je laissai là la bonne compagnie, et je fus me promener seul dans la foire. La variété des objets m'amusa long-temps. J'aperçus entre autres cinq ou six Savoyards autour d'une petite fille qui avoit encore sur son éventaire une douzaine de chétives pommes, dont elle auroit bien voulu se débarrasser. Les Savoyards, de leur côté, auroient bien voulu l'en débarrasser, mais ils n'avoient que deux ou trois liards à eux tous, et ce n'étoit pas de quoi faire une grande brèche aux pommes. Cet éventaire étoit pour eux le jardin des Hespérides, et la petite fille étoit le dragon qui les gardoit. Cette comédie m'amusa long-temps; j'en fis enfin le dénouement en payant les pommes à la petite fille, et les lui faisant distribuer aux petits garçons. J'eus alors un des plus doux spectacles qui puissent flatter un cœur d'homme, celui de voir la joie unie avec l'innocence de l'âge se répandre tout autour de moi. Car les spectateurs mêmes, en la voyant, la partagèrent; et moi, qui partageois à si bon marché cette joie, j'avois de plus celle de sentir qu'elle étoit mon ouvrage.

En comparant cet amusement avec ceux que je venois de quitter, je sentois avec satisfaction la différence qu'il y a des goûts sains et des plaisirs naturels à ceux que fait naître l'opulence, et qui ne sont guère que des plaisirs de moquerie, et des goûts exclusifs engendrés par le mépris. Car quelle sorte de plaisir pouvoit-on prendre à voir des troupeaux d'hommes avilis par la misère, s'entasser, s'étouffer, s'estropier brutalement, pour s'arracher avidement quelques morceaux de pains d'épice foulés aux pieds et couverts de boue?

De mon côté, quand j'ai bien réfléchi sur l'espèce de volupté que je goûtois dans ces sortes d'occasions, j'ai trouvé qu'elle consistoit moins dans un sentiment de bienfaisance que dans le plaisir de voir des visages contents. Cet aspect a pour moi un charme qui, bien qu'il pénètre jusqu'à mon cœur, semble être uniquement de sensation. Si je ne vois la satisfaction que je cause, quand même j'en serois sûr, je n'en jouirois qu'à demi. C'est même pour moi un plaisir désintéressé, qui ne dépend pas de la part que j'y puis avoir. Car, dans les fêtes du peuple, celui de voir des visages gais m'a toujours vivement attiré. Cette attente a pourtant été souvent frustrée en France, où cette nation, qui se prétend si gaie, montre peu cette gaieté dans ses jeux. Souvent j'allois jadis aux guinguettes, pour y voir danser le menu peuple; mais ses danses étoient si maussades, son maintien si dolent, si gauche, que j'en sortois plutôt contristé que réjoui. Mais à Genève et en Suisse, où le rire ne s'évapore pas sans cesse en folles malignités, tout respire le contentement et la gaieté dans les fêtes. La misère n'y porte point son hideux aspect. Le faste n'y montre pas non plus son insolence. Le bien-être, la fraternité, la concorde, y disposent les cœurs à s'épanouir, et souvent, dans les transports d'une innocente joie, les inconnus s'accostent, s'embrassent, et s'invitent à jouir de concert des plaisirs du jour. Pour jouir moi-même de ces aimables fêtes, je n'ai pas besoin d'en être. Il me suffit de les voir; en les voyant, je les partage; et, parmi tant de visages gais, je suis bien sûr qu'il n'y a pas un cœur plus gai que le mien.

Quoique ce ne soit là qu'un plaisir de sensation, il a certainement une cause morale, et la preuve en est que ce même aspect, au lieu de me flatter, de me plaire, peut me déchirer de douleur et d'indignation, quand je sais que ces signes de plaisir et de joie sur les visages des méchants ne sont que des marques que leur malignité est satisfaite. La joie innocente est la seule dont les signes flattent mon cœur. Ceux de la cruelle et moqueuse joie le navrent et l'affligent, quoiqu'elle n'ait nul rapport à moi. Ces signes, sans doute, ne sauroient être exactement les mêmes, partant de principes si différents : mais enfin ce sont également des signes de joie, et leurs différences sensibles ne sont assurément pas proportionnelles à celles des mouvements qu'ils excitent en moi.

Ceux de douleur et de peine me sont encore plus sensibles, au point qu'il m'est impossible de les soutenir, sans être agité moi-même d'émotions

peut-être encore plus vives que celles qu'ils repré-
sentent. L'imagination, renforçant la sensation,
m'identifie avec l'être souffrant, et me donne souvent plus d'angoisse qu'il n'en sent lui-même. Un
visage mécontent est encore un spectacle qu'il
m'est impossible de soutenir, surtout si j'ai lieu de
penser que ce mécontentement me regarde. Je ne
saurois dire combien l'air grognard et maussade
des valets qui servent en rechignant m'a arraché
d'écus dans les maisons où j'avois autrefois la sottise de me laisser entraîner, et où les domestiques
m'ont toujours fait payer bien chèrement l'hospitalité des maîtres. Toujours trop affecté des objets
sensibles, et surtout de ceux qui portent signe de
plaisir ou de peine, de bienveillance ou d'aversion, je me laisse entraîner par ces impressions
extérieures, sans pouvoir jamais m'y dérober autrement que par la fuite. Un signe, un geste, un
coup d'œil d'un inconnu, suffit pour troubler mes
plaisirs ou calmer mes peines. Je ne suis à moi
que quand je suis seul; hors de là, je suis le jouet
de tous ceux qui m'entourent.

Je vivois jadis avec plaisir dans le monde, quand
je ne voyois dans tous les yeux que bienveillance,
ou, tout au pis, indifférence dans ceux à qui j'é-
tois inconnu; mais aujourd'hui qu'on ne prend pas
moins de peine à montrer mon visage au peuple
qu'à lui masquer mon naturel, je ne puis mettre
le pied dans la rue sans m'y voir entouré d'objets

déchirants. Je me hâte de gagner à grands pas la campagne; sitôt que je vois la verdure, je commence à respirer. Faut-il s'étonner si j'aime la solitude? Je ne vois qu'animosité sur les visages des hommes, et la nature me rit toujours.

Je sens pourtant encore, il faut l'avouer, du plaisir à vivre au milieu des hommes tant que mon visage leur est inconnu. Mais c'est un plaisir qu'on ne me laisse guère. J'aimois encore, il y a quelques années, à traverser les villages, et à voir au matin les laboureurs raccommoder leurs fléaux, ou les femmes sur leur porte avec leurs enfants. Cette vue avoit je ne sais quoi qui touchoit mon cœur. Je m'arrêtois quelquefois, sans y prendre garde, à regarder les petits manèges de ces bonnes gens, et je me sentois soupirer sans savoir pourquoi. J'ignore si l'on m'a vu sensible à ce petit plaisir, et si l'on a voulu me l'ôter encore; mais au changement que j'aperçois sur les physionomies à mon passage, et à l'air dont je suis regardé, je suis bien forcé de comprendre qu'on a pris grand soin de m'ôter cet incognito. La même chose m'est arrivée d'une façon plus marquée encore aux Invalides. Ce bel établissement m'a toujours intéressé. Je ne vois jamais sans attendrissement et vénération ces groupes de bons vieillards qui peuvent dire comme ceux de Lacédémone :

> Nous avons été jadis
> Jeunes, vaillants et hardis.

Une de mes promenades favorites étoit autour de l'École-Militaire, et je rencontrois avec plaisir çà et là quelques invalides qui, ayant conservé l'ancienne honnêteté militaire, me saluoient en passant. Ce salut, que mon cœur leur rendoit au centuple, me flattoit, et augmentoit le plaisir que j'avois à les voir. Comme je ne sais rien cacher de ce qui me touche, je parlois souvent des invalides, et de la façon dont leur aspect m'affectoit. Il n'en fallut pas davantage. Au bout de quelque temps je m'aperçus que je n'étois plus un inconnu pour eux, ou plutôt que je le leur étois bien davantage, puisqu'ils me voyoient du même œil que fait le public. Plus d'honnêteté, plus de salutations. Un air repoussant, un regard farouche, avoient succédé à leur première urbanité. L'ancienne franchise de leur métier ne leur laissant pas comme aux autres couvrir leur animosité d'un masque ricaneur et traître, ils me montrent tout ouvertement la plus violente haine; et tel est l'excès de ma misère, que je suis forcé de distinguer dans mon estime ceux qui me déguisent le moins leur fureur.

Depuis lors je me promène avec moins de plaisir du côté des Invalides : cependant, comme mes sentiments pour eux ne dépendent pas des leurs pour moi, je ne vois jamais sans respect et sans intérêt ces anciens défenseurs de leur patrie : mais il m'est bien dur de me voir si mal payé de leur part de la justice que je leur rends. Quand, par hasard, j'en rencontre quelqu'un qui a échappé aux instructions communes, ou qui, ne connoissant pas ma figure, ne me montre aucune aversion, l'honnête salutation de ce seul-là me dédommage du maintien rébarbatif des autres. Je les oublie pour ne m'occuper que de lui, et je m'imagine qu'il a une de ces ames comme la mienne, où la haine ne sauroit pénétrer. J'eus encore ce plaisir l'année dernière, en passant l'eau pour m'aller promener à l'île aux Cygnes. Un pauvre vieux invalide, dans un bateau, attendoit compagnie pour traverser. Je me présentai; je dis au batelier de partir. L'eau étoit forte et la traversée fut longue. Je n'osois presque pas adresser la parole à l'invalide, de peur d'être rudoyé et rebuté comme à l'ordinaire; mais son air honnête me rassura. Nous causâmes. Il me parut homme de sens et de mœurs. Je fus surpris et charmé de son ton ouvert et affable. Je n'étois pas accoutumé à tant de faveur. Ma surprise cessa quand j'appris qu'il arrivoit tout nouvellement de province. Je compris qu'on ne lui avoit pas encore montré ma figure et donné ses instructions. Je profitai de cet incognito pour converser quelques moments avec un homme, et je sentis, à la douceur que j'y trouvois, combien la rareté des plaisirs les plus communs est capable d'en augmenter le prix. En sortant du bateau, il préparoit ses deux pauvres liards. Je payai le passage, et le priai de les resserrer, en tremblant de le cabrer. Cela n'arriva point; au contraire, il parut sensible à mon attention, et surtout à celle que j'eus encore, comme il étoit plus vieux que moi, de lui aider à sortir du bateau. Qui croiroit que je fus assez enfant pour en pleurer d'aise? Je mourois d'envie de lui mettre une pièce de ving-quatre sous dans la main pour avoir du tabac; je n'osai jamais. La même honte qui me retint m'a souvent empêché de faire de bonnes actions, qui m'auroient comblé de joie, et dont je ne me suis abstenu qu'en déplorant mon imbécillité. Cette fois, après avoir quitté mon vieux invalide, je me consolai bientôt en pensant que j'aurois, pour ainsi dire, agi contre mes propres principes, en mêlant aux choses honnêtes un prix d'argent qui dégrade leur noblesse et souille leur désintéressement. Il faut s'empresser de secourir ceux qui en ont besoin; mais, dans le commerce ordinaire de la vie, laissons la bienveillance naturelle et l'urbanité faire chacune leur œuvre, sans que jamais rien de vénal et de mercantile ose approcher d'une si pure source pour la corrompre ou pour l'altérer. On dit qu'en Hollande le peuple se fait payer pour vous dire l'heure, et pour vous montrer le chemin : ce doit être un bien méprisable peuple que celui qui trafique ainsi des plus simples devoirs de l'humanité.

J'ai remarqué qu'il n'y a que l'Europe seule où l'on vende l'hospitalité. Dans toute l'Asie on vous loge gratuitement. Je comprends qu'on n'y trouve pas si bien toutes ses aises ; mais n'est-ce rien que de se dire : Je suis homme et reçu chez des humains ; c'est l'humanité pure qui me donne le couvert? Les petites privations s'endurent sans peine quand le cœur est mieux traité que le corps.

FIN DE LA NEUVIÈME PROMENADE.

DIXIÈME PROMENADE.

SOMMAIRE

DE LA

DIXIÈME PROMENADE.

Époque où Rousseau fait connoissance avec de madame Warens. Son bonheur chez cette dame. Il fait ses efforts pour rendre cette union durable.

DIXIÈME PROMENADE.

Aujourd'hui, jour de Pâques fleuries, il y a précisément cinquante ans de ma première connoissance avec madame de Warens. Elle avoit vingt-huit ans alors, étant née avec le siècle. Je n'en avois pas encore dix-sept[1], et mon tempérament naissant, mais que j'ignorois encore, donnoit une nouvelle chaleur à un cœur naturellement plein de vie. S'il n'étoit pas étonnant qu'elle conçût de la bienveillance pour un jeune homme vif, mais doux et modeste, d'une figure assez agréable, il l'étoit encore moins qu'une femme charmante, pleine d'esprit et de grâces, m'inspirât, avec la reconnoissance, des sentiments plus tendres que je n'en distinguois pas. Mais ce qui est moins ordinaire est que ce premier moment décida de moi pour toute ma vie, et produisit, par un enchaînement inévitable, le destin du reste de mes jours. Mon ame, dont mes organes n'avoient point développé les plus précieuses facultés, n'avoit encore

[1] * Lorsque Rousseau écrivoit ceci, il avoit donc plus de soixante-cinq ans. Ce passage, joint à quelques autres faciles à remarquer dans les Promenades précédentes, fixe la date de la composition de ces Rêveries qui se rapportent à la fin de 1777 ou au commencement de 1778, et de cette dixième Promenade en particulier qui eut lieu le 12 avril 1778. (*Note de M. Musset Pathay.*)

aucune forme déterminée. Elle attendoit, dans une sorte d'impatience, le moment qui devoit la lui donner, et ce moment, accéléré par cette rencontre, ne vint pourtant pas si tôt; et, dans la simplicité de mœurs que l'éducation m'avoit donnée, je vis long-temps prolonger pour moi cet état délicieux, mais rapide, où l'amour et l'innocence habitent le même cœur. Elle m'avoit éloigné. Tout me rappeloit à elle : il y fallut revenir. Ce jour fixa ma destinée, et long-temps encore avant de la posséder je ne vivois plus qu'en elle et pour elle. Ah! si j'avois suffi à son cœur comme elle suffisoit au mien ! quels paisibles et délicieux jours nous eussions coulés ensemble! Nous en avons passé de tels, mais qu'ils ont été courts et rapides, et quel destin les a suivis! Il n'y a pas de jour où je ne me rappelle avec joie et attendrissement cet unique et court temps de ma vie où je fus moi pleinement, sans mélange et sans obstacle, et où je puis véritablement dire avoir vécu. Je puis dire à peu près comme ce préfet du prétoire qui, disgracié sous Vespasien, s'en alla finir paisiblement ses jours à la campagne : « J'ai passé soixante et dix ans sur la terre, et j'en ai vécu sept[1]. » Sans ce court mais précieux espace, je serois resté peut-être incertain sur moi; car, tout le reste de ma vie, facile et sans résistance, j'ai été tellement agité,

[1] * Ce n'est pas sous Vespasien, mais sous Adrien, qu'eut lieu la disgrâce de ce préfet, qui s'appeloit *Similis*.

DIXIÈME PROMENADE.

ballotté, tiraillé par les passions d'autrui, que, presque passif dans une vie aussi orageuse, j'aurois peine à démêler ce qu'il y a du mien dans ma propre conduite, tant la dure nécessité n'a cessé de s'appesantir sur moi. Mais durant ce petit nombre d'années, aimé d'une femme pleine de complaisance et de douceur, je fis ce que je voulois faire, je fus ce que je voulois être, et, par l'emploi que je fis de mes loisirs, aidé de ses leçons et de son exemple, je sus donner à mon ame, encore simple et neuve, la forme qui lui convenoit davantage et qu'elle a gardée toujours. Le goût de la solitude et de la contemplation naquit dans mon cœur avec les sentiments expansifs et tendres faits pour être son aliment. Le tumulte et le bruit les resserrent et les étouffent; le calme et la paix les raniment et les exaltent. J'ai besoin de me recueillir pour aimer. J'engageai maman à vivre à la campagne. Une maison isolée, au penchant d'un vallon, fut notre asile, et c'est là que, dans l'espace de quatre ou cinq ans, j'ai joui d'un siècle de vie et d'un bonheur pur et plein, qui couvre de son charme tout ce que mon sort présent a d'affreux. J'avois besoin d'une amie selon mon cœur, je la possédois. J'avois désiré la campagne, je l'avois obtenue. Je ne pouvois souffrir l'assujettissement, j'étois parfaitement libre, et mieux que libre; car, assujetti par mes seuls attachements, je ne faisois que ce que je voulois faire. Tout mon temps étoit rempli par des soins affectueux, ou par des occupations champêtres. Je ne désirois rien que la continuation d'un état si doux ; ma seule peine étoit la crainte qu'il ne durât pas long-temps, et cette crainte, née de la gêne de notre situation, n'étoit pas sans fondement. Dès-lors je songeai à me donner en même temps des diversions sur cette inquiétude, et des ressources pour en prévenir l'effet. Je pensai qu'une provision de talents étoit la plus sûre ressource contre la misère, et je résolus d'employer mes loisirs à me mettre en état, s'il étoit possible, de rendre un jour à la meilleure des femmes l'assistance que j'en avois reçue. . . . . .

FIN DES RÊVERIES.

ÉCRITS
EN FORME DE CIRCULAIRES.

ÉCRITS
EN FORME DE CIRCULAIRES.

I.

DÉCLARATION [1]

Relative à différentes réimpressions de ses ouvrages.

Lorsque J. J. Rousseau découvrit qu'on se cachoit de lui pour imprimer furtivement ses écrits

---

[1] * Cette espèce de *protestation* en forme d'avis circulaire, sans titre ni suscription, et dont il paroît que Rousseau a fait lui-même d'assez nombreuses copies, étoit donnée par lui à tous ceux qu'il pouvoit croire disposés à le servir. Quatre de ses copies autographes ont passé par nos mains, et ont été trouvées dans les papiers du comte Duprat, avec les trois lettres au même comte qu'on trouvera dans la *Correspondance*. Ce qui prouve que Rousseau ne se contentoit pas de donner ces copies lui-même, et qu'il en avoit confié quelques-unes au comte Duprat, et sans doute à d'autres encore, pour qu'ils les distribuassent à ceux que l'avis pouvoit intéresser.

Nous avons cru long-temps cette protestation tout-à-fait inédite, ne l'ayant vue dans aucune édition des œuvres de Rousseau, et nous l'avions indiquée comme telle à M. Belin, qui l'a insérée dans son édition (1817) à la suite des *Confessions*. Mais, indépendamment de ce que Rousseau nous apprend lui-même dans le troisième de ses *Dialogues* qu'elle a été imprimée de son vivant, nous l'avons lue depuis dans la *Vie de Rousseau* qu'a publiée en 1789 M. de Barruel-Beauvert. Il y déclare (page 52) tenir cet écrit de M. le chevalier de Cubières.

Les lecteurs pourront demander maintenant ce qu'il faut penser à Paris, et qu'on affirmoit au public que c'étoit lui qui dirigeoit ces impressions, il comprit aisément que le principal but de cette manœuvre étoit la falsification de ces mêmes écrits, et il ne tarda pas, malgré les soins qu'on prenoit pour lui en dérober la connoissance, à se convaincre par ses yeux de cette falsification. Sa confiance dans le libraire Rey ne lui laissa pas supposer qu'il participât à ces infidélités, et en lui faisant parvenir sa protestation contre les imprimés de France, toujours faits sous le nom dudit Rey, il y joignit une déclaration conforme à l'opinion qu'il continuoit d'avoir de lui. Depuis lors il s'est convaincu aussi par ses propres yeux que les réimpressions de Rey contiennent

de cet écrit en lui-même, et si la protestation qu'il contient, si expresse, si formelle, a au moins quelque fondement. Elle s'explique facilement, ce nous semble, par un fait que rapporte, dans son *Avertissement*, l'éditeur du recueil des romances de Rousseau, gravé et publié en 1781. « M. Rousseau, dit-il, n'ayant pas chez
« lui un seul exemplaire de la Nouvelle Héloïse, on la lui prêta,
« *tirée de la Collection d'Amsterdam*, 1772. Il trouva cette édition
« prétendue originale mutilée et falsifiée, et la corrigea toute de
« sa main. » Cette partie de la *Collection d'Amsterdam* ne pouvoit être qu'une réimpression de la Nouvelle Héloïse, conforme à l'édition première, faite à Paris en 1761, et dans laquelle effectivement on avoit fait un assez grand nombre de suppressions, réimpression à laquelle on avoit sans doute adapté, comme cela se faisoit constamment alors, un titre portant *Amsterdam*, 1772. Rousseau dut être la dupe de cette supercherie, et en tirant toutes les conséquences que la disposition de son esprit à cette époque ne le portoit que trop à admettre sans examen, il écrivit aussitôt la protestation qu'on va lire. (*Note de l'édition de M. Lefèvre.*)

exactement les mêmes altérations, suppressions, falsifications que celles de France, et que les unes et les autres ont été faites sur le même modèle et sous les mêmes directions. Ainsi ses écrits, tels qu'il les a composés et publiés, n'existant plus que dans la première édition de chaque ouvrage qu'il a faite lui-même, et qui depuis long-temps a disparu aux yeux du public, il déclare tous les livres anciens ou nouveaux qu'on imprime et imprimera désormais sous son nom, en quelque lieu que ce soit, ou faux où altérés, mutilés, et falsifiés avec la plus cruelle malignité, et les désavoue, les uns comme n'étant plus son ouvrage, et les autres comme lui étant faussement attribués. L'impuissance où il est de faire arriver ses plaintes aux oreilles du public, lui fait tenter pour dernière ressource de remettre à diverses personnes des copies de cette déclaration, écrites et signées de sa main, certain que si dans le nombre il se trouve une seule ame honnête et généreuse qui ne soit pas vendue à l'iniquité, une protestation si nécessaire et si juste ne restera pas étouffée, et que la postérité ne jugera pas des sentiments d'un homme infortuné sur des livres défigurés par ses persécuteurs.

Fait à Paris, ce 23 février 1774.

J. J. Rousseau,

II.

A TOUT FRANÇOIS

Aimant encore la justice et la vérité.

François! nation jadis aimable et douce, qu'êtes-vous devenus? Que vous êtes changés pour un étranger infortuné, seul, à votre merci, sans appui, sans défenseur, mais qui n'en auroit pas besoin chez un peuple juste; pour un homme sans fard et sans fiel, ennemi de l'injustice, mais patient à l'endurer, qui jamais n'a fait, ni voulu, ni rendu le mal à personne, et qui, depuis quinze ans, plongé, traîné par vous dans la fange de l'opprobre et de la diffamation, se voit, se sent charger à l'envi d'indignités inouies jusqu'ici parmi les humains, sans avoir pu jamais en apprendre au moins la cause! C'est donc là votre franchise, votre douceur, votre hospitalité! Quittez ce vieux nom de *Francs*, il doit trop vous faire rougir. Le persécuteur de Job auroit pu beaucoup apprendre de ceux qui vous guident dans l'art de rendre un mortel malheureux. Ils vous ont persuadé, je n'en doute pas, ils vous ont prouvé même, comme cela est toujours facile en se cachant de l'accusé, que je méritois ces traitements indignes, pires cent fois que la mort. En ce cas, je dois me résigner; car je n'attends ni ne veux d'eux, ni de vous, aucune grâce ; mais ce que je veux et qui m'est dû tout au moins, après une condamnation si cruelle et si infamante, c'est qu'on m'apprenne enfin quels sont mes crimes, et comment et par qui j'ai été jugé.

Pourquoi faut-il qu'un scandale aussi public soit pour moi seul un mystère impénétrable? A quoi bon tant de machines, de ruses, de trahisons, de mensonges, pour cacher au coupable ses crimes, qu'il doit savoir mieux que personne, s'il est vrai qu'il les ait commis? Que si, pour des raisons qui me passent, persistant à m'ôter un droit [1] dont on n'a privé jamais aucun criminel, vous avez résolu d'abreuver le reste de mes tristes jours d'angoisses, de dérisions, d'opprobres, sans vouloir que je sache pourquoi, sans daigner écouter mes griefs, mes plaintes, mes raisons, sans me permettre même de parler [2]; j'élèverai au ciel, pour toute défense, un cœur sans fraude, et des mains pures de tout mal, lui demandant, non, peuple cruel, qu'il me

[1] Quel homme de bon sens croira jamais qu'une aussi criante violation de la loi naturelle et du droit des gens puisse avoir pour principe une vertu? S'il est permis de dépouiller un mortel de son état d'homme, ce ne peut être qu'après l'avoir jugé, mais non pas pour le juger. Je vois beaucoup d'ardents exécuteurs, mais je n'ai point aperçu de juge. Si tels sont les préceptes d'équité de la philosophie moderne, malheur, sous ses auspices, au foible innocent et simple; honneur et gloire aux intrigants cruels et rusés.

[2] De bonnes raisons doivent toujours être écoutées, surtout de la part d'un accusé qui se défend, ou d'un opprimé qui se plaint; et si je n'ai rien de solide à dire, que ne me laisse-t-on parler

venge et vous punisse (ah! qu'il éloigne de vous tout malheur et toute erreur!), mais qu'il ouvre bientôt à ma vieillesse un meilleur asile, où vos outrages ne m'atteignent plus.

P. S. François, on vous tient dans un délire qui ne cessera pas de mon vivant. Mais quand je n'y serai plus, que l'accès sera passé, et que votre animosité, cessant d'être attisée, laissera l'équité naturelle parler à vos cœurs, vous regarderez mieux, je l'espère, à tous les faits, dits, écrits, que l'on m'attribue en se cachant de moi très-soigneusement, à tout ce qu'on vous fait croire de mon caractère, à tout ce qu'on vous fait faire par bonté pour moi. Vous serez alors bien surpris; et, moins contents de vous que vous ne l'êtes, vous trouverez, j'ose vous le prédire, la lecture de ce billet plus intéressante qu'elle ne peut vous paroître aujourd'hui. Quand enfin ces messieurs, couronnant toutes leurs bontés, auront publié la vie de l'infortuné qu'ils auront fait mourir de douleur, cette vie impartiale et fidèle qu'ils préparent depuis long-temps avec tant de secret et de soin; avant que d'ajouter foi à leur dire et à leurs preuves, vous rechercherez, je m'assure, la source de

en liberté? C'est le plus sûr moyen de décrier tout-à-fait ma cause, et de justifier pleinement mes accusateurs. Mais tant qu'on m'empêchera de parler, ou qu'on refusera de m'entendre, qui pourra jamais, sans témérité, prononcer que je n'avois rien à dire?

tant de zèle, le motif de tant de peines, la conduite surtout qu'ils eurent envers moi de mon vivant. Ces recherches bien faites, je consens, je le déclare, puisque vous voulez me juger sans m'entendre, que vous jugiez entre eux et moi sur leur propre production.

III.

MÉMOIRE

Écrit au mois de février 1777, et depuis lors remis ou montré à diverses personnes [1].

Ma femme est malade depuis long-temps, et le progrès de son mal, qui la met hors d'état de soigner son petit ménage, lui rend les soins d'autrui nécessaires à elle-même quand elle est forcée à garder son lit. Je l'ai jusqu'ici gardée et soignée dans toutes ses maladies; la vieillesse ne me permet plus le même service : d'ailleurs le ménage, tout petit qu'il est, ne se fait pas tout seul; il faut se pourvoir au dehors des choses nécessaires à la subsistance, et les préparer; il faut maintenir la propreté dans la maison [2]. Ne pouvant remplir seul tous ces soins, j'ai été forcé, pour y pourvoir, d'essayer de donner une servante à ma femme. Dix mois d'expérience m'ont fait sentir l'insuffisance et les inconvénients inévitables et intolérables de cette ressource dans une position pareille à la nôtre. Réduits à vivre absolument seuls, et

---

[1] Entre autres dans le mois de juin 1778 au chevalier de Flamanville, qui, à son retour d'Ermenonville fit voir ce Mémoire à M. Corancez.

[2] Mon inconcevable situation, dont personne n'a l'idée, pas même ceux qui m'y ont réduit, me force d'entrer dans ces détails.

néanmoins hors d'état de nous passer du service d'autrui, il ne nous reste, dans les infirmités et l'abandon, qu'un seul moyen de soutenir nos vieux jours, c'est de prier ceux qui disposent de nos destinées de vouloir bien disposer aussi de nos personnes, et nous ouvrir quelque asile où nous puissions subsister à nos frais, mais exempts d'un travail qui désormais passe nos forces, et de détails et de soins dont nous ne sommes plus capables.

Du reste, de quelque façon qu'on me traite, qu'on me tienne en clôture formelle, où en apparente liberté, dans un hôpital où dans un désert, avec des gens doux ou durs, faux ou francs (si de ceux-ci il en est encore), je consens à tout, pourvu, qu'on rende à ma femme les soins que son état exige, et qu'on me donne le couvert, le vêtement le plus simple, et la nourriture la plus sobre, jusqu'à la fin de mes jours, sans que je ne sois plus obligé de me mêler de rien. Nous donnerons pour cela ce que nous pouvons avoir d'argent, d'effets et de rentes; et j'ai lieu d'espérer que cela pourra suffire dans des provinces où les denrées sont à bon marché, et dans des maisons destinées à cet usage, où les ressources de l'économie sont connues et pratiquées, surtout en me soumettant, comme je fais de bon cœur, à un régime proportionné à mes moyens.

Je crois ne rien demander en ceci qui, dans une

aussi triste situation que la mienne, s'il en peut être, se refuse parmi les humains; et je suis même bien sûr que cet arrangement, loin d'être onéreux à ceux qui disposent de mon sort, leur vaudroit des épargnes considérables et de soucis et d'argent. Cependant l'expérience que j'ai du système qu'on suit à mon égard me fait douter que cette faveur me soit accordée : mais je me dois de la demander; et si elle m'est refusée, j'en supporterai plus patiemment dans ma vieillesse les angoisses de ma situation en me rendant le témoignage d'avoir fait ce qui dépendoit de moi pour les adoucir.

IV.

FRAGMENT

Trouvé parmi les papiers de Jean-Jacques Rousseau.

Quiconque, sans urgente nécessité, sans affaires indispensables, recherche, et même jusqu'à l'importunité, un homme dont il pense mal, sans vouloir s'éclaircir avec lui de la justice ou de l'injustice du jugement qu'il en porte, soit qu'il se trompe ou non dans ce jugement, est lui-même un homme dont il faut mal penser...

Cajoler un homme présent et le diffamer absent est certainement la duplicité d'un traître, et vraisemblablement la manœuvre d'un imposteur.

Dire, en se cachant d'un homme pour le diffamer, que c'est par ménagement pour lui qu'on ne veut pas le confondre, c'est faire un mensonge non moins inepte que lâche. La diffamation étant le pire des maux civils et celui dont les effets sont les plus terribles, s'il étoit vrai qu'on voulût ménager cet homme, on le confondroit; on le menaceroit peut-être de le diffamer, mais on n'en feroit rien. On lui reprocheroit son crime en particulier en le cachant à tout le monde; mais le dire à tout le monde en le cachant à lui seul, et feindre encore de s'intéresser à lui, est le raffinement de la haine, le comble de la barbarie et de la noirceur.

Faire l'aumône par supercherie à quelqu'un malgré lui n'est pas le servir, c'est l'avilir; ce n'est pas un acte de bonté, c'en est un de malignité, surtout si, rendant l'aumône mesquine, inutile, mais bruyante, et inévitable à celui qui en est l'objet, on fait discrètement en sorte que tout le monde en soit instruit, excepté lui. Cette fourberie est non seulement cruelle, mais basse. En se couvrant du masque de la bienfaisance, elle habille en vertu la méchanceté, et, par contre-coup, en ingratitude l'indignation de l'honneur outragé.

Le don est un contrat qui suppose toujours le consentement des deux parties. Un don fait par force ou par ruse, et qui n'est pas accepté, est un vol. Il est tyrannique, il est horrible de vouloir faire en trahison un devoir de la reconnoissance à celui dont on a mérité la haine et dont on est justement méprisé.

L'honneur étant plus précieux et plus important que la vie, et rien ne la rendant plus à charge que la perte de l'honneur, il n'y a aucun cas possible où il soit permis de cacher à celui qu'on diffame, non plus qu'à celui qu'on punit de mort, l'accusation, l'accusateur et ses preuves. L'évidence même est soumise à cette indispensable loi : car si toute la ville avoit vu un homme en assassiner un autre, encore ne feroit-on point mourir l'accusé sans l'interroger ou l'entendre : autrement il n'y auroit plus de sûreté pour personne, et la société s'écrouleroit par ses fondements. Si cette loi sacrée est sans exception, elle est aussi sans abus, puisque toute l'adresse d'un accusé ne peut empêcher qu'un délit démontré ne continue à l'être, ni le garantir en pareil cas d'être convaincu : mais sans cette conviction l'évidence ne peut exister. Elle dépend essentiellement des réponses de l'accusé, ou de son silence, parce qu'on ne sauroit présumer que des ennemis, ni même des indifférents, donneront aux preuves du délit la même attention à saisir le foible de ces preuves, ni les éclaircissements qui les peuvent détruire, que l'accusé peut naturellement y donner : ainsi personne n'a droit de se mettre à sa place pour le dépouiller du droit de se défendre en s'en chargeant sans son aveu ; et ce sera beaucoup même si quelquefois une disposition secrète ne fait pas voir à ces gens, qui ont tant de plaisir à trouver l'accusé coupable, cette prétendue évidence où lui-même eût démontré l'imposture s'il avoit été entendu.

Il suit de là que cette même évidence est contre l'accusateur lorsqu'il s'obstine à violer cette loi sacrée ; car cette lâcheté d'un accusateur qui met tout en œuvre pour se cacher de l'accusé, de quelque prétexte qu'on la couvre, ne peut avoir d'autre vrai motif que la crainte de voir dévoiler son imposture, et justifier l'innocent. Donc tous ceux qui, dans ce cas, approuvent les manœuvres de l'accusateur et s'y prêtent; sont des satellites de l'iniquité.

Nous soussignés acquiesçons de tout notre cœur à ces maximes, et croyons toute personne raisonnable et juste tenue d'y acquiescer.

QUATRE LETTRES

A M. LE PRÉSIDENT

DE MALESHERBES,

CONTENANT LE VRAI TABLEAU DE MON CARACTÈRE
ET LES VRAIS MOTIFS DE TOUTE MA CONDUITE.

QUATRE LETTRES

A M. LE PRÉSIDENT

DE MALESHERBES,

CONTENANT LE VRAI TABLEAU DE MON CARACTÈRE
ET LES VRAIS MOTIFS DE TOUTE MA CONDUITE.

PREMIÈRE LETTRE.

Montmorency, le 4 janvier 1762.

J'aurois moins tardé, monsieur, à vous remercier de la dernière lettre dont vous m'avez honoré, si j'avois mesuré ma diligence à répondre sur le plaisir qu'elle m'a fait. Mais, outre qu'il m'en coûte beaucoup d'écrire, j'ai pensé qu'il falloit donner quelques jours aux importunités de ces temps-ci, pour ne vous pas accabler des miennes. Quoique je ne me console point de ce qui vient de se passer, je suis très-content que vous en soyez instruit, puisque cela ne m'a point ôté votre estime; elle en sera plus à moi quand vous ne me croirez pas meilleur que je ne suis.

Les motifs auxquels vous attribuez les partis qu'on m'a vu prendre, depuis que je porte une espèce de nom dans le monde, me font peut-être plus d'honneur que je n'en mérite; mais ils sont certainement plus près de la vérité que ceux que me prêtent ces hommes de lettres qui, donnant tout à la réputation, jugent de mes sentiments par les leurs. J'ai un cœur trop sensible à d'autres attachements pour l'être si fort à l'opinion publique; j'aime trop mon plaisir et mon indépendance pour être esclave de la vanité au point qu'ils le supposent. Celui pour qui la fortune et l'espoir de parvenir ne balança jamais un rendez-vous ou un souper agréable ne doit pas naturellement sacrifier son bonheur au désir de faire parler de lui; et il n'est point du tout croyable qu'un homme qui se sent quelque talent, et qui tarde jusqu'à quarante ans à le faire connoître, soit assez fou pour aller s'ennuyer le reste de ses jours dans un désert, uniquement pour acquérir la réputation d'un misanthrope.

Mais, monsieur, quoique je haïsse souverainement l'injustice et la méchanceté, cette passion n'est pas assez dominante pour me déterminer seule à fuir la société des hommes, si j'avois, en les quittant, quelque grand sacrifice à faire. Non, mon motif est moins noble et plus près de moi. Je suis né avec un amour naturel pour la solitude, qui n'a fait qu'augmenter à mesure que j'ai mieux connu les hommes. Je trouve mieux mon compte avec les êtres chimériques que je rassemble autour de moi qu'avec ceux que je vois dans le monde; et la société, dont mon imagination fait les frais dans ma retraite, achève de me dégoûter de toutes celles que j'ai quittées. Vous me supposez malheureux et consumé de mélancolie. O monsieur! combien vous vous trompez! C'est à Paris que je l'étois, c'est à Paris qu'une bile noire rongeoit mon cœur, et l'amertume de cette bile ne se fait que trop sentir dans tous les écrits que j'ai publiés tant que j'y suis resté. Mais, monsieur, comparez ces écrits avec ceux que j'ai faits dans ma solitude : ou je suis trompé, ou vous sentirez dans ces derniers une certaine sérénité d'ame qui ne se joue point, et sur laquelle on peut porter un jugement certain de l'état intérieur de l'auteur. L'extrême agitation que je viens d'éprouver vous a pu faire porter un jugement contraire : mais il est facile à voir que cette agitation n'a point son principe dans ma situation actuelle, mais dans une imagination déréglée, prête à s'effaroucher sur tout, et à porter tout à l'extrême. Des succès continus m'ont rendu sensible à la gloire; et il n'y a point d'homme ayant quelque hauteur d'ame et quelque vertu qui pût penser, sans le plus mortel désespoir, qu'après sa mort on substitueroit sous son nom à un ouvrage utile un ouvrage pernicieux, capable de déshonorer sa mémoire, et de faire beaucoup de mal. Il se peut qu'un tel bouleversement ait accéléré le progrès de mes maux; mais, dans la supposition qu'un tel accès de folie m'eût pris à Paris, il n'est point sûr que ma propre volonté n'eût pas épargné le reste de l'ouvrage à la nature.

Long-temps je me suis abusé moi-même sur la cause de cet invincible dégoût que j'ai toujours éprouvé dans le commerce des hommes; je l'attribuois au chagrin de n'avoir pas l'esprit assez présent pour montrer dans la conversation le peu que j'en ai, et, par contre-coup, à celui de ne pas occuper dans le monde la place que j'y croyois mériter. Mais quand, après avoir barbouillé du papier, j'étois bien sûr, même en disant des sottises, de n'être pas pris pour un sot; quand je me suis vu recherché de tout le monde, et honoré de beaucoup plus de considération que ma plus ridicule vanité n'en eût osé prétendre, et que, malgré cela, j'ai senti ce même dégoût plus augmenté que diminué, j'ai conclu qu'il venoit d'une autre cause, et que ces espèces de jouissances n'étoient point celles qu'il me falloit.

Quelle est donc enfin cette cause ? Elle n'est autre que cet indomptable esprit de liberté que rien n'a pu vaincre, et devant lequel les honneurs, la fortune, et la réputation même, ne me sont rien. Il est certain que cet esprit de liberté me vient moins d'orgueil que de paresse; mais cette paresse est incroyable: tout l'effarouche; les moindres devoirs de la vie civile lui sont insupportables;

un mot à dire, une lettre à écrire, une visite à faire, dès qu'il le faut, sont pour moi des supplices. Voilà pourquoi, quoique le commerce ordinaire des hommes me soit odieux, l'intime amitié m'est si chère, parce qu'il n'y a plus de devoir pour elle ; on suit son cœur, et tout est fait. Voilà encore pourquoi j'ai toujours tant redouté les bienfaits ; car tout bienfait exige reconnoissance, et je me sens le cœur ingrat, par cela seul que la reconnoissance est un devoir. En un mot, l'espèce de bonheur qu'il me faut n'est pas tant de faire ce que je veux, que de ne pas faire ce que je ne veux pas. La vie active n'a rien qui me tente ; je consentirois cent fois plutôt à ne jamais rien faire qu'à faire quelque chose malgré moi ; et j'ai cent fois pensé que je n'aurois pas vécu trop malheureux à la Bastille, n'y étant tenu à rien du tout qu'à rester là.

J'ai cependant fait, dans ma jeunesse, quelques efforts pour parvenir. Mais ces efforts n'ont jamais eu pour but que la retraite et le repos dans ma vieillesse ; et, comme ils n'ont été que par secousse, comme ceux d'un paresseux, ils n'ont jamais eu le moindre succès. Quand les maux sont venus, ils m'ont fourni un beau prétexte pour me livrer à ma passion dominante. Trouvant que c'étoit une folie de me tourmenter pour un âge auquel je ne parviendrois pas, j'ai tout planté là, et je me suis dépêché de jouir. Voilà, monsieur, je vous le jure, la véritable cause de cette retraite, à laquelle nos gens de lettres ont été chercher des motifs d'ostentation, qui supposent une constance, ou plutôt une obstination à tenir à ce qui me coûte, directement contraire à mon caractère naturel.

Vous me direz, monsieur, que cette indolence supposée s'accorde mal avec les écrits que j'ai composés depuis dix ans, et avec ce désir de gloire qui a dû m'exciter à les publier. Voilà une objection à résoudre, qui m'oblige à prolonger ma lettre, et qui, par conséquent, me force à la finir. J'y reviendrai, monsieur, si mon ton familier ne vous déplaît pas; car, dans l'épanchement de mon cœur, je n'en saurois prendre un autre : je me peindrai sans fard et sans modestie; je me montrerai à vous tel que je me vois et tel que je suis; car, passant ma vie avec moi, je dois me connoître, et je vois, par la manière dont ceux qui pensent me connoître interprètent mes actions et ma conduite, qu'ils n'y connoissent rien. Personne au monde ne me connoît que moi seul. Vous en jugerez quand j'aurai tout dit.

Ne me renvoyez point mes lettres, monsieur, je vous supplie; brûlez-les, parce qu'elles ne valent pas la peine d'être gardées, mais non pas par égard pour moi. Ne songez pas non plus, de grâce, à retirer celles qui sont entre les mains de Duchesne.

S'il falloit effacer dans le monde les traces de toutes mes folies, il y auroit trop de lettres à retirer, et je ne remuerois pas le bout du doigt pour cela. A charge et à décharge, je ne crains point d'être vu tel que je suis. Je connois mes grands défauts, et je sens vivement tous mes vices. Avec tout cela, je mourrai plein d'espoir dans le Dieu suprême, et très-persuadé que, de tous les hommes que j'ai connus en ma vie, aucun ne fut meilleur que moi.

SECONDE LETTRE.

Montmorency, le 12 janvier 1762.

Je continue, monsieur, à vous rendre compte de moi, puisque j'ai commencé ; car ce qui peut m'être le plus défavorable est d'être connu à demi ; et puisque mes fautes ne m'ont point ôté votre estime, je ne présume pas que ma franchise me la doive ôter.

Une ame paresseuse qui s'effraie de tout soin, un tempérament ardent, bilieux, facile à s'affecter, et sensible à l'excès à tout ce qui l'affecte, semblent ne pouvoir s'allier dans le même caractère ; et ces deux contraires composent pourtant le fond du mien. Quoique je ne puisse résoudre cette opinion par des principes, elle existe pourtant ; je le sens, rien n'est plus certain, et j'en puis du moins donner par les faits une espèce d'historique qui peut servir à la concevoir. J'ai eu plus d'activité dans l'enfance, mais jamais comme un autre enfant. Cet ennui de tout m'a de bonne heure jeté dans la lecture. A six ans, Plutarque me tomba sous la main; à huit, je le savois par cœur; j'avois lu tous les romans; ils m'avoient fait verser des seaux de larmes avant l'âge où le cœur prend intérêt aux romans. De là se forma dans le mien ce goût héroïque et romanesque qui n'a fait qu'augmenter jusqu'à présent, et qui acheva de me dégoûter de tout, hors de ce qui ressembloit à mes folies. Dans ma jeunesse, que je croyois trouver dans le monde les mêmes gens que j'avois connus dans mes livres, je me livrois sans réserve à quiconque savoit m'en imposer par un certain jargon dont j'ai toujours été la dupe. J'étois actif, parce que j'étois fou; à mesure que j'étois détrompé, je changeois de goûts, d'attachements, de projets; et dans tous ces changements, je perdois toujours ma peine et mon temps, parce que je cherchois toujours ce qui n'étoit point. En devenant plus expérimenté, j'ai perdu à peu près l'espoir de le trouver, et par conséquent le zèle de le chercher. Aigri par les injustices que j'avois éprouvées, par celles dont j'avois été le témoin, souvent affligé du désordre où l'exemple et la force des choses m'avoient entraîné moi-même, j'ai pris en mépris mon siècle et mes contemporains; et, sentant que je ne trouverois point au milieu d'eux une situation qui pût contenter mon cœur, je l'ai peu à peu détaché de la société des hommes, et je m'en suis fait une autre dans mon imagination, laquelle m'a d'autant plus charmé, que je la pouvois cultiver sans peine, sans risque, et la trouver toujours sûre et telle qu'il me la falloit.

Après avoir passé quarante ans de ma vie ainsi mécontent de moi-même et des autres, je cherchois inutilement à rompre les liens qui me tenoient attaché à cette société que j'estimois si peu, et qui m'enchaînoient aux occupations le moins de mon goût, par des besoins que j'estimois ceux de la nature, et qui n'étoient que ceux de l'opinion : tout à coup un heureux hasard vint m'éclairer sur ce que j'avois à faire pour moi-même, et à penser de mes semblables, sur lesquels mon cœur étoit sans cesse en contradiction avec mon esprit, et que je me sentois encore porté à aimer, avec tant de raisons de les haïr. Je voudrois, monsieur, vous pouvoir peindre ce moment qui a fait dans ma vie une si singulière époque, et qui me sera toujours présent, quand je vivrois éternellement.

J'allois voir Diderot, alors prisonnier à Vincennes; j'avois dans ma poche un *Mercure de France*, que je me mis à feuilleter le long du chemin. Je tombe sur la question de l'académie de Dijon, qui a donné lieu à mon premier écrit. Si jamais quelque chose a ressemblé à une inspiration subite, c'est le mouvement qui se fit en moi à cette lecture : tout à coup je me sens l'esprit ébloui de mille lumières;

des foules d'idées vives s'y présentent à la fois avec une force et une confusion qui me jeta dans un trouble inexprimable; je sens ma tête prise par un étourdissement semblable à l'ivresse. Une violente palpitation m'oppresse, soulève ma poitrine; ne pouvant plus respirer en marchant, je me laisse tomber sous un des arbres de l'avenue, et j'y passe une demi-heure dans une telle agitation, qu'en me relevant j'aperçus tout le devant de ma veste mouillé de mes larmes, sans avoir senti que j'en répandois. O monsieur! si j'avois jamais pu écrire le quart de ce que j'ai vu et senti sous cet arbre, avec quelle clarté j'aurois fait voir toutes les contradictions du système social; avec quelle force j'aurois exposé tous les abus de nos institutions; avec quelle simplicité j'aurois démontré que l'homme est bon naturellement, et que c'est par ces institutions seules que les hommes deviennent méchants! Tout ce que j'ai pu retenir de ces foules de grandes vérités, qui, dans un quart d'heure, m'illuminèrent sous cet arbre, a été bien foiblement épars dans les trois principaux de mes écrits; savoir, ce premier Discours, celui de l'Inégalité, et le Traité de l'éducation; lesquels trois ouvrages sont inséparables, et forment ensemble un même tout. Tout le reste a été perdu; et il n'y eut d'écrit sur le lieu même que la Prosopopée de Fabricius. Voilà comment, lorsque j'y pensois le moins, je devins auteur presque malgré moi. Il est aisé de concevoir comment l'attrait d'un premier succès et les critiques des barbouilleurs me jetèrent tout de bon dans la carrière. Avois-je quelque vrai talent pour écrire? je ne sais. Une vive persuasion m'a toujours tenu lieu d'éloquence, et j'ai toujours écrit lâchement et mal quand je n'ai pas été fortement persuadé : ainsi c'est peut-être un retour caché d'amour-propre qui m'a fait choisir et mériter ma devise, et m'a si passionnément attaché à la vérité, ou à tout ce que j'ai pris pour elle. Si je n'avois écrit que pour écrire, je suis convaincu que l'on ne m'auroit jamais lu.

Après avoir découvert, ou cru découvrir, dans les fausses opinions des hommes, la source de leurs misères et de leur méchanceté, je sentis qu'il n'y avoit que ces mêmes opinions qui m'eussent rendu malheureux moi-même, et que mes maux et mes vices me venoient bien plus de ma situation que de moi-même. Dans le même temps, une maladie, dont j'avois dès l'enfance senti les premières atteintes, s'étant déclarée absolument incurable, malgré toutes les promesses des faux guérisseurs dont je n'ai pas été long-temps la dupe, je jugeai que si je voulois être conséquent, et secouer une fois de dessus mes épaules le pesant joug de l'opinion, je n'avois pas un moment à perdre. Je pris brusquement mon parti avec assez de courage, et je l'ai assez bien soutenu jusqu'ici avec une fermeté dont moi seul peux sentir le prix, parce qu'il n'y a que moi seul qui sache quels obstacles j'ai eu et j'ai encore tous les jours à combattre pour me maintenir sans cesse contre le courant. Je sens pourtant bien que depuis dix ans j'ai un peu dérivé ; mais si j'estimois seulement en avoir encore quatre à vivre, on me verroit donner une deuxième secousse, et remonter tout au moins à mon premier niveau, pour n'en plus guère redescendre ; car toutes les grandes épreuves sont faites, et il est désormais démontré pour moi, par l'expérience, que l'état où je me suis mis est le seul où l'homme puisse vivre bon et heureux, puisqu'il est le plus indépendant de tous, et le seul où on ne se trouve jamais pour son propre avantage dans la nécessité de nuire à autrui.

J'avoue que le nom que m'ont fait mes écrits a beaucoup facilité l'exécution du parti que j'ai pris. Il faut être cru bon auteur pour se faire impunément mauvais copiste, et ne pas manquer de travail pour cela. Sans ce premier titre, on m'eût pu trop prendre au mot sur l'autre, et peut-être cela m'auroit-il mortifié ; car je brave aisément le ridicule, mais je ne supporterois pas si bien le mépris. Mais si quelque réputation me donne à cet égard un peu d'avantage, il est bien compensé par tous les inconvénients attachés à cette même réputation, quand on n'en veut point être esclave, et qu'on veut vivre isolé et indépendant. Ce sont ces inconvénients en partie qui m'ont chassé de Paris, et qui, me poursuivant encore dans mon asile, me chasseroient très-certainement plus loin, pour peu que ma santé vînt à se raffermir. Un autre de mes fléaux dans cette grande ville étoit ces foules de prétendus amis qui s'étoient emparés de moi, et qui, jugeant de mon cœur par les leurs, vouloient absolument me rendre heureux à leur mode, et non pas à la mienne. Au désespoir de ma retraite, ils m'y ont poursuivi pour m'en tirer. Je n'ai pu m'y maintenir sans tout rompre. Je ne suis vraiment libre que depuis ce temps-là.

Libre! non, je ne le suis point encore; mes derniers écrits ne sont point encore imprimés; et, vu le déplorable état de ma pauvre machine, je n'espère plus survivre à l'impression du recueil de tous : mais si, contre mon attente, je puis aller jusque-là et prendre une fois congé du public, croyez, monsieur, qu'alors je serai libre, ou que jamais homme ne l'aura été. *O utinam!* O jour trois fois heureux! Non, il ne me sera pas donné de le voir.

Je n'ai pas tout dit, monsieur, et vous aurez peut-être encore au moins une lettre à essuyer. Heureusement rien ne vous oblige de les lire, et peut-être y seriez-vous bien embarrassé. Mais pardonnez, de grâce; pour recopier ces longs fatras, il faudroit les refaire, et en vérité je n'en ai pas le courage. J'ai sûrement bien du plaisir à vous écrire, mais je n'en ai pas moins à me reposer, et mon état ne me permet pas d'écrire long-temps de suite.

~~~~~~~~~~~~~~~~~~~~~~~~~~~~~~~~~~~~

TROISIÈME LETTRE.

Montmorency, le 26 janvier 1763.

Après vous avoir exposé, monsieur, les vrais motifs de ma conduite, je voudrois vous parler de mon état moral dans ma retraite. Mais je sens qu'il est bien tard; mon ame aliénée d'elle-même est toute à mon corps : le délabrement de ma pauvre machine l'y tient de jour en jour plus attachée, et jusqu'à ce qu'elle s'en sépare enfin tout à coup. C'est de mon bonheur que je voudrois vous parler, et l'on parle mal du bonheur quand on souffre.

Mes maux sont l'ouvrage de la nature, mais mon bonheur est le mien. Quoi qu'on en puisse dire, j'ai été sage, puisque j'ai été heureux autant que ma nature m'a permis de l'être : je n'ai point été chercher ma félicité au loin, je l'ai cherchée auprès de moi, et l'y ai trouvée. Spartien dit que Similis, courtisan de Trajan, ayant sans aucun mécontentement personnel quitté la cour et tous ses emplois pour aller vivre paisiblement à la campagne, fit mettre ces mots sur sa tombe : *J'ai demeuré soixante-seize ans sur la terre, et j'en ai vécu sept*[1]. Voilà ce que je puis dire à quelque égard, quoique mon sacrifice ait été moindre : je n'ai commencé de vivre que le 9 avril 1756.

Je ne saurois vous dire, monsieur, combien j'ai été touché de voir que vous m'estimiez le plus malheureux des hommes. Le public sans doute en jugera comme vous, et c'est encore ce qui m'afflige. Oh! que le sort dont j'ai joui n'est-il connu de tout l'univers! chacun voudroit s'en faire un semblable ; la paix régneroit sur la terre ; les hommes ne songeroient plus à se nuire, et il n'y auroit plus de méchants quand nul n'auroit intérêt à l'être. Mais de quoi jouissois-je enfin quand j'étois seul? De moi, de l'univers entier, de tout ce qui est, de tout ce qui peut être, de tout ce qu'a de beau le monde sensible, et d'imaginable le monde intellectuel : je rassemblois autour de moi tout ce qui pouvoit flatter mon cœur ; mes désirs étoient la mesure de mes plaisirs. Non, jamais les plus voluptueux n'ont connu de pareilles délices, et j'ai cent fois plus joui de mes chimères qu'ils ne font des réalités.

---

[1]* Spartien (chapitre IX) dit à la vérité quelques mots du préfet Similis déplacé par Adrien, mais ne fait nulle mention de ce trait. C'est Dion Cassius qui le rapporte, liv. LXIX, ch. XIX. Mais Crévier, qui, à l'occasion de Similis, le rapporte aussi dans son *Histoire des Empereurs*, liv. XIX, cite en marge ces deux auteurs ; et Rousseau, qui avoit lu ce même trait dans Crévier, et sans doute ne l'avoit lu que là, cite, d'après Crévier, Spartien, sans se douter de sa méprise. (*Note de M. Petitain.*)

Quand mes douleurs me font tristement mesurer la longueur des nuits, et que l'agitation de la fièvre m'empêche de goûter un seul instant de sommeil, souvent je me distrais de mon état présent, en songeant aux divers événements de ma vie; et les repentirs, les doux souvenirs, les regrets, l'attendrissement, se partagent le soin de me faire oublier quelques moments mes souffrances. Quels temps croiriez-vous, monsieur, que je me rappelle le plus souvent et le plus volontiers dans mes rêves? Ce ne sont point les plaisirs de ma jeunesse; ils furent trop rares, trop mêlés d'amertume, et sont déjà trop loin de moi. Ce sont ceux de ma retraite; ce sont mes promenades solitaires, ce sont ces jours rapides, mais délicieux, que j'ai passés tout entiers avec moi seul, avec ma bonne et simple gouvernante, avec mon chien bien-aimé, ma vieille chatte, avec les oiseaux de la campagne et les biches de la forêt, avec la nature entière et son inconcevable auteur. En me levant avant le soleil pour aller voir, contempler son lever dans mon jardin; quand je voyois commencer une belle journée, mon premier souhait étoit que ni lettres, ni visites, n'en vinssent troubler le charme. Après avoir donné la matinée à divers soins que je remplissois tous avec plaisir, parce que je pouvois les remettre à un autre temps, je me hâtois de dîner pour échapper aux importuns, et me ménager un plus long après-midi. Avant une heure, même les jours les plus ardents, je partois par le grand soleil avec le fidèle Achate, pressant le pas dans la crainte que quelqu'un ne vînt s'emparer de moi avant que j'eusse pu m'esquiver; mais quand une fois j'avois pu doubler un certain coin, avec quel battement de cœur, avec quel petillement de joie je commençois à respirer en me sentant sauvé, en me disant : Me voilà maître de moi pour le reste de ce jour! J'allois alors d'un pas plus tranquille chercher quelque lieu sauvage dans la forêt, quelque lieu désert où rien ne montrant la main des hommes n'annonçât la servitude et la domination, quelque asile où je pusse croire avoir pénétré le premier, et où nul tiers importun ne vînt s'interposer entre la nature et moi. C'étoit là qu'elle sembloit déployer à mes yeux une magnificence toujours nouvelle. L'or des genêts et la pourpre des bruyères frappoient mes yeux d'un luxe qui touchoit mon cœur; la majesté des arbres qui me couvroient de leur ombre, la délicatesse des arbustes qui m'environnoient, l'étonnante variété des herbes et des fleurs que je foulois sous mes pieds, tenoient mon esprit dans une alternative continuelle d'observation et d'admiration : le concours de tant d'objets intéressants qui se disputoient mon attention, m'attirant sans cesse de l'un à l'autre, favorisoit mon humeur rêveuse et paresseuse, et me faisoit souvent redire en moi-même : Non, Salomon dans toute sa gloire ne fut jamais vêtu comme l'un d'eux[1].

Mon imagination ne laissoit pas long-temps déserte la terre ainsi parée. Je la peuplois bientôt d'êtres selon mon cœur, et, chassant bien loin l'opinion, les préjugés, toutes les passions factices, je transportois dans les asiles de la nature des hommes dignes de les habiter. Je m'en formois une société charmante dont je ne me sentois pas indigne, je me faisois un siècle d'or à ma fantaisie, et remplissant ces beaux jours de toutes les scènes de ma vie qui m'avoient laissé de doux souvenirs, et de toutes celles que mon cœur pouvoit désirer encore, je m'attendrissois jusqu'aux larmes sur les vrais plaisirs de l'humanité, plaisirs si délicieux, si purs, et qui sont désormais si loin des hommes. Oh! si dans ces moments, quelque idée de Paris, de mon siècle, et de ma petite gloriole d'auteur, venoit troubler mes rêveries, avec quel dédain je la chassois à l'instant pour me livrer, sans distraction, aux sentiments exquis dont mon ame étoit pleine! Cependant au milieu de tout cela, je l'avoue, le néant de mes chimères venoit quelquefois la contrister tout à coup. Quand tous mes rêves se seroient tournés en réalités, ils ne m'auroient pas suffi; j'aurois imaginé, rêvé, désiré encore. Je trouvois en moi un vide inexplicable que rien n'auroit pu remplir, un certain élancement

---

[1] * « Nec Salomon, in omni gloriâ suâ, coopertus est sicut unum « ex istis. » MATTH., cap. VI, v. 29.

de cœur vers une autre sorte de jouissance dont je n'avois pas d'idée, et dont pourtant je sentois le besoin. Hé bien, monsieur, cela même étoit jouissance, puisque j'en étois pénétré d'un sentiment très-vif, et d'une tristesse attirante, que je n'aurois pas voulu ne pas avoir.

Bientôt de la surface de la terre j'élevois mes idées à tous les êtres de la nature, au système universel des choses, à l'être incompréhensible qui embrasse tout. Alors, l'esprit perdu dans cette immensité, je ne pensois pas, je ne raisonnois pas, je ne philosophois pas, je me sentois, avec une sorte de volupté, accablé du poids de cet univers, je me livrois avec ravissement à la confusion de ces grandes idées, j'aimois à me perdre en imagination dans l'espace, mon cœur resserré dans les bornes des êtres s'y trouvoit trop à l'étroit; j'étouffois dans l'univers; j'aurois voulu m'élancer dans l'infini. Je crois que si j'eusse dévoilé tous les mystères de la nature, je me serois senti dans une situation moins délicieuse que cette étourdissante extase à laquelle mon esprit se livroit sans retenue, et qui, dans l'agitation de mes transports, me faisoit écrier quelquefois : O grand Être! ô grand Être! sans pouvoir dire ni penser rien de plus.

Ainsi s'écouloient dans un délire continuel les journées les plus charmantes que jamais créature humaine ait passées : et quand le coucher du soleil me faisoit songer à la retraite, étonné de la rapidité du temps, je croyois n'avoir pas assez mis à profit ma journée, je pensois en pouvoir jouir davantage encore; et, pour réparer le temps perdu, je me disois : Je reviendrai demain.

Je revenois à petits pas, la tête un peu fatiguée, mais le cœur content; je me reposois agréablement au retour, en me livrant à l'impression des objets, mais sans penser, sans imaginer, sans rien faire autre chose que sentir le calme et le bonheur de ma situation. Je trouvois mon couvert mis sur ma terrasse. Je soupois de grand appétit dans mon petit domestique; nulle image de servitude et de dépendance ne troubloit la bienveillance qui nous unissoit tous. Mon chien lui-même étoit mon ami, non mon esclave; nous avions toujours la même volonté, mais jamais il ne m'a obéi. Ma gaieté durant toute la soirée témoignoit que j'avois vécu seul tout le jour; j'étois bien différent quand j'avois vu de la compagnie, j'étois rarement content des autres, et jamais de moi. Le soir j'étois grondeur et taciturne : cette remarque est de ma gouvernante, et, depuis qu'elle me l'a dite, je l'ai toujours trouvée juste en m'observant. Enfin, après après avoir fait encore quelques tours dans mon jardin, ou chanté quelque air sur mon épinette, je trouvois dans mon lit un repos de corps et d'ame cent fois plus doux que le sommeil même.

Ce sont là les jours qui ont fait le vrai bonheur de ma vie, bonheur sans amertume, sans ennuis;

sans regrets, et auquel j'aurois borné volontiers tout celui de mon existence. Oui, monsieur, que de pareils jours remplissent pour moi l'éternité, je n'en demande point d'autres, et n'imagine pas que je sois beaucoup moins heureux dans ces ravissantes contemplations que les intelligences célestes. Mais un corps qui souffre ôte à l'esprit sa liberté; désormais je ne suis plus seul, j'ai un hôte qui m'importune, il faut m'en délivrer pour être à moi; et l'essai que j'ai fait de ces douces jouissances ne sert plus qu'à me faire attendre avec moins d'effroi le moment de les goûter sans distraction.

Mais me voici déjà à la fin de ma seconde feuille. Il m'en faudroit pourtant encore une. Encore une lettre donc, et puis plus. Pardon, monsieur; quoique j'aime trop à parler de moi, je n'aime pas à en parler avec tout le monde; c'est ce qui me fait abuser de l'occasion quand je l'ai et qu'elle me plaît. Voilà mon tort et mon excuse. Je vous prie de la prendre en gré.

QUATRIÈME LETTRE.

28 janvier 1762.

Je vous ai montré, monsieur, dans le secret de mon cœur, les vrais motifs de ma retraite et de toute ma conduite; motifs bien moins nobles sans doute que vous ne les avez supposés, mais tels pourtant qu'ils me rendent content de moi-même, et m'inspirent la fierté d'ame d'un homme qui se sent bien ordonné, et qui, ayant eu le courage de faire ce qu'il falloit pour l'être, croit pouvoir s'en imputer le mérite. Il dépendoit de moi non de me faire un autre tempérament, ni un autre caractère, mais de tirer parti du mien, pour me rendre bon à moi-même, et nullement méchant aux autres. C'est beaucoup que cela, monsieur, et peu d'hommes en peuvent dire autant. Aussi je ne vous déguiserai point que, malgré le sentiment de mes vices, j'ai pour moi une haute estime.

Vos gens de lettres ont beau crier qu'un homme seul est inutile à tout le monde, et ne remplit pas ses devoirs dans la société; j'estime, moi, les paysans de Montmorency des membres plus utiles de la société que tous ces tas de désœuvrés payés de la graisse du peuple pour aller six fois la semaine bavarder dans une académie; et je suis plus content de pouvoir, dans l'occasion, faire quelque plaisir à mes pauvres voisins que d'aider à parvenir à ces foules de petits intrigants dont Paris est plein, qui tous aspirent à l'honneur d'être des fripons en place, et que, pour le bien public, ainsi que pour le leur, on devroit tous renvoyer labourer la terre dans leurs provinces. C'est quelque chose que de donner aux hommes l'exemple de la vie qu'ils devroient tous mener; c'est quelque chose, quand on n'a plus ni force ni santé pour travailler de ses bras, d'oser, de sa retraite, faire entendre la voix de la vérité; c'est quelque chose d'avertir les hommes de la folie des opinions qui les rendent misérables; c'est quelque chose d'avoir pu contribuer à empêcher, ou différer au moins dans ma patrie l'établissement pernicieux que, pour faire sa cour à Voltaire à nos dépens, d'Alembert vouloit qu'on fît parmi nous. Si j'eusse vécu dans Genève, je n'aurois pu ni publier l'Épître dédicatoire du Discours sur l'inégalité, ni parler même de l'établissement de la comédie, du ton que je l'ai fait. Je serois beaucoup plus inutile à mes compatriotes, vivant au milieu d'eux, que je ne puis l'être, dans l'occasion, de ma retraite. Qu'importe en quel lieu j'habite, si j'agis où je dois agir? D'ailleurs les habitants de Montmorency sont-ils moins hommes que les Parisiens? et, quand je puis en dissuader quelqu'un d'envoyer son enfant se corrompre à la ville, fais-je moins de bien que si je pouvois de la ville le renvoyer au foyer paternel? Mon indigence seule ne m'empêcheroit-elle pas d'être inutile de la manière que tous ces beaux parleurs l'entenment? Et, puisque je ne mange du pain qu'autant que j'en gagne, ne suis-je pas forcé de travailler pour ma subsistance, et de payer à la société tout le besoin que je puis avoir d'elle? Il est vrai que je me suis refusé aux occupations qui ne m'étoient pas propres; ne me sentant point le talent qui pouvoit me faire mériter le bien que vous m'avez voulu faire, l'accepter eût été le voler à quelque homme de lettres aussi indigent que moi, et plus capable de ce travail-là; en me l'offrant vous supposiez que j'étois en état de faire un extrait, que je pouvois m'occuper de matières qui m'étoient indifférentes; et, cela n'étant pas, je vous aurois trompé, je me serois rendu indigne de vos bontés en me conduisant autrement que je n'ai fait; on n'est jamais excusable de faire mal ce qu'on fait volontairement : je serois maintenant mécontent de moi, et vous aussi; et je ne goûterois pas le plaisir que je prends à vous écrire. Enfin, tant que mes forces me l'ont permis, en travaillant pour moi, j'ai fait, selon ma portée, tout ce que j'ai pu pour la société; si j'ai peu fait pour elle, j'en ai encore moins exigé; et je me crois si bien quitte avec elle dans l'état où je suis, que si je pouvois désormais me reposer tout-à-fait, et vivre pour moi seul, je le ferois sans scrupule. J'écarterai du moins de moi, de toutes mes forces, l'importunité du bruit public. Quand je vivrois encore cent ans, je n'écrirois pas une ligne pour la presse, et ne croirois vraiment recommencer à vivre que quand je serois tout-à-fait oublié.

J'avoue pourtant qu'il a tenu à peu que je ne me sois trouvé rengagé dans le monde, et que je n'aie abandonné ma solitude, non par dégoût pour elle, mais par un goût non moins vif que j'ai failli lui préférer. Il faudroit, monsieur, que vous connussiez l'état de délaissement et d'abandon de tous mes amis où je me trouvois, et la profonde douleur dont mon ame en étoit affectée lorsque monsieur et madame de Luxembourg désirèrent de me connoître, pour juger de l'impression que firent sur mon cœur affligé leurs avances et leurs caresses. J'étois mourant; sans eux je serois infailliblement mort de tristesse; ils m'ont rendu la vie, il est bien juste que je l'emploie à les aimer.

J'ai un cœur très-aimant, mais qui peut se suffire à lui-même. J'aime trop les hommes pour avoir besoin de choix parmi eux; je les aime tous; et c'est parce que je les aime que je hais l'injustice; c'est parce que je les aime que je les fuis : je souffre moins de leurs maux quand je ne les vois pas; et cet intérêt pour l'espèce suffit pour nourrir mon cœur; je n'ai pas besoin d'amis particuliers; mais quand j'en ai, j'ai grand besoin de ne les pas perdre; car, quand ils se détachent, ils me déchirent, en cela d'autant plus coupables que je ne leur demande que de l'amitié, et que, pourvu qu'ils m'aiment et que je le sache, je n'ai pas même besoin de les voir. Mais ils ont toujours voulu mettre à la place du sentiment des soins et des services que le public voyoit, et dont je n'avois que faire; quand je les aimois, ils ont voulu paroître m'aimer. Pour moi qui dédaigne en tout les apparences, je ne m'en suis pas contenté; et ne trouvant que cela, je me le suis tenu pour dit. Ils n'ont pas précisément cessé de m'aimer, j'ai seulement découvert qu'ils ne m'aimoient pas.

Pour la première fois de ma vie, je me trouvai donc tout à coup le cœur seul, et cela seul aussi dans ma retraite, et presque aussi malade que je le suis aujourd'hui. C'est dans ces circonstances que commença ce nouvel attachement qui m'a si bien dédommagé de tous les autres, et dont rien ne me dédommagera, car il durera, j'espère, autant que ma vie; et, quoi qu'il arrive, il sera le dernier. Je ne puis vous dissimuler, monsieur, que j'ai une violente aversion pour les états qui dominent les autres; j'ai même tort de dire que je ne puis le dissimuler, car je n'ai nulle peine à vous l'avouer, à vous, né d'un sang illustre, fils du chancelier de France, et premier président d'une cour souveraine; oui, monsieur, à vous qui m'avez fait mille biens sans me connoître, et à qui, malgré mon ingratitude naturelle, il ne m'en coûte rien d'être obligé. Je hais les grands; je hais leur état, leur dureté, leurs préjugés, leur petitesse, et tous leurs vices, et je les haïrois bien davantage si je les méprisois moins. C'est avec ce sentiment que j'ai été comme entraîné au château de Montmorency; j'en ai vu les maîtres, ils m'ont aimé; et moi, monsieur, je les ai aimés et les aimerai tant que je vivrai, de toutes les forces de mon ame : je donnerois pour eux, je ne dis pas ma vie, le don seroit foible dans l'état où je suis; je ne dis pas ma réputation parmi mes contemporains, dont je ne me soucie guère, mais la seule gloire qui ait jamais touché mon cœur, l'honneur que j'attends de la postérité, et qu'elle me rendra parce qu'il m'est dû, et que la postérité est toujours juste. Mon cœur, qui ne sait point s'attacher à demi, s'est donné à eux sans réserve, et je ne m'en repens pas; je m'en repentirois même inutilement, car il ne seroit plus temps de m'en dédire. Dans la chaleur de l'enthousiasme qu'ils m'ont inspiré, j'ai cent fois été sur le point de leur demander un asile dans leur maison pour y passer le reste de mes jours auprès d'eux; et ils me l'auroient accordé avec joie, si même, à la manière dont ils s'y sont pris, je ne dois pas me regarder comme ayant été prévenu par leurs offres. Ce projet est certainement un de ceux que j'ai médités le plus long-temps et avec le plus de complaisance. Cependant il a fallu sentir à la fin, malgré moi, qu'il n'étoit pas bon. Je ne pensois qu'à l'attachement des personnes, sans songer aux intermédiaires qui nous auroient tenus éloignés; et il y en avoit de tant de sortes, surtout dans l'incommodité attachée à mes maux, qu'un tel projet n'est excusable que par le sentiment qui l'avoit inspiré. D'ailleurs la manière de vivre qu'il auroit fallu prendre choque trop directement tous mes goûts, toutes mes habitudes; je n'y aurois pu résister seulement trois mois. Enfin nous aurions eu beau nous rapprocher d'habitation, la distance restant toujours la même entre les états, cette intimité délicieuse qui fait le plus grand charme d'une étroite société eût toujours manqué à la nôtre; je n'aurois été ni l'ami ni le domestique de M. le maréchal de Luxembourg, j'aurois été son hôte; en me sentant hors de chez moi, j'aurois soupiré souvent après mon ancien asile; et il vaut cent fois mieux être éloigné des personnes qu'on aime, et désirer d'être auprès d'elles, que de s'exposer à faire un souhait opposé. Quelques degrés plus rapprochés eussent peut-être fait révolution dans ma vie. J'ai cent fois supposé dans mes rêves M. de Luxembourg point duc, point maréchal de France, mais bon gentilhomme de campagne, habitant quelque vieux château, et J.-J. Rousseau point auteur, point faiseur de livres, mais ayant un esprit médiocre et un peu d'acquis, se présentant au seigneur châtelain et à la dame, leur agréant, trouvant auprès d'eux le bonheur de sa vie, et contribuant au leur. Si, pour rendre le rêve plus agréable, vous me permettiez de pousser d'un coup d'épaule le château de Malesherbes à demi-lieue de là, il me semble, monsieur, qu'en rêvant de cette manière je n'aurois de long-temps envie de m'éveiller.

Mais, c'en est fait, il ne me reste plus qu'à terminer le long rêve; car les autres sont désormais hors de saison; et c'est beaucoup si je puis me promettre encore quelques-unes des heures délicieuses que j'ai passées au château de Montmorency. Quoi qu'il en soit, me voilà tel que je me sens affecté. Jugez-moi sur tout ce fatras, si j'en vaux la peine; car je n'y saurois mettre plus d'ordre, et je n'ai pas le courage de recommencer. Si ce tableau trop véridique m'ôte votre bienveillance, j'aurai cessé d'usurper ce qui ne m'appartenoit pas; mais, si je la conserve, elle m'en deviendra plus chère, comme étant plus à moi.

FIN.

TABLE SOMMAIRE

DES PIÈCES

CONTENUES DANS CE VOLUME.

ROUSSEAU JUGE DE JEAN-JACQUES.

DIALOGUES.

Troisième dialogue. — De l'esprit de ses livres. Conclusion..Page 3
Histoire du précédent Écrit........................... 101

LES RÊVERIES DU PROMENEUR SOLITAIRE.

Première Promenade. — Rousseau se regarde comme isolé sur la terre. Il écrit ses Promenades pour servir de suite à ses Confessions. Il n'a pas pour ses Rêveries les mêmes inquiétudes qu'il a eues pour ses Dialogues et ses premières Confessions... 125

Seconde Promenade. — Rousseau s'aperçoit que ses forces l'abandonnent peu à peu. Il fait une chûte à Ménil-Montant. Détails de cet accident funeste. Cris et effroi de sa femme à son arrivée chez lui. Il reçoit plusieurs visites d'une dame. Ses ennemis répandent le bruit de sa mort à la cour et à ville. On veut ouvrir une souscription pour l'impression de ses manuscrits... 139

Troisième Promenade. — L'étude d'un vieillard est d'apprendre à mourir. Tableau de la philosophie moderne. Famille de Rousseau; son enfance, sa réforme, ses règles de conduite et de foi.................................. 157

Quatrième Promenade. — Rousseau aime le bon Plutarque;

C'est le livre qui lui profite le plus. Il a à se plaindre de l'abbé Royou. Il se rappelle un mensonge de sa jeunesse qui l'afflige beaucoup. Dissertation sur le mensonge et sur le temple de Gnide. Portrait d'un homme vrai. Il répond mal à une question qu'on lui fait à table. Il a plus souvent gardé le silence sur le bien qu'il a fait que sur le mal. Exemples qu'il en donne.................................. 181

CINQUIÈME PROMENADE.—Description de l'île de Saint-Pierre. Rousseau regrette de n'avoir pu y fixer son séjour. Il y travaille à la botanique. Détail de ses amusements dans cette île. Il y fonde une colonie........................... 211

SIXIÈME PROMENADE. — Rousseau va herboriser à Gentilly. Il rencontre en chemin un petit bossu. S'il avoit eu l'anneau de Gygès, il ne s'en seroit servi que pour le bonheur de l'univers... 229

SEPTIÈME PROMENADE. — Rousseau, devenu plus que sexagénaire, suit son penchant pour la botanique. Il herborise jusque sur la cage de ses oiseaux. Théophraste est le seul botaniste de l'antiquité. Les idées médicinales ôtent tout le charme de l'étude des plantes. Il compare ensemble les trois règnes de la nature. Anecdotes sur ses herborisations en Suisse, et sur l'humilité d'un avocat de Grenoble...... 247

HUITIÈME PROMENADE. — Rousseau ne changeroit pas sa destinée, quoique très-déplorable, contre celle du plus fortuné des mortels. Il avoue qu'il a eu beaucoup d'amour-propre quand il a vécu dans le monde. Il ne s'affecte pas des maux à venir, mais de ceux qu'il souffre dans le moment. Tous les événements de la vie et les piéges des hommes n'ont plus de prise sur lui..................................... 273

NEUVIÈME PROMENADE. — On lui porte l'éloge de madame Geoffrin avec mauvaise intention. Conduite de Rousseau envers ses propres enfants. Raisons qu'il donne pour se justifier. Il éprouve beaucoup de plaisir à voir et à observer la jeunesse. Ses promenades à Clignancourt et à la Muette. Fête de la Chevrette. Amusements de Paris comparés avec ceux de Genève et de Suisse. Promenade de Jean-Jacques aux Invalides... 293

DIXIÈME PROMENADE. — Époque où Rousseau fait connoissance avec madame de Warens. Son bonheur chez cette dame. Il fait ses efforts pour rendre cette union durable... 317

ÉCRITS EN FORME DE CIRCULAIRES.

Déclaration relative à différentes réimpressions de ses ouvrages.. 323
A tout Français aimant encore la justice et la vérité........ 326
Mémoire écrit au mois de février 1777, et depuis lors remis ou montré à diverses personnes........................ 330
Fragment trouvé parmi les papiers de Jean-Jacques Rousseau. 333

QUATRE LETTRES

A M. LE PRÉSIDENT DE MALESHERBES, CONTENANT LE VRAI TABLEAU DE MON CARACTÈRE ET LES VRAIS MOTIFS DE TOUTE MA CONDUITE.

Première Lettre.. 339
Seconde Lettre... 345
Troisième Lettre... 352
Quatrième Lettre... 359

FIN DE LA TABLE.

www.ingramcontent.com/pod-product-compliance
Lightning Source LLC
Chambersburg PA
CBHW050253170426
43202CB00011B/1673